縄文時代の社会複雑化と儀礼祭祀

谷口康浩

同成社

目　次

第Ⅰ部　学説史と理論の整理 …………………………………………… 1

第1章　本書のテーマと問題意識　2
1．基底にある問題意識　2
2．縄文時代後半期の文化変化をどう見るか　4
3．儀礼祭祀の考古学　5
4．本書の構成　7

第2章　縄文社会をめぐる学説史
　　　　――変容する縄文社会像と歴史観――　12
1．窮屈な「原始社会」　12
2．縄文社会はどのように語られてきたか――学説史の整理――　13
3．縄文社会論の現在――社会考古学の論点整理――　28
4．変容する歴史観　45

第3章　社会複雑化の理論的考察
　　　　――階層化原理としての「出自」――　50
1．階層化社会論の理論転換　50
2．権力の源泉ならびに維持　51
3．階層化原理としての出自　58
4．展　望　67

第Ⅱ部　縄文時代の親族組織と儀礼祭祀 ……………………… 73

第4章　環状集落と出自集団　74

1．親族制度の概要　74
2．環状集落の分節構造と出自集団　78
3．縄文時代の出自集団をめぐる議論　87
4．仮説の検証──埋葬人骨分析による血縁関係推定──　91
5．事実と解釈　98

第5章　祖先祭祀とモニュメント──環状集落から環状列石へ──　100

1．縄文時代の祖先祭祀をめぐって　100
2．環状集落と集団墓祭儀　105
3．祖先祭祀とモニュメント造営　117
4．社会複雑化の原理　131

第6章　石棒祭祀の性格　136

1．大形石棒と環状集落の脈絡　136
2．石棒祭祀の行為とコンテクスト　138
3．祖霊の力を象徴する石棒　164

第7章　竪穴家屋にみる空間分節とシンボリズム　170

1．文化景観としての家屋　170
2．中期の竪穴家屋にみる空間分節とシンボリズム　173
3．イデオロギー強化とその社会背景　186

第8章　再葬の論理──死と再生の観念──　191

1．縄文時代の再葬制　191
2．再葬制の発達と終焉　193
3．再葬のイデオロギーと歴史的意義　208

第Ⅲ部　先史時代の社会複雑化 ……………………………………………………… 215

第9章　ブリテン新石器文化と縄文文化の比較考古学　216

1．先史社会の比較考古学　216

2．ブリテン新石器文化のモニュメント　219

3．ブリテン新石器文化と縄文文化の相対化　245

4．展　望　252

第10章　儀礼祭祀と生産の特殊化
　　　　　――縄文人はなぜ稲作を受容したのか――　254

1．複雑化する縄文社会　254

2．社会構造と祖先祭祀の変容　261

3．社会階層化を助長する儀礼祭祀と特殊生産　268

第11章　歴史観への集束　275

1．環状集落論をふりかえって　275

2．縄文社会複雑化の真相　277

3．結　論（要旨）　279

引用文献一覧　281

図表出典一覧　311

あとがき　315

図版目次

図1	環状集落と墓群の分節構造(1) 二大群	79
図2	環状集落と墓群の分節構造(2) 入子状・内帯外帯	81
図3	環状集落と墓群の分節構造(3) 数の不均等・半分構造	83
図4	千葉県下太田貝塚の中期第1埋葬群	92
図5	茨城県中妻貝塚の多遺体埋葬土坑（A土壙）	96
図6	集団墓を中心とした環状集落の空間構成	101
図7	長野県阿久遺跡の墓域と環状集石群の空間構成	106
図8	長野県阿久遺跡の土壙墓・集石土坑・立石列石遺構	107
図9	中期に発達する拠点的な環状集落	110
図10	拠点集落の分布および領域構造の時期的変化と分節構造の発達	112
図11	静岡県上白岩遺跡の環状列石（中期末）	115
図12	柄鏡形敷石住居の前庭部に造営された墓群と配石遺構	118
図13	神奈川県小丸遺跡の「核家屋」と前面に密集する墓群	120
図14	千葉県宮内井戸作遺跡の大形住居と集落構成（後期中葉以降）	122
図15	北日本地域の後期前葉の環状列石	124
図16	東京都田端遺跡の環状積石遺構	126
図17	田端環状積石遺構と周辺地域の墓群造営を伴う遺跡群（後期中葉〜晩期前半）	127
図18	群馬県天神原遺跡の配石墓と配石遺構	128
図19	中期に出現する大形石棒	137
図20	出現期の大形石棒と石川県真脇遺跡出土のトーテムポール状彫刻木柱	140
図21	竪穴住居の奥壁部に安置された大形石棒　富山県二ツ塚遺跡21号住居跡	144

図版目次　v

図22　東京都忠生遺跡A地区67号住居跡の大形石棒出土状況 …………………… 149
図23　東京都緑川東遺跡の敷石遺構に遺棄された大形石棒4本 ………………… 151
図24　大形石棒の破壊行為　東京都光明院南遺跡F地点1号住居跡
　　　の出土状況 ………………………………………………………………………… 153
図25　玉抱き三叉文を彫刻した鍔付大形石棒　富山県大境洞窟出土 …………… 155
図26　大形石棒と顔面把手付土器の埋納例　山梨県海道前C遺跡67
　　　号土坑 ……………………………………………………………………………… 157
図27　大形石棒と石皿による性交の隠喩表現　長野県穴場遺跡18号住
　　　居跡 ………………………………………………………………………………… 158
図28　焼人骨と石棒・石皿が出土した土壙　長野県梨久保遺跡P289
　　　土壙墓 ……………………………………………………………………………… 160
図29　山梨県石之坪遺跡38号住居跡における石棒・石皿・倒置深鉢の
　　　出土状態 …………………………………………………………………………… 161
図30　群馬県天神原遺跡の石棒祭祀遺構 …………………………………………… 163
図31　アイヌの家屋チセにみられる象徴性 ………………………………………… 171
図32　竪穴家屋内の左右の空間分節を示す例 ……………………………………… 175
図33　石棒と石皿を対置させた石囲炉 ……………………………………………… 176
図34　方形石囲炉と円形石囲炉に象徴される屋内空間の二分割　富山
　　　県不動堂遺跡2号住居跡 ………………………………………………………… 177
図35　二項対立的な炉による家屋の二分　東京都神谷原遺跡 …………………… 178
図36　奥壁部に石壇・石柱を設置した住居 ………………………………………… 180
図37　奥壁部の聖的空間を意識した柄鏡形敷石住居 ……………………………… 181
図38　炉から張出部への敷石を入念に造作した柄鏡形住居の例 ………………… 183
図39　柄鏡形住居の主軸上に造作された結界構造 ………………………………… 184
図40　柄鏡形住居の形態を継承する特殊家屋 ……………………………………… 188
図41　青森県薬師前遺跡の土器棺再葬墓 …………………………………………… 194
図42　後期の多遺体埋葬土坑 ………………………………………………………… 195
図43　愛知県保美貝塚の盤状集積葬 ………………………………………………… 197

図44	後期の再葬土器棺墓と焼人骨葬	199
図45	群馬県深沢遺跡C区の焼人骨葬関連遺構	200
図46	長野県中村中平遺跡の配石墓群と焼人骨葬関連遺構	201
図47	新潟県寺地遺跡の特殊配石遺構と焼人骨が出土した大形炉	202
図48	群馬県岩櫃山鷹ノ巣岩陰遺跡の景観	206
図49	ウィンドミル・ヒルのコースウェイド・エンクロージャー	221
図50	ウェスト・ケネット長形墳と石室内に集積された人骨	223
図51	ウェスト・ケネット長形墳	224
図52	ベラス・ナップ長形墳とハゼルトン・ノース長形墳	225
図53	長形墳にみられる多段階築造の例	227
図54	メイズハウ石室墓	229
図55	オークニー諸島の積石石室墓	230
図56	ウェールズとアイルランドの石室墓	231
図57	ドーセット・カーサス	234
図58	ソーンボローのヘンジ群	236
図59	ヘンジの諸形態	237
図60	ストーンヘンジのステージ1の構造（約3000-2920BC）	238
図61	ウッドヘンジとデュリントン・ウォールズの多重木柱列	239
図62	スウィンサイド・ストーンサークル	240
図63	エイヴベリーの巨大ヘンジ	242
図64	エイヴベリー遺跡群に集中する大規模モニュメント	242
図65	エイヴベリー・ヘンジとアヴェニューの景観	243
図66	シルベリー・ヒルの巨大マウンド	244
図67	ニューグレンジ羨道墓	249
図68	ニューグレンジ羨道墓と冬至の日の出の太陽光線	250
図69	特定個人を中心に埋葬する区画墓	255
図70	北海道カリンバ3遺跡の多量の副葬品をもつ合葬墓	257
図71	厚葬の子供　北海道幣舞遺跡89号墓と副葬品	258

図72　千葉県地域の後期・晩期の大形住居 259
図73　墓地の上に累積する配石遺構群　新潟県元屋敷遺跡 264
図74　多段階築造の環状木柱列 265
図75　青銅製刀剣を模倣した可能性の高い石剣・石刀 271

表目次

表1　千葉県下太田貝塚の中期第1埋葬群の被葬者 93
表2　後期の多遺体埋葬土坑 196
表3　後期・晩期の大形住居（面積約80m²以上の事例） 260

第Ⅰ部　学説史と理論の整理

第1章　本書のテーマと問題意識

1. 基底にある問題意識

　マックス・ヴェーバーは『プロテスタンティズムの倫理と資本主義の精神』の中で、ピューリタンがもつ天職の意識や営利追求を敵視する経済倫理が、近代資本主義を成立させる人間の内面的な原動力となったことを論じている。エネルギーのすべてを一心に目標達成のために注ぎ込むキリスト教的禁欲が、実は「資本主義の精神」を生みだす土壌になったと逆説的に考察するのである。宗教は経済史と無関係であるどころか不可分に関係しており、それを突き動かすエートスとなりうるものであることを明らかにするものであった（ヴェーバー 1989、原典 1920）。マルセル・モースの『贈与論』は、非西洋社会における経済活動が金銭的・物質的な利潤の追求ではなく、互酬性の原理にもとづく義務的な贈与行為の連鎖であり、それ自体が社会関係を作る機能をもつことを論じている。そうした性格が最も顕著に現れているのが、宗教的祭礼や祭宴における儀礼的消費であり、威信と名誉をかけた義務的贈答が経済活動を動かす力となっていることを、北米北西海岸先住民のポトラッチの中に鮮明に見出している（モース 1973、原典 1923・1924）。ここでも西洋近代社会が自明視してきた資本主義的観念が唯一絶対の経済原理でないことが明白になったといえる。どちらも今から100年以上も前の古典的学説であるが、異彩は褪せていない。

　縄文時代後半期（中期・後期・晩期）における社会の複雑化、生産と経済の特殊化、儀礼祭祀の発達の3要素も、相互作用をもちながら歴史を動かしていく原動力となった。本書で考えたい核心的なテーマとは、突き詰めていえばそ

のような問題であり、基底にある問題意識はヴェーバーの宗教社会学的な視点やモースの社会人類学的視点に共通するものである。

　人間の文化を「物質文化」と「精神文化」に大別する見方が広く行き渡っている。複雑で捉えどころのない「文化」を有形のものと無形のものとに区分するのは便利でわかりやすいが、この二分法が、儀礼や祭祀の研究を特殊な分野として切り分けてしまっていないだろうか。物質資料を研究対象とする考古学では、ことさらその傾向が強いように感じられる。

　儀礼や祭祀は宗教的観念や世界観に結び付いたものではあるけれども、現実の社会生活や経済活動と無関係におこなわれているわけではない。日本の神社祭礼の中心となっている祈年祭や新嘗祭が稲作農耕と不可分の関係にあることや、さまざまな祭礼が神職のみならず氏子組織の参画によって成り立ち地域社会の絆を維持する重要な機会となっていることを想い起こしてみれば、儀礼・祭祀と社会・経済との不可分の関係性は明らかである。儀礼・祭祀は宗教的行為であると同時に経済的行為、社会的行為でもあり、文化の体系的な脈絡の中でその意味と機能をはたしているのである。

　縄文文化の成り立ちや歴史をトータルに理解しようとする場合においても、儀礼・祭祀を切り離してしまっては文化の全体的脈絡を理解することはできないであろう。ところが、考古学の研究が専門化・細分化の度を深めるにつれて、そうした全体性がかえって見えにくくなっている。細分化された情報はどんどん蓄積していくが、大きく本質的な問題を総合的かつ通史的に考察することは、かえって困難になってきた。縄文時代の儀礼・祭祀研究においても、個別の研究対象に問題関心が細別化する半面、他の文化要素との関連性や歴史的コンテクストを大づかみに捉えようとする視点が希薄になっていないだろうか。研究の行方を案じているのは筆者だけではあるまい。

　社会・経済・宗教の全体的関係と相互作用に対する視点は、縄文時代の歴史動向の理解においても不可欠である。本書では、集落・家屋・墓制・大形石棒・配石遺構などの多面的な問題を取り上げながら、そうした諸相がどのように関連しているのかをなるべく総合的に考察することを目指す。

2．縄文時代後半期の文化変化をどう見るか

　縄文時代後半期に儀礼や祭祀に関わる文化要素が著しく発達することは、研究者の間では周知の事実となっている。中期に突如として発達する大形石棒、土偶の急激な増加、抜歯儀礼の一般化、石剣・石刀などの儀器の発達、再葬や焼人骨を特徴とする葬制の発達と複雑化、環状列石などの大規模な配石遺構の造営など、中期以降、特に後期・晩期の東日本一帯でこうした注目すべき変化が複合的に起こった。縄文時代の物質文化と遺跡の遷り変わりを通観すると、前半と後半の質的な違いは明白であり、後半に儀礼・祭祀の色彩が際立って強まることは誰の目にも明らかである。しかし、それが縄文時代史の中でいかなる意味をもつのかということになると、研究者の見方はさまざまで歴史的評価は定まっていないのである。縄文時代後半期に顕在化したこの大きな動きの意味を解き明かすことは、縄文時代の歴史を語る上で避けて通ることのできない、核心的な研究課題の一つといってよい。

　第2章で研究史を整理する際に詳しく述べるが、縄文時代後半期における儀礼・祭祀の発達を、寒冷化による環境悪化に起因した狩猟採集経済の行き詰まり、あるいは社会的動揺の結果とみる説がある。縄文文化の移り変わりを大所から論じた概説書や通史の中でこうした叙述がなされたために、定説とはいえないまでも、一つの通説として長らく流布してきた経緯がある。狩猟採集経済の生産力は農耕社会に比べて低く社会の発展にも自ずと限界があるために、経済的な行き詰まりや社会の動揺は、結局、呪術によってしか解決することができなかった——そのような非常にネガティブな歴史的評価がそこには底流している。原始共同体論と表裏一体となった「呪術社会論」である。筆者はこうした見方に反対であることをまず言明しておきたい。このような理解では縄文時代の文化史・社会史の理解が著しく歪んだものになると考える。

　近年、この問題の見方が大きく転換されつつある。原始共同体論に取って代わる階層化社会論の登場に象徴されるように、縄文社会に関する新たな議論が

活発におこなわれるようになり、社会複雑化あるいは社会進化という歴史的視点のなかで儀礼祭祀の意味や力が見直されるようになってきた。本書の問題意識もこうした研究動向に添うものであり、こうした新たな視点からあらためてこの問題の意味を考え直したいのである。

『縄文時代の社会複雑化と儀礼祭祀』という書名に表れているように、本論では、縄文時代における社会複雑化と儀礼祭祀との密接な関連性と相互作用に焦点を当てる。検討対象となるのは、主として東日本における前期中葉以降の社会と儀礼祭祀の変容過程であり、較正年代でいえば約6500年前から約3000年前にかけて進展した長期的な文化変化である。儀礼祭祀の主体者・行為者、儀礼祭祀の社会的機能の観点から筆者がとくに注目しているのは、親族組織とその祭祀体系である。前期以降、縄文時代後半期を通して進展した長期的な社会変化と儀礼や葬制の発達を総合的に理解するには、この見方が一つの有効な仮説になると考えている。

3．儀礼祭祀の考古学

儀礼祭祀の考古学についても前置きしておきたいことがある。過去の儀礼祭祀を研究する場合に考古学者が取りうる立場や研究目標の置き方は単一ではない。そうした立場の違いを筆者は次の三つの次元に区別している（谷口2015）。

次元Ⅰ：モノの客観的記述

祭祀や儀礼にかかわりそうな資料（遺構・遺物等）について、実在する資料の現象面（物理的・時間的・空間的）を客観的に観察、記述しようとする立場。意味や象徴性のような解釈の問題は当面棚上げもしくは抑制して、研究の基礎となる現象と事実の記述あるいは発見に徹する立場である。解釈抜きでロー・データから直接的に明らかにできることだけを研究対象とする研究態度である。類例を集め、型式学的な分類により明確な定義を与え、正確な編年を踏まえて起源・変遷等を明らかにする研究がその典型である。

次元Ⅱ：アウトサイドからの意味の説明

考古資料に残る記録から過去の祭祀や儀礼に関わるパターンや規則性を見つけ出し、社会・文化の中での意味や歴史的意義を外的視点から説明しようとする立場。観念・意識・認知などの心の領域の研究が、個々の文化・社会の成り立ちや歴史の理解にとって重要であるとの見地から、儀礼祭祀を研究対象とする。現代の研究者〈私たち〉の視点から歴史的意味を追究する立場であり、科学的な客観性を重んじ、通文化比較や一般理論化の傾向をもつ。科学的な仮説・検証やミドルレンジ研究を援用したモデルにより過去の「説明」が可能と考えるプロセス考古学の立場に通じる。認知科学の手法を取り入れた認知プロセス考古学からのアプローチも、近年の研究潮流となっている。

次元Ⅲ：インサイドからの意味の解釈

過去の当事者たち〈彼ら〉が認識した世界像や観念を再構成し、〈彼ら〉の視点からその文化の中での意味を「解釈」しようとする立場。文化の象徴性や当事者たちにとっての意味の理解を目指し、考古資料をテキストあるいは記号の体系と捉え、解釈学的・文化記号論的なアプローチをとるポスト・プロセス考古学の潮流に通じる立場である。文化の固有性や歴史性を重視し、科学的・客観的分析や一般化を嫌う傾向をもつ。コンテクスト考古学やランドスケープ考古学などが、この学派の潮流を形成している。文化人類学の研究でも、文化の当事者（natives）にとっての意味を解釈する研究態度"emic"と、外部からの観察・分析にもとづく客観的・科学的な研究態度"etic"が区別されているが、ここでのⅢとⅡの違いはそれにあたる。

この区分に即していえば、本書の研究目標は、次元Ⅱの視座から縄文時代の社会と儀礼・祭祀の体系的な関係性を考察することである。とくに縄文時代における社会複雑化と組織的な儀礼祭祀の発達が相互にどのように関連していたのかという点に照準を当てたい。欧米のプロセス学派が得意とするような科学的方法や仮説演繹法はここではほとんど用いていないが、研究目標の置き方の意識は次元Ⅱにあり、現代の研究者の視点で縄文時代後半に儀礼祭祀が発達したことの歴史的意味を考える。

「儀礼」「祭祀」および関連する用語についても、筆者の認識をあらかじめ明示しておく必要がある。宗教学的な厳密な定義ではないが、本書の記述ではそれぞれの用語を次のような意味で用いる。

　祭祀：神霊や祖先を祀ること。本質的には社会が神霊や祖先を大切に祀り慰め喜ばせることで宥和を図り加護を願うこと。祭祀に伴う儀式や行事など、その行為的側面を「祭儀」という。

　儀礼：社会的慣習あるいは形式として定式化した礼儀。意識的側面と行為的側面があり、後者を「儀礼行為」という。

　宗教：体系化された神観念とそれに伴う祭祀・儀礼によって人びとの世界像や価値観・思想を統一して精神的共同社会に組織化するもの。呪文や儀式によって人間の側の欲求を満たそうとする「呪術」とは峻別される[2]。

　神観念：神霊の存在およびそれがもつ絶対的な力に対する信仰。

　祖先：社会的に公認された系譜関係において子孫が自らの祖と認知している先行世代のこと。祖先と子孫を関係づける系譜関係は実際の血縁とは限らず、また祖が実在の人物とも限らない。社会人類学的な定義（田中真 1987）による用語であり、自己と血縁関係をもつ先行世代をいう場合の生物学的な祖先の意味ではない。祖先の神霊（祖霊）の存在およびそれが子孫に及ぼす超自然的な力に対する信仰を「祖先崇拝」と称する（フォーテス 1980）。そのような信仰にもとづく祖霊に対する祭祀を「祖先祭祀」という。

　考古学者が直接観察することができるのは、遺跡に残された遺構・遺物の状況と行為や動作の痕跡だけである。遺物自体や遺跡の状況に残された儀礼行為のパターンを見つけ出すことが、儀礼祭祀の考古学の出発点となる。そしてそこから当事者たちの意識的側面を読み解いていくのが、目標とすべき方法的手順である。

4．本書の構成

本書は大きく三つの部分から構成されている。

第Ⅰ部では、本書の研究テーマの背景となる大きな問題ついて、学説史の整理と理論的考察をおこない、追究すべき課題を明確にする。

　第2章「縄文社会をめぐる学説史―変容する縄文社会像と歴史観―」では、縄文社会がどのように描き出されてきたのかを学史的に検討する。考古学者の描き出す縄文時代像は、基礎的な調査・研究の進展はもとより、考古学者が置かれた社会的環境の変化や現代思想の変遷などの影響を受けて、いわば時代とともに変化してきた。マルクス主義的な唯物史観の影響力が強かった戦後は「原始共同体論」が一つの時代像を描いたが、考古学と自然科学との連携が深まり縄文時代の豊かさが見直されるようになった1980年頃から、社会像の描かれ方も変化してきた。1990年代以降には、不平等や階層化が縄文時代にすでに始まっていたとする問題提起があり、新たな時代像が描かれるようになった。第2章ではそうした学説史を回顧し論点を整理するとともに、その中で儀礼祭祀の意義や力が再評価されるようになってきたことを明確にする。

　第3章「社会複雑化の理論的考察―階層化原理としての「出自」―」では、社会の複雑化・階層化がいかなる要因によって惹起されるのかという根本的な問題について、一つの理論的な考えを提示する。日本列島の先史時代における階級社会の形成について、これまでは主に農耕の開始と鉄器使用などの技術革新による生産力の増大と余剰の発生、それを前提とした農業共同体における首長権の発生といった見地から説明されてきた。農耕社会の成立と発展の過程で階級分解が開始したとの歴史観であるが、この考え方では縄文社会を含めて農耕以前の狩猟採集民社会の社会複雑化を説明できない。そこで問題の見方を転換し、親族集団の組織原理となる出自とそれに結び付いた儀礼祭祀が社会の分節化と階層化を促進する原理的な要因になりうることを論じる。そして、この理論的仮説を日本列島の先史社会に適用し、縄文時代から弥生・古墳時代までの社会変化を一連の階層化過程として説明する新たな見方を提示する。

　第Ⅱ部では、縄文時代の親族組織と祖先祭祀に関連した諸課題について考察する。環状集落と集団墓の空間構成、大形石棒とその祭儀行為、儀礼祭祀の場となる石造記念物の造営、竪穴住居に残る屋内空間のシンボリズム、葬送儀礼

の複雑化を示す再葬制など、複眼的な視点から縄文時代の親族組織と祭祀体系について論じる。

第4章「環状集落と出自集団」では、親族組織の研究に用いられる諸概念と術語の整理をおこなった上で、縄文時代中期の出自集団について論じる。縄文時代の出自集団をめぐるこれまでの議論は、研究者間で見解の相違が大きく、縄文社会論の一つの争点となっている。この章では、中期の環状墓群の分節構造の分析にもとづき、中期の東日本地域にすでに分節的な単系出自集団が組織化されていたことを論じるとともに、埋葬人骨分析による血縁関係推定から仮説の検証を試みる。

第5章「祖先祭祀とモニュメント―環状集落から環状列石へ―」では、前期から晩期にかけて葬制が次第に複雑化するとともに環状列石などのモニュメントの築造行為が盛行していく歴史的過程を通時的に検討し、長期的視点から社会複雑化を考察する。とくに中期末・後期以降に配石遺構の築造が顕著な動きとなり、儀礼祭祀を取り仕切る特別な家屋ないし人物が登場するなど、社会の複雑化・階層化が進展していたことを論じる。

第6章「石棒祭祀の性格」では、環状集落の歴史と密接な脈絡をもちながら中期に飛躍的な発達をみせる大形石棒とその祭儀の性格について論じる。大形石棒の出土状況や儀礼的行為のパターンを検討し、大形石棒が家屋や葬制と密接に関係している点を明らかにするとともに、そこに祖霊観念およびその霊力の象徴的表現としての性格を見出していく。そして、この新たな祭儀の発達が、環状集落の分節構造の分析から導かれた出自集団の組織化・分節化という社会構造の変化とも密接に関係した、祖先祭祀の発達をあらわす歴史事象であることを論じる。

第7章「竪穴家屋にみる空間分節とシンボリズム」では、縄文時代の竪穴家屋にみられる象徴的な空間分節やシンボリズムに注目し、空間認知のパターンとその変化を検討する。家屋の構造や間取りには、文化固有のイデオロギーやコスモロジーが表現されており、文化景観としての象徴性がある。中期中葉以前と中期後葉以後とで主軸に対する意識や空間分節の表現型が異なっているこ

とに着目し、その変化の意味を、竪穴住居の屋内構造の変化や環状集落の解体、柄鏡形敷石住居の出現などとの関連を考慮に入れながら説明する。中期末に出来した社会変動に対応して、イデオロギーの強化・再編がおこなわれたことを、家屋景観の一連の変化から読み取る。

　第8章「再葬の論理—死と再生の観念—」では、縄文時代後半期から弥生時代初頭の東日本地域で盛行した再葬制に着目し、葬制の複雑化とその社会的・文化的背景について考察する。とくに、死者の遺骨を焼く「焼人骨葬」が広くおこなわれていた点に注目し、この特殊な儀礼行為が縄文時代中期から晩期終末・弥生時代初頭の壺棺再葬墓まで、長期間にわたって伝統的に継承されていたことを明らかにする。そして、このような再葬制が、他界観や祖霊観の体系化を前提とした通過儀礼としての意味をもち、根本的な思想的背景として「死と再生の観念」があったことを論じる。

　第Ⅲ部では、第Ⅱ部での各論的考察を総合するとともに、ブリテン新石器文化との比較考古学ならびに経済人類学的視点からの考察を試み、先史時代の社会複雑化に認められる特質を論じる。

　第9章「ブリテン新石器文化と縄文文化の比較考古学」では、ブリテン島を中心としたイギリス諸島の新石器時代に顕著にみられるさまざまなモニュメントと儀礼行為に注目し、急速な社会複雑化の過程とそこでおこなわれた社会的行為の特徴を検討する。そして、ブリテン新石器文化と縄文時代後半期の様相の比較検討を試み、集団墓造営や葬制と密接に結び付いたモニュメント築造という社会的行為に本質的な共通性があること、二つの先史社会がたどった歴史的過程に共通の特質が見出せることを社会進化論の視座から論じる。

　第10章「儀礼祭祀と生産の特殊化—縄文人はなぜ稲作を受容したのか—」では、第Ⅱ部での各論的考察を総合し、縄文時代後半期における社会複雑化の要因を、《社会制度》と《経済》の二側面に分けて考察する。まず社会制度上の要因として、出自・系譜観念の成立と制度化によって社会組織の分節化・序列化が助長されていった過程を跡付けるとともに、それに付随する祖先祭祀の発達過程を五段階に分けて整理する。次に経済的要因として、縄文時代後半期に

おける儀礼祭祀の発達が、生産の特殊化や遠距離交易の発達を促進し、さらにコメの能動的受容につながったことを論じる。出自集団の出現、およびその祭祀体系としての祖先祭祀の発達が、集団墓や配石遺構の築造、あるいは葬送儀礼や通過儀礼という社会的行為の実践を通して、社会複雑化を助長する要因になったという展望を示す。

　最後の第11章では、本書で考察した論点を一般化した形でまとめ、縄文時代後半期に生起した社会・文化の質的変化を総合的に説明する一つの歴史観を提示して結論とする。

註
(1)「縄文時代後半期」とは主として中期・後期・晩期を指す。やや便宜的な時期区分ではあるが、縄文土器型式編年にもとづく一般的な6期区分では中期以降に顕著となる縄文社会の質的変化を表現しづらいことから、前半期と後半期の質的な違いを際立たせるためにこの区分を用いる。後半期につながる質的変化の始まりを、東日本一帯で集団墓造営や墓地での儀礼行為が発達する前期中葉と捉えると、後半期の年代（較正年代）は約6500年前から約3000年前にかけての約3500年間にあたる。筆者は縄文時代の始まりを土器出現の時点ではなく、貝塚や定住的集落などの縄文的諸要素が複合的に開花する早期初頭に位置づける立場である（谷口 2011）。この時代区分によると前半期は約5000年間、後半期は約3500年間となる。
(2)「呪術」は magic の訳語であり、一般的な意味では呪文や儀式によってある現象を引き起こそうとする利益誘導的な行為を指す。自然を統御する法則を知る呪術師がそれを支配できるという人間の側の確信にもとづくものであり、その点では科学と似た性格があるとされる（マリノフスキー 1997）。呪術は、超自然的で神秘的な存在を信じて成り立つものではあるが、それは絶対的な神への帰依とは違い人間の要求を満たすためのものであり、呪術師による精霊への脅迫すらありうるその行為は、宗教や祭祀の本質とはまったく異なる（フレイザー 1966）。組織的な祭祀に対して、私的で秘密性を帯びた神秘的な儀礼を指すのが最も一般的な定義である（モース 1973）。筆者は縄文時代後半期に盛行する儀礼行為をその意味での「呪術」と見ることには反対であり、明確な祖霊観念を伴った祭儀として体系づけられていたものと理解している。「呪術社会」という言葉が定義の曖昧なまま用いられることが多いが、東日本の縄文時代後半期に対する歴史的評価としてはまったく不適当であると考えている。

第2章　縄文社会をめぐる学説史
——変容する縄文社会像と歴史観——

1．窮屈な「原始社会」

　縄文時代の考古学は、研究が多様化し専門細分化の度が深まった半面、総合的な歴史の考察がそれに追いついていないところに問題を抱えている。緻密で実証的な個別研究は蓄積したものの、それが歴史観に作用する基本的な問題の理解を深めたり再考したりすることにつながっていないように見える。総合的な視点を欠如したまま研究分野の細分化だけが進めば、大きな問題の在り処が見失われ、縄文文化の研究がいかなる意味で人類史の理解に資するのかさえわからなくなるのではないか。

　縄文時代社会は一般に「原始社会」と規定されている。都市や国家、階級制をもたず、高度な生産手段や分業をもたない無文字社会という意味では、縄文社会はたしかに文明以前の「原始社会」に区分されるものである。しかしながら、狩猟採集社会（採集経済）と農耕社会（生産経済）との違いを決定的なものと考え、「農耕生産をもたなかったために歴史発展が停滞した」という負の評価が縄文社会に下されてきた点だけは、再考しなければならない。唯物史観を基礎理論とするこの経済発展論では、稲作開始の画期的意義が強調され、農耕社会の成立から国家形成に至るまでの歴史的発展が説明される一方、縄文時代の諸問題はいわば歴史以前に押しやられてきた。近年、縄文文化に対する関心が世界的に高まっているように、縄文文化の水準は狩猟採集民のそれとしては世界的に見てもきわめて高いものであり、その豊かさや歴史から私たちが考えるべき問題はきわめて大きいと思うのだが、「原始社会」という旧態依然たるイメージがそれを妨げてはいまいか。狩猟採集社会と農耕社会という段階区

分が絶対的な指標になりすぎているために、時代区分や通史が膠着し、過去との自由な対話が閉ざされてしまったような閉塞感がある。

　縄文時代の考古学には、学史を反芻し歴史の見方や基礎理論を絶えず批判的に検討する営為が足りず、私たちはこの「原始社会」という窮屈な枠組みをなかなか脱却できずにいる。しかし実際には、日進月歩の調査研究から、それを再考させるような事実が次々と明らかになっているのである。たとえば年代測定が高精度化し従来の年代観が刷新されたことを契機として、時代区分の枠組みが再検討されている。クリやダイズの栽培化を示す証拠が増え、縄文農耕論も新たな段階を迎えている。また、社会の複雑化・階層化がある程度進行していたことを示す証拠も増え、平等な原始共同体という見方がはたして正しかったのかどうかが議論され始めている。さらに注目されるのは、縄文人の造形力や工芸技術の水準の高さであり、独自の精神世界や宗教的観念から発露されてくる豊かな造形表現である。年代・経済・社会・精神文化などのあらゆる面で縄文観を見直す必要が生じており、それは「原始社会」という単純な輪郭には当てはまらなくなってきた。そうした縄文の実像に照らして自らの歴史観や概念的枠組み、解釈法のあり方を省みてみるべきときである。

　この章では、縄文文化・社会に関する学説の流れを回顧し、主要な論説の基幹にある時代概念や歴史観を対比しながら、論点整理をおこなう。見方の相異がとくに際立っているのは、縄文時代の文化的・社会的水準に関する歴史的評価であり、それらの相対化を通して基本的な問題を浮き彫りにしてみたい。なお、引用した諸説は個々の論文の発表時のものであり、各論者のその後の考えの推移を十分に注釈できないことを断わっておく。

2．縄文社会はどのように語られてきたか——学説史の整理——

(1)　山内清男の「高級狩猟民」

　縄文土器や貝塚に象徴される先史の時代という素朴な認識から出発した「縄文時代」が、「農耕開始以前の狩猟採集の時代」という時代概念になってくる

のは1930年代のことである。当時は考古学の編年体系がまだ確立されておらず、また農耕起源の問題もようやく論じられ始めたばかりの段階で正確な認識はなかった。縄文時代概念は編年的にも文化論としてもまだ曖昧なままであった。縄文式文化を先住民族（アイヌ）の所産とみる素朴な民族論的理解が根強く残っていたことは、1936年のミネルヴァ論争にも端的に表れている（工藤 1974）。こうした状況を打開し、縄文時代概念の形成に中心的な役割を果たしたのは、山内清男である。

山内は『日本遠古之文化』（山内 1932・1933）の中で、「大陸との交渉が著明でなく農業の痕跡のない期間」と「大陸との著明な交渉を持ち農業の一般化した期間」とに日本の先史時代を大きく区分し、前者に縄文土器の文化、後者の最初の段階に弥生式の文化を位置づけた。これこそが今日の時代区分の基礎となった時代概念の枠組みである。縄文時代と弥生時代との年代的関係を土器編年によって証明するとともに、農耕の存否や大陸文化との関係を重視して二つの文化の違いを説明した。山内はそれ以前、宮城県桝形囲貝塚出土土器の底面に稲籾の圧痕を見出し、縄文時代終末期に稲作がすでに存在した可能性を注意深く検討していたが（山内 1925）、土器型式編年研究の進展とともに農耕は弥生時代に開始したとの認識を固め（山内 1937）、縄文式文化を狩猟漁撈採集民の文化として規定することとなった。

注目したいのは、山内がヨーロッパ考古学の時代区分に追従する歴史的評価を縄文時代に対して下さず、また唯物史観による原始共同体論とも一線を画す立場を取った点である（山内 1935）。ヨーロッパ考古学の概念・用語に倣い「先史時代」「石器時代」「新石器時代」などの時代呼称を採用する八幡一郎らを批判して、あくまでも「縄紋式文化」[1]を採るべきことを主張したのは、外来の既成概念に安易に追従するのではなく、まず当の縄文文化の実態を見極めていこうとする姿勢の現れであっただろう。

山内は晩年まで縄文農耕説には慎重を期し、精密な証明が挙がるまで安易な農業論に傾いてはならないと警告していたが、かといって縄文人の文化的程度を低く蒙昧なものと見ていたわけではない。新石器時代から農耕・牧畜をも

ち、早くに金属器と文字を発明した中国文明とは対照的に、縄文人が狩猟採集民としての生活を維持しながら文化的な繁栄を成し遂げたのはなぜなのか、山内の視線はその点の究明に向けられている（山内 1969a）。山内の縄文時代概念を表すキーワードはその意味での「高級狩猟民」であり、文明化の流れに与しなかった独自の文化的発展に関心が置かれていた。

　しかし、山内の縄文時代概念にはいくつかの基本的な問題が残っていたことも事実である。縄文文化研究における山内の影響力が絶大であった分、それらに対する議論が押さえ込まれ、時代概念を膠着させてしまった面は否めない。あまりにも早い段階に農耕問題に結論的判断が下された点がその一つである。日本の農業起源問題を追究した森本六爾は、農耕の存否と生産手段としての質やレベルを区別した議論を提起しており、弥生時代に稲作を生産基盤とする農耕社会が成立する前に、縄文時代の後半に補助的農耕が開始していた可能性を論じていた（森本 1934）。今日から見ると森本の予見の方が実態により近いように思えるが、山内説の影響力は大きく、農耕問題の議論（藤森 1950・1970など）は長らく押さえ込まれることとなった。また、縄文時代の終末年代が全国でほぼ一律であることを主張しながら、北海道に「続縄紋式文化」（山内1939）を設定したことも、論理の一貫性を揺るがす問題を残した[2]。

　山内の独自な年代観と起源論にも問題が残された。「無土器文化」の終末から縄文草創期に出現した円鑿形局部磨製石斧・植刃・矢柄研磨器などを大陸新石器文化からの渡来石器と考え、それを根拠に縄文時代の開始をおよそ紀元前2500年と推定したいわゆる「短期編年」[3]の問題である（山内・佐藤 1964、山内 1969b）。縄文文化の起源を大陸新石器文化からの伝播系統によって理解しようとした点に当時のパラダイムが表出しており、ここにも縄文時代の理解を左右する基本的問題が残されることになった。

(2)　唯物史観と「原始共同体論」

　終戦後から1970年代までの原始・古代研究には、マルクス主義の唯物史観による影響が顕著である。考古学の通史では、弥生時代における農耕開始の歴

的意義が特に強調され、農業生産の伸長による余剰の発生や農業共同体の編成といった観点から、政治的首長の発生や階級分解が説明されてきた。それに対して採集経済段階にあった縄文時代の生産力は低く、道具と技術の改良や労働編成によって多少の生産増がはたされたとしても、自然の再生産を上回るような生産拡大が不可能な点に根本的な矛盾を抱えているため、経済発展は必然的に行き詰まり文化も停滞すると考えられた。氏族共同体による共同労働と資源の共同管理、共同所有を、縄文時代経済の必然の姿と考えるのが、「原始共同体論」の基本的な見方である。それはいわば、農耕社会の形成にはじまる歴史的発展の説明を農耕以前に裏返した、負の歴史的評価となっている。

原始共同体論の原型は1935年、禰津正志によってすでに論じられている（禰津 1935）。禰津は、石器時代（縄文時代）と金石併用時代（弥生時代）の経済・社会を対比し、縄文時代を狩猟漁労による低い生産力と無階級・無私財の共同体の時代として描写する一方、弥生時代に大陸からの新技術の渡来を契機として猟漁経済から農業生産へと生産様式が転換し、分業の発達とも相まって生産力が飛躍的に高まった結果、私有制と階級分化が始まったと論じた。モルガンの『古代社会』が議論の下敷きになっている。当時の考古学が珍物主義に陥り、その時代の生産力、生産関係、社会組織の考察をなすべき本来の任務をはたしていないと批判し、社会経済史的な歴史叙述を目指した。「日本に於ても人類の歴史は無私財制を以て、その第一歩を踏み出した」（禰津 1935：30）という言論には、神話的な皇国史観に抗い、科学としての歴史研究を主体的に打ちたてようとする意図がにじみ出ている。終戦直後に著された『原始社会』（ねず 1949）は、新石器時代の原始共産社会、金石併用時代における階級社会と国家の出現、鉄器時代における天皇国家の成立、という歴史的発展が考古学によって実証できることを宣言する内容になっている。

「原始共同体論」を具体的な遺跡と考古資料を用いてさらに体系的なものにしたのは和島誠一である（和島 1948・1962）。原始集落の構成と歴史を初めて体系的に叙述した和島は、縄文社会の特質を表すものとして、環状集落に注目した。「小さな住居─劣弱な単位が結集して、（中略）かなり大規模な然も強い

統制力を持つ聚落を構成していた」(和島 1948：17)。そして、広場を中心としたこの住居の統制的配置に、血縁で結束する氏族共同体の社会的性格を読み取る。生産における家族の自立性を疑問視し、氏族共同体を労働組織として重視している。採集経済下で生産に質的変化のない段階に、苛酷な自然条件を克服して生産力を高め定住性を強めるためには、劣弱な単位（住居）が結集して強固な統一体を組織し、共同労働を増強するしかない。早期の小規模な集落から前期・中期に至って大規模かつ規制力の強い環状集落が発達した歴史的背景を、和島はこのように理解した。後期・晩期には世帯間の格差や分業化の傾向が生じ、発展の芽が生み出されたが、生産力の限界ゆえに縄文社会は結局、原始共同体の枠を超えることができず、大陸から伝来した水稲耕作によってこの採集経済の限界が打ち破られるまで、縄文社会の内部には大きな歴史的発展の力がなかった。和島はそのように論じている（和島 1962）。

　同じく唯物史観の立場をとる岡本勇は、縄文時代を成立段階（草創期～早期）、発展段階（前期～中期）、成熟段階（中期末～晩期前半）、終末期（晩期後半）の４段階に区分し、「成立期から発展期へ、発展期から成熟期へ、それぞれの上昇をみちびいたものは、基本的には、労働用具とその技術の進歩、単位集団の増大による共同労働の発展など、つまり生産力の着実な発達によるものである」（岡本勇 1975：79）と述べて、縄文時代の歴史をそのような緩やかな発展とやがて行き着く限界として叙述している。後氷期の環境に適応し、生産力は緩やかに発展して一定の成熟をみるが、自然の再生産を上回る生産力の行使が不可能な採集経済そのものの矛盾は克服できず、やがて社会の停滞を招くという歴史観である。後期・晩期における呪術の発達も、そうした限界と矛盾の表れ、という負の歴史的評価となっている。

　手工業生産の観点から縄文社会の特質を捉えようとした稲田孝司も、石器や土器の製作に「イデオロギー要素と実用的要素の癒着」という性格が著しいことを問題とし、結論として次のような評価を下している。「イデオロギーの即物性は、実用的観点での手工業生産の発達の阻害を意味する。生産とイデオロギーの混同、実用と非実用の混同がいつまでも払拭されないからである。イデ

オロギーの人身付着性は、やがていれずみや抜歯の風習を派生し、こんどは人間の肉体そのものの健全な発達を阻害する。新石器時代手工業生産の進歩的意義は、縄文社会においてはますます停滞の原理に転化した。農耕・牧畜なき特殊な新石器時代社会は、生産とイデオロギーにおける右の矛盾を自力で解決できない。縄文社会における呪術と因襲の世界は、弥生時代稲作農耕の渡来によってようやく一つの転機をむかえることになったのである」(稲田 1975：28)。稲田はまた、縄文時代の社会構成を象徴するものとして「環状集落」の意義に触れ、祭や集会の場としての中央広場に氏族の拠点としての機能が端的に現れていると論じている。「広場の存在は、世帯に生産と生活におけるいくらかの独立性がみられたとしても、氏族による統率をぬきにしてはそれが1日も存続しえなかったことをよく物語っている」(稲田 1977：30)。

　弥生時代における農業共同体の形成と階級分解のプロセスを説明した都出比呂志は、本格的な水稲農業に対応した大規模な労働編成の必要性が、農業共同体とそれを統率するリーダーの出現の契機になったと説明している(都出 1970)。農業経営の拡大とともに治水などの協働が不可欠となり、世帯単位が結合した農業共同体が成立し、その中に首長権が発生したと考えられている。それに対して縄文時代には、社会的地位の高低を示す量的な差としての「階層差」はあっても、稲作農業のような大がかりな労働編成がなかったためにそれは階級発生につながらず、歴史を動かす力にはならなかったと論じる。「縄文時代に植物の『管理』があったとしても、大局的にみれば、植物採集の延長としての『管理』であって、獲得経済を根底から変革するものにはなりえなかった」(都出 1970：33)。生産力の飛躍的増進がなかった縄文時代には、階級発生につながる歴史的動きは起こりえない、というのが都出の見方である。後期・晩期における儀礼祭祀の発達についても、タブーや呪術的儀式によって共同体的な規制を強化するものとの見解が示されている。

　物質的・経済的な生産力に傾きすぎた歴史観は、食料生産の開始の意義を重視するあまり、農耕社会と狩猟採集社会とを優劣の関係で対置してしまい、縄文社会に対しても停滞的で歴史的発展の力をもたない原始社会という固定観念

を作り上げてしまった。縄文時代に権威的首長、世襲的酋長がすでに発生していた可能性に言及する注目すべき見解が提起されていたにもかかわらず（後藤守 1952、大林 1971など）、無階級・無私財の原始共同体という概念が一般化するにつれて沈黙し、この重要なテーマが論争に発展することはなかった。原始共同体論は1960～70年代に趨勢となって以後、今日まで影響力の強い縄文時代社会像の一つであり続けている。

(3) 縄文人の生産力

　1980年代以降、考古学と自然科学との連携が深まり、遺跡に残された動植物遺存体の分析が進んでくると、縄文人による資源利用技術の高さが次第に明らかとなった。そして、エゴマなど一部の植物食の栽培化やイノシシの飼育化がすでに開始していた可能性さえ出てきた。縄文時代の生産力についてのアセスメントは、原始共同体論が趨勢だった1970年代までに比べると大きく変化し、豊富な資源と高度な利用技術とが相まって高い生産性が実現していた点が再評価されるようになった。このことが縄文時代概念と歴史観を少しずつ変えていくことになる。

　大きな焦点の一つがクリの栽培化である。縄文時代のクリ栽培については早くから推測されていたが（酒詰 1957）、栽培化を裏づける物証が増えてきた。中期集落に残る建築材・燃料材の樹種を検討した千野裕道は、クリが圧倒的に多い実態を把握し、集落周辺の植生改変の中でクリが選択的に管理され増殖していた可能性を指摘している（千野 1983・1991）。縄文時代における木材利用と植生改変を論じた鈴木三男・能城修一も、縄文時代遺跡におけるクリの木材使用量は自然状態での繁殖を上回るものであり、クリの実生苗の保護や実生そのものの人工化の可能性を考慮すべきと判断している（鈴木・能城 1997）。近年ではさらに植物学・年輪学などからの肯定論が相次いで提起されている。現代の栽培種並みに大型化したクリ果実が数多くの遺跡で出土しており、遅くとも後期・晩期には栽培化がおこなわれていたことが確実とされている（南木 1994、新美 2002など）。新潟県青田遺跡（晩期）から出土したクリ材の年輪分

析では、掘立柱建物の建材として使われたクリ材の成長速度が自然流木中のクリに比べて著しく速い事実が判明し、切り株更新などの方法を工夫した栽培化がおこなわれた可能性が高いという農学的所見が報告されている（木村・村越・中村 2002）。青森県三内丸山遺跡での植生史研究でも、前期後葉に集落造営が開始すると同時に、ナラ類やブナなどの落葉広葉樹が減少しクリの急激な増加が開始することが、土壌中の花粉分析によって確認されており、人為的な増殖によってクリの純林が集落の周辺に形成されていたものと推定されている（辻 2002、辻・能城編 2006）。また、クリの自生分布の北限となっている北海道でも、前期後葉以降にクリの利用が増大しており、人間による持ち込みと管理・栽培が想定されている（山田・柴内 1997）。

　また、雑穀栽培や稲作の開始も大きな焦点となっている。弥生時代の水稲耕作に先立って、縄文時代に雑穀やイネが大陸側から伝わり、栽培化されていたという見方があり、検討が続けられている。後述する佐々木高明の「照葉樹林文化論」「ナラ林文化論」はこうした農耕論の先駆けであり、縄文時代における植物利用技術の発展を汎アジア的な文化生態論と農耕発展段階論によって説明する独自な歴史観である（佐々木高 1982・1986・1991）。藤尾慎一郎もまた、後期の土器に見出された籾痕や胎土中のプラントオパールなどを根拠に、後期・晩期の西日本ですでに稲作や雑穀栽培がおこなわれていたとし、朝鮮半島の農耕文化から段階的に栽培植物が伝えられていたことを論じている（藤尾 1993）。藤原宏志と高橋護は、遺跡の土壌や土器胎土中に残るプラントオパールから稲作の起源を追究しており、中期ないしそれ以前に遡る可能性を指摘している（高橋護 1994、藤原 1998）。山崎純男は、縄文土器の器面に残る穀類やコクゾウムシの圧痕の観察から九州地方における縄文農耕の証拠データを蓄積している（山崎 2006）。一方、北日本地域でも、ソバ・ヒエ栽培が縄文時代にすでに開始されていた可能性が種子出土事例から検討されている（山田悟 1992、吉崎 1997）。

　植物考古学の進展は最近ますます加速している。シリコンを用いたレプリカ法による縄文土器表面の種実圧痕の研究や、土器内部に封入された種実痕のX

線調査などにより、縄文時代における植物利用と栽培化の実態が解明されつつある。中山誠二・小畑弘己・佐々木由香らの精力的な調査研究により、ダイズやアズキの栽培化が遅くとも前期・中期にさかのぼっておこなわれていたことが確実となってきた（中山誠 2010・2015、小畑 2016、佐々木由 2014 など）。マメ類を含めた穀物栽培化の研究は、新たな段階を迎えている。

　縄文人が自然の植物食を採集するだけでなく、食料の管理・増殖につながるより積極的な働きかけあるいはコントロールをおこなっていたことは、もはや明らかである。西田正規は、縄文時代における定住生活の開始が人間と植物の間に新たな関係性を成立させる契機となり、集落周辺に増殖した人里植物が人間に大きな経済的効果をもたらすとともに、そこからある種の栽培化が起こりうることを論じた（西田 1986・1989）。青森県三内丸山遺跡の古植生の復元に取組んだ辻誠一郎も、自然のブナ林が伐採され、陽樹を中心とする二次林的な植生に変化する中で、とくに有用なクリやオニグルミが選択的に維持管理されて、後の里山のシステムと同様の人為的な生態系が作り出され利用されていたと論じている（辻 2002）。農耕の「有無」あるいは「伝播系統」という視角からの議論はすでに過去のものであり、最近の問題意識はドメスティケーション（馴化）のプロセスの解明へと向けられるようになった。1980年に加藤晋平が問題提起したイノシシの飼育化（加藤 1980）についても、家畜化に伴う骨格変化や病変などから具体的に例証されるようになってきた。西本豊弘は、家畜化現象として現れる下顎骨の肥大化などの骨格変化を指摘し、縄文時代にイノシシの馴化が始まっていたことを論じている（西本 2003）。

(4) 縄文観の転換と鼎立する評価

　このような生産力の再評価は、原始共同体論で強調された文化の停滞性というそれまでの評価を覆し、1980年代以降、縄文社会像そのものを再考させる動きへとつながった。縄文人が完新世の日本列島の環境に深く適応し、高い水準の資源利用技術をもっていた点は、現在では共通理解になったといえる。しかし、生産力の総合的レベルの評価には差があり、それが歴史観の齟齬を生む一

つの要因となっている。次のような三つの立場が鼎立している。

　第一の立場は、生産力の段階的発展を認めながらも、採集経済そのものの矛盾と停滞性を根本的に踏み越えるまでには至っていないことを強調する。勅使河原彰は、縄文時代の豊かさには常に不安定さが伴い、余剰を拡大再生産に振り向けられない矛盾があったと論じている。そして、余剰がどこに向けられているかというあり方にこそ、縄文文化の本質が端的に現れていると見る（勅使河原 1987・1998）。「一時的・偶発的な余剰生産物を拡大再生産に振り向けたとすれば、それでなくても自然の豊凶にゆだねられた不安定な生産力を一層不安定にし、ひいては自然の再生産そのものを破壊することになり、結果として集団の経済基盤そのものが危うくされることになる。そこでの余剰生産物の累積的な増大はのぞむべくもなく、余剰生産物が拡大再生産に振り向けられることはきわめて限定せざるをえなかった。こうした縄文社会の発展そのものがもつ矛盾を回避するために、余剰生産物は直接生産に結びつかない労働、さらには自然の摂理とそれへの畏怖から、多くは呪術的行為へと振り向けられたと考えられる」（勅使河原 1987：115）。「縄文時代の豊かさを指し示す遺物や遺構というのは、基本的に直接生産に結びつかないばかりか、特定の個人とも結びつかない、生活の道具であり、共同体の記念物であるという特徴をもっている（中略）。弥生時代以降の余剰が、拡大再生産に振りむけられたのに対して、縄文時代の余剰は、直接生産に結びつかない労働、あるいは共同体での生活を円滑にするための活動へと振りむけられたという、その決定的な違いである」（勅使河原 1998：106）。

　第二の立場は、生産力の限界や停滞性を強調するのでなく、逆に着実な発展段階を経て経済的、文化的蓄積がなされた結果、後の稲作農耕の受容と発展がはじめて可能になった点に歴史的意義を認める。縄文文化を一連の発展段階の中に組み込んで評価するところが、第一の立場との大きな違いである。縄文文化の基本的性格を「照葉樹林文化」と「ナラ林文化」という汎アジア的な文化圏の枠組みの中で説明する佐々木高明は、稲作以前の農耕発展段階を説き、前期に原初的農耕が開始して以降、照葉樹林文化圏に属する西日本と、ナラ林文

化圏に属する東日本とで、それぞれ農耕社会への着実な発展段階が開始していたことを論じている（佐々木高 1982・1986・1991）。とくに西日本の後期・晩期には雑穀・根栽型の焼畑農耕が広くおこなわれており、農耕の技術と知識が蓄積されていたからこそ、高度に体系化された稲作文化のスムースな受容が可能になったと主張している。鈴木公雄は、縄文時代を「始動期」「形成期」「展開期」の三期に時期区分し、経済と文化の発展を論じている（鈴木公 1990）。佐々木とは違って農耕問題には慎重であるが、鈴木の見方もまた、複合型の採集経済の完成を基礎にきわめて安定度の高い社会が実現されるに至った発展過程を評価するもので、その文化的蓄積こそが体系的な水稲農耕を比較的短期間の内に受容する基礎条件になった、という歴史観になっている。

　第三の立場は、自然との共生を深めた縄文人の資源利用のあり方に注目し、それが「農耕」とはまったく異質なものであることを主張する。農耕社会への発展を歴史の必然とは考えず、世界観や価値観の異なる異文化と捉える歴史観である。縄文人の資源利用は特定の種に偏らず、むしろ多種多様な動植物を利用するところに特長がある。また季節的に推移する動植物資源を巧みに利用する生業の季節的スケジュールをもつ。小林達雄はこれを「縄文姿勢方針」「縄文カレンダー」という言葉で表現した（小林達 1983・1994・1996）。小林は縄文時代における栽培植物の存在は認めるが、しかし縄文社会が農耕社会に向かって上昇的に発展したとは考えない。自然環境への適応を深める過程で高度の植物利用技術が獲得されたが、それは特定種の増産にだけ傾倒し依存する農耕社会の姿勢とは異質であり、植物栽培があってもそれは「農耕」ではなく「自然の社会化」の一部と考える。縄文時代の生産力は早期にすでに高い水準に達して安定しており、トチのアク抜き技術や数種の植物栽培などが後に加えられたが、弥生農耕の開始までその基本的性格に大きな変質はなかったと見ている。[4] 縄文時代の歴史の方向性として小林が重視するのは、むしろ中期以後に顕著に発達する「第二の道具と技術」であり、縄文人の季節的な生業と行動がこうした儀礼・呪術を通じて節句行事として固定され、次第に規則正しい生活体系「縄文カレンダー」に編成されていったことを論じている。さらに、縄文

人が水稲耕作にスムースに移行できたのも、原始的農耕が先行して開始されていたからではなく、縄文カレンダーに沿った季節的労働の実践が、稲作農耕の厳しい季節的スケジュールに短時日のうちに適応しうる能力を培っていたからだと論じている（小林達 1977）。

(5) 縄文文化の発展と限界

　採集経済の停滞性が強調された原始共同体論に代わって、縄文時代の生産と社会にも一定の歴史的発展があったという認識が広がった。しかし問題は、その発展が総合的に見てどの程度のレベルに達していたのかという点である。

　縄文時代の生産力と社会組織のレベルについては、今村啓爾が一つの総合的な歴史的評価を示している（今村 1999・2002・2004）。今村は、縄文人と森林との深い関わりの中からクリ栽培など樹木を対象とする食料生産が開始された点に縄文文化の特殊性を認め、穀物農耕を基盤として文明を生み出していった西アジアや中国の新石器時代文化との違いに注目している。この特殊性を踏まえ、「森林性新石器文化」という新たな概念で縄文文化の歴史的位置づけを試みた（今村 1999）。今村は縄文時代にある程度高いレベルの食料生産がおこなわれていたことは認めているが、しかしその一方、自然環境の悪化という事態が人口の大幅な減少を引き起こすほどの影響を何度も及ぼしていた点を指摘している。このような興隆と衰退の繰り返しこそが生産力と歴史的発展の限界を表わしているという見方である。また、社会が複雑化し、特定の個人を特別扱いする墓制が発生していたことも事実として取り上げているが、それを階層制・首長制と結びつけることには慎重であり、弥生時代以後の階級形成にそれがつながったとも考えない。「縄文文化の水準を示すこれらの要素—環境に対するきめ細かな適応、工芸技術の発達、宗教的イデオロギーの蓄積と複雑化、親族組織の厳格化など—はいずれも縄文文化が一万年の長きにわたり、まったく別の種類の生産方式や社会やそれにともなうイデオロギーによって置き換えられることなく、ほぼ同じ方向での世界観と価値観を維持するなかでゆっくり獲得されてきたものであり、とくに自然の試練を受けるたびにより強固に再編

されてきたのであろう。一万年かかっても、歴史の次の段階である文明に進むのに不可欠な都市性や下部構造に根ざす階級的関係の発生がみられなかったことは、縄文文化の水準の高さを評価するのと同じくらい、むしろそれ以上に縄文文化理解にとって重要と考える」(今村 1999：179)。「縄文文化はある種の生産経済に到達し生活の安定に大いに寄与したけれども文明を生み出すことはなかった。森林性の新石器文化は草原性の新石器文化と同等の社会変化の力をもたなかったと言えよう」(今村 2004：60-61)。

同様に泉拓良も、人口密度が世界各地の狩猟採集民と同等にしか延びなかった点に縄文社会の限界を読み取っている。定住化を実現するだけの生産力は得たものの、中期には狩猟採集経済の限界に達していたことが、その後の人口の伸び悩みに現れたと見ている(泉 2002)。

藤尾慎一郎は縄文時代の稲作・雑穀栽培の肯定論者であるが、弥生時代の稲作農耕との質的な違いを祭祀体系に絡めて説明している(藤尾 2002)。藤尾によれば、縄文後期・晩期の西日本では、朝鮮半島の畠作文化から雑穀やイネを受容し栽培化していたが、あくまでも食品レベルの受容に留まり、生業の全体系を大きく変革させるものではなかった。これが農耕文化・農耕社会へと転換、発展するためには、穀神への祭祀を最高のものと位置づけるイデオロギー面の転換が伴わなければならない、という重要な見解を提起している。その文化・社会上の質的変革は、青銅器をもった弥生文化の成立によって実現されたものであり、縄文時代にどれだけ植物栽培があろうとも、それは「農耕生産」とは異質で社会変革の力になりえないと論じている。

(6) 林謙作と春成秀爾の縄文社会像

縄文時代の社会統合レベルについては、縄文社会論を牽引してきた林謙作と春成秀爾の論考の中に、一つの総合的な歴史的評価を見出せる。

林の学説の中で社会の複雑性の評価に関わって注目されるのは、「世帯の自立化」と「社会階層」についての見解である。ムラ組織の中で世帯がどの程度自立化していたのかという観点は、生産・消費の単位、財産所有・相続といっ

た経済的問題や、社会内部の差異化・階層分化の条件を考える上できわめて重要であり、この問題を縄文社会論の論点に位置づけたことは、林の大きな功績といえる。林は縄文時代の墓制の変遷を検討する中で、北日本の後期中葉以降に、双分的原理にもとづくそれまでの墓制に代わって「埋葬区」が顕在化してくる変化を捉え、これを世帯の自立化の傾向と解した（林謙 1980）。さらに林は、中期中葉から後期末にかけて、東日本の縄文社会で世帯の立場が強まり、次第にその役割が大きくなっていく過程を叙述している（林謙 1998）。しかし結局、世帯がムラ組織の中に埋没している状態は基本的に破られなかったとも強調している。

　社会階層化についても、林は慎重な見解をとる。「（関東・中部以北の冷温帯では）ポピュレイションは大きいが、季節によって利用できる種類と量が大幅に変化する。それがこの地域の資源の特徴だ。まず人手をかき集めること、そしてその人手を計画的に割り振って手順よく仕事を進めること、それがこの地域で資源を有効に利用するためには絶対に必要なことなのだ。集団的な労働・それを組織する分業・協業のシステムが必要となる。そのようなシステムをうごかすのにもっとも都合がよいのが多機能ムラをキー・ステイションとする村落システム、そして複数の村落システムをむすぶ地域的なネット・ワークなのだ」（林謙 1995：63）。東北日本で集落規模が拡大し、環状集落（多機能ムラ）が発生する理由をこのように論じるとともに、そこに指導者が発生する契機があることを示唆している。林は縄文時代における階層の存在そのものを否定するのではないが、しかし固定的な身分制度や階級分解につながるような階層間分業は存在しないことを論じている。「互酬性の原則、再分配のシステム、集団の代表者としての有力者の立場、これらの特徴が保たれているかぎり階級は成立せず、階層社会は本質的には平等な社会にとどまる」（林謙 1998：91）。これが林の一貫した主張である。

　晩期の亀ヶ岡文化論（林謙 1976）や北海道後期後葉の周堤墓の研究（林謙 1983・1998）でも、社会発展の限度が論じられる。亀ヶ岡文化が崩壊した要因について、林はポトラッチと同様の平準化のしくみを想定している。林は亀ヶ

岡文化の物質文化の豊かさの中に、余剰になりうるものを浪費することによって経済格差の増加を抑制し、平等性の秩序を維持しようとする動きを見るのであり、文化の拡充・強化を図り生産性を超えてまでおこなわれる過剰な浪費が結局、亀ヶ岡文化を破綻させたと解釈している。周堤墓の研究では、墓標・赤色顔料の撒布・副葬品の有無と数量などに区別と格差が生じている実態を明らかにした。また、共同墓地としての周堤墓が解体し特定個人を埋葬する周溝墓が発生する過程に注目し、周堤墓に胚胎した個人の社会的位置づけの不均等の中から、このように特別扱いを受ける人物が出現していたことも指摘している。しかし、そこから「家柄」や「血筋」による身分のランキングを読み取ることまではできないとして、ムラを代表する世話役的な指導者はいたとしても、貴族のような特権階級は存在しないと論じるのである。

　春成秀爾の縄文社会論は、周知の抜歯研究をはじめとして非常に多岐にわたる蓄積があるが、根幹をなす主張の一つに母系制社会・妻方居住婚から父系制社会・夫方居住婚への社会進化論がある。抜歯習俗が最も複雑に発達したのは、主としてその過渡期にあたる選択居住婚の段階であり、性別によってその人の出自を判断できなくなったために社会的地位の表示と区別が極度に発達することになった、という見通しを示している（春成 2002）。その段階の、いわば最も複雑化した縄文社会の状態をどの程度に評価するのかという点に絞って、春成の見解を整理してみる。

　「世帯の自立性」「血縁・出自の区別」「居住集団（ムラ）の統一性」という矛盾する組織原理がどのようなバランスを保ちつつ一つの社会状態を作り出しているか、という点について、春成は次のように論じている（春成 1980・1982・2002）。居住集団（集落）の内部において世帯（竪穴住居や埋葬小群）が一定の自立性をもっていたことは確かだが、生来成員と婚入者の区別を表示する2系列の抜歯型式の区分が一居住集団の中に厳格に存在することからもわかるように、血縁・非血縁の区別が強く意識され、それにもとづくある種の差別がおこなわれていた。つまり、世帯が自立化の傾向を示しつつ、なお血縁の壁を取り払えないでいる状態が、縄文時代後半期社会の歴史的段階である。し

かも、2系列の抜歯型式が区別するのは、あくまでも一居住集団の主要構成員からみた場合の身内と他所者の違いだけであり、他所者を出自ごとに区別する原理にはなっていない。これは居住集団が社会単位として一定の完結性・独立性を有し、外婚単位となっていたことの表れであって、共通の始祖を有する「氏族」組織が居住集団をこえたまとまりとして存在したことは考えにくい。春成はそのような社会状態を「居住集団が一定の自立性をもちつつ、その上位の組織体はすぐ『部族』となっているような、いうなれば『氏族』の存在を強烈に主張することのない『部族』社会」（春成 2002：433）と表現した。

一方、社会階層化についても慎重な見方をとる。晩期西日本の抜歯制度では4I系列と2C系列が厳然と区別されているが、装身具や埋葬位置に4I系列の社会的優位が認められ、その中でも叉状研歯を施される人物は特別な家系または血統に属していたものと推定されている（春成 1989）。しかし、叉状研歯の施された人物でさえ、装身具を集中的に保有するという実態は見られず、これをもって階層社会の形成と認めることには否定的である。また東北地方晩期の葬制においても、装身具の保有に個人的な不平等が生じてはいるが、首長や特定家族がそれを独占するようなシステムにはなっていないと見る（春成2002）。

世帯の自立性が強まり、血統の違いが強く意識され、特殊な社会的地位の人物が登場するなど、縄文時代後半期の社会はたしかにある程度複雑化しているが、平等社会・強固なムラ社会の原則を根底から突き崩すような階層分化には達していない。林と春成の社会論からは、大筋の共通点としてそのような歴史的評価が読み取れる。

3．縄文社会論の現在――社会考古学の論点整理――

(1) 環状集落と前期・中期の社会構造

縄文時代の社会構造や社会統合レベルは、実際にどのような水準にあるのだろうか。縄文社会の様相は年代とともに大きく変容しており、「原始共同体」

というような平板な概念で一括りにすることはもはや無理である。また東日本と西日本との間にも、集落や墓制、遺跡分布密度などの様相に大きな差異があり、社会構造も異質なものであったと予測される。

　新進化主義の人類学者 E. サーヴィスは、国家以前の社会進化をバンド社会－部族社会－首長制社会の３段階に区分する仮説を提起したが、彼が社会進化の測定規準として重視したのは、人口密度の増大、社会規模の拡大、集団数の増大、集団機能の特殊化などによって、次第にその度を深める「社会の複雑性」であった（サーヴィス 1979）。人口密度が高まり社会が大きく複雑なものになるにつれて、社会統合の原理・規則・制度・組織も複雑化するという歴史観は妥当であり、日本列島の先史社会もこうした複雑化の過程を実際にたどってきたであろう。旧石器時代は小規模な移動性のバンド社会、弥生時代は首長制ないし首長国の段階にあったことがほぼ確実であり、その間の縄文時代には、バンド社会から部族社会を経て首長制社会へと移行する社会変化が進行していたものと予測される。社会組織が人口密度や基礎的な生産力、経済システムの発展とともに変化していたことは確実であり、縄文時代を通じて社会構造や社会統合レベルがどのように変化し、どこまで複雑化していたのかを明らかにする歴史的視点が必要になる。

　近年こうした問題意識が高まり、縄文時代の社会構造や社会複雑化についての議論が活発化してきた。それとともに研究者間にある見解の相違が浮き彫りとなってきた。定住化の過程にあった草創期・早期については社会構造を論じるだけの集落・葬制上の資料がなく、現在の議論は主として前期以降の社会が対象となっている。

　前期・中期の社会構造を象徴するものに「環状集落」がある。環状集落の一つの重要な特徴は、集団墓を中心に位置づけた同心円状の構造にある。これは集落成員と死者との関係の強さを表し、中央墓地に埋葬された祖先たちが社会の中心的存在として意識され敬われていたことの表れと見てよい。祖先―子孫の系譜関係や同族としての血縁的紐帯を強く意識した一種の親族組織が、環状集落の背後に存在したことは間違いないであろう。祖先と出自の観念が確立

し、それによって家族や集落という生活単位がより大きな親族集団の中に組織化されてきたことを意味するものと考えられる。集団墓を中心にしてすべての家屋が等距離に位置する環状の空間構成からは、親族単位相互の平等な関係を保とうとする社会理念も窺える。

　環状集落が複数の分節的単位を一つの環に統一する環節的な構造を備えている点も重要である。環状集落内の墓群や住居群を複数のセクションに区分するこの構造を「分節構造」と呼ぶ（谷口 1999）。全体を二分する二大群の構造や、その内部が入子状に分節化した四分・八分の構造などが知られている。分節構造はしばしば世代を超えた永続性を示し、墓壙群や住居群の空間区分が長い年月にわたり踏襲される特徴がある。このような分節構造は前期には不明瞭であったが、中期になると明瞭な形に発達してくる。筆者はこの変化を重視しており、前期に組織化された親族集団が、組織原理となる出自・系譜の区別をより厳格なものとし、リネージやクランのような分節的な単系出自集団を生み出すまでになった状態を表すものと理解した（谷口 2005a）。

　中期の段階に単系出自がすでに出現していたかどうかについては異論もある。高橋龍三郎は中期の親族集団を双系的と推定し、後期に母系の単系出自が出現したと考えている（高橋龍 2007b）。いずれにせよ、出自原理による社会の分節化が前期から中期にかけて進んだことは確実であり、分節構造が顕著に発達した中期には、分節的部族社会の段階に達していた可能性がある。

　このような社会内部の分節化は、前期・中期における人口密度の高まりと領域問題に必然的な要因を見出すことができる。海進期の関東地方では、奥東京湾岸を中心にそれまでになく稠密な遺跡群が出現し、局地的に人口密度が高まった。さらに中期中葉〜後葉には、関東・甲信越地方を中心に遺跡数の爆発的増加が起こり、人口密度は当時の生産力が許容する極限的なレベルにまで高まっていたと推定される。多くの集落が派生的に増加して地域全体の人口密度が高まる状況下で、平等の原則を維持しながら社会全体を秩序づけるためには、確固とした社会組織が不可欠である。出自というアイデンティティーは、同族集団を組織化して地域社会を秩序づける原理となりうるものであった。ま

た、隣接する他集団に対してはそれが対抗力となって集団領域の保全を可能にしたであろう。

　環状集落と人口密度の間に相関関係があることは、遺跡数の高揚期にそれが発達することや、その分布域が中部・関東・東北地方にほぼ限定される事実からも確実である。人口密度が未曾有のレベルにまで高まる状況の中で、東日本地域の縄文社会が分節的部族社会のレベルに移行する歴史的な必然性はあった。筆者は環状集落の成立・発達の社会背景をそのように理解している（谷口 2005a・2007a）。

　しかし、環状集落と前期・中期の社会構造については、定住性や生産力の評価にも絡んでまったく異なる見解も示されている。『定住革命』を著した西田正規は、定住がもたらす大きな経済効果を評価する一方、土地用益権の確保の重要性や定住社会が抱える内的なストレスについて言及している。そして縄文社会があくまでも平等性原理に基づく社会関係を維持しようとして、それを分散や流動性によって解消していたと考えるため、分散的な小規模集落に縄文集団の本質を見ようとし、環状集落の歴史的意義を重要視しない（西田 1989）。居住形態の地理的変異が大きく小規模な集落遺跡が多い関東地方の前期諸磯式期集落を基礎データとしたことが、こうした見方を助成した一因である。

　同じく諸磯式期の居住形態を分析した羽生淳子も、集落規模および石器組成に見られる多様性が季節的移動と離合集散によって生じたものと解釈し、季節的に移動する分散的な小集落が一般的であったと推定している（羽生 2000）。その実態は L. ビンフォードが挙げた三つの狩猟採集民モデルのうちの季節的定住型のコレクター・モデルに最もよくあてはまり、通年定住ではなく季節的に居住地を移動するセトルメント・パターンが採られていたと理解するのである。やはり、季節的移動を可能とするだけの広い領域規模と低い人口密度を想定しての社会像と受け取れる。

　中期になると圧倒的多数の住居跡が集中する拠点的な環状集落が各地に造営されるようになるが、このような様相の中期についてさえ、頻繁な移住や季節的移動を想定する見解がある。最も極端な意見で環状集落の存在意義や縄文時

代集落の定住性を否定するのが、「横切りの集落研究」を標榜する土井義夫・黒尾和久である。土井と黒尾は、一般に「大規模集落」とか「拠点的集落」と理解されている環状集落が長期間の時間的累積を経た最終的な姿であり、一時点の規模は「小規模集落」と呼ばれるタイプの集落と大差がないことを問題とした。中期の居住形態は１～数棟程度の小規模なもので、かつ移動性に富み、大規模な環状集落もそうした小集団が反復利用した累積結果にすぎないと主張している（土井 1988、黒尾 1988）。

　民族誌的類推から縄文時代集落の定住性について疑問を表明しているのは武藤康弘である。トンプスン・サンポイル・モードックの北米民族例を集落研究の参考とする武藤は、竪穴住居の構造は夏季の居住には適さず冬季の複合居住家屋の可能性が高いと推定し、竪穴住居が主体的な前期～中期までは季節的に集落を移動させる半定住的な居住形態であったと結論する。定住と遊動の中間形態を「半定住」と捉え、東日本の後期以前には定住の先適応として多様な半定住が採られていたと想定している（武藤康 1995）。

　環状集落と遺跡分布密度との相関関係を重視し、前期・中期の人口増加とそれが引き起こした領域問題の中に社会進化の歴史的契機があったと見る筆者の歴史観（谷口 2005a・2008b）に対して、小規模な居住単位、季節的移動などを想定する、上記のような対照的な見解もある。それらの反対論・見直し論がいかなる社会構造を想定してのものかは必ずしも明示的ではないが、社会統合の水準や社会の規模、人口密度についての見方が大きく食い違っていることは明白である。

(2) 後期・晩期の社会階層化

　後期・晩期の社会に対する見方は、それ以上に分岐している。大きな争点となっているのは「社会階層化」の評価である。後期・晩期になると社会の複雑化を示唆するさまざまな変化が現れてくる。中期的様相の環状集落が後期中葉までに解体していくことも象徴的な変化であり、平等の原則を壊すような何らかの変質が生じた可能性がある。しかし、それが社会階層化にまで進展してい

たかどうかについては議論が分かれている。

　北米北西海岸民の民族誌研究は、狩猟採集民の社会でも資源が豊かで定住化が実現するようなところでは社会の複雑化・階層化が起こりうることを示している（坂口隆 2007）。こうした事実が知られるようになると、これまで平等社会と信じられてきた縄文社会についても根本的な再考がなされるようになった（佐原 1985、渡辺仁 1988・1990）。佐原真は、「先史時代から現代にいたるまでの世界をみわたすとき、食料採集文化として、縄紋文化ほど豊かなものは他に見あたらない」（佐原 1987：198）として、19世紀の北米北西海岸民の社会に比肩するものとした。そして、「北西海岸の人びとは、魚、とくにサケに依存する食料採集民でありながら、ひじょうに豊かであって、自由民は常勤の専門技術者をかかえ、そして奴隷をもっていた。彼らが奴隷を所有できたなら、生活基盤の勝ったわが縄紋文化に、とくに東北地方晩期の亀ヶ岡文化に奴隷がいたとしても不思議ではない」（佐原 1987：199）との認識を示した。小林達雄もまた縄文社会が北米北西海岸民社会に比肩するほどの階層化を遂げていたことを積極的に論じている（小林達 1988・1996）。佐原・小林のこうした発言が、階層化社会論の口火を切る。

　縄文時代における副葬行為の変遷を論じた中村大は、後期・晩期の東北地方で奢侈品を副葬された子供の墓が増加する現象に注目し、これを社会的不平等の世襲化を示す「子供への投資」と解した。中村は後期・晩期の北日本に世襲的な階層社会がすでに存在したと見る（中村 2000）。

　高橋龍三郎は、社会の複雑性を測定する具体的な指標として、①実用を超えた規模の製品や豪華な装飾をもつ器物の出現、②戦争の証拠、③ポトラッチを含む贈与交換の痕跡、④祭祀・儀礼の催行、⑤先祖祭祀の事例、⑥大型施設の有無、⑦親族組織の分節化、⑧威信財的なレガリア（位階表示装置）の有無、⑨子供の厚葬、⑩墓における特別な施設・副葬品または佩用品の格差、を挙げ、中期以後にこうした兆候が増加していく点を指摘して、平等社会から階層化社会への漸次的な階層化の過程にあったものと捉え、B.ヘイデン（Hayden, 1995）の定義する「トランスエガリタリアン社会」（脱平等主義社会）の段階

に位置づけている（高橋龍 2004）。

　石井寛が神奈川県小丸遺跡の分析から導き出した「核家屋」も、後期の社会の中に特殊な地位の人物が出現していた可能性を指摘する、重要な問題提起である（石井 1994）。後期前葉から中葉にかけて営まれた小丸遺跡では、集落全体を見渡す要の部分に比較的大形の1・2号住居が位置し、その前面に墓壙群が密集した状態となっている。この家屋の主が葬儀ないし祖先祭祀に何らかの重要な役割を担っていたことがうかがえ、しかもこの家屋が同一の場所に固執して何度も建築を繰り返す特異なあり方からは、その地位の継承・世襲さえ疑われるのである。石井はこの特殊な住居を「核家屋」と称し、血縁集団を代表して祖先祭祀を執行した「長」の家と推定している。社会階層については慎重に判断を控えているが、後期社会の不均質なあり方を浮き彫りにした具体的研究として注目される。

　後期中葉から晩期前半には「環礫方形配石遺構」や「大形住居」などの特殊な家屋がさらに顕著な形で発達しており、それらもまた儀礼祭祀に関わる個人ないし特殊階層が存在した可能性を強く示唆している（高橋龍 2004）。

　しかし、後期・晩期における社会階層化については評価が分かれており、慎重な見方もある。羽生淳子は、後期に顕在化してくる変化の中で、環状列石などの記念物造営、儀礼的な遺物の増加、長距離交易の発達、特殊専門化した工芸品などが、社会階層化の傾向を示し、権力操作に利用された可能性があることを指摘している。そして、中期に高度に専門化したコレクターシステムが急速に崩壊したことがリーダーの社会的役割を大きくし、階層的な区分を発生させたのではないかと推定している。しかしながらリーダーたちが操作できた余剰は少なく、墓制も基本的に共同墓地の様相を保っていることから、階層化の程度は比較的小さいと考えている（Habu 2004）。埋葬人骨にもとづいて社会階層化の実態を慎重に検討している山田康弘も、子供の厚葬や老年層の社会的優越といった実態は必ずしも明確でないと指摘している（山田康 2003・2006）。ある程度の余剰はあっても、平等社会の原則をこわすような動きを抑制する平準化メカニズムが働き、階級分解につながるような歴史的発展は生み

出されなかったという見方も強い（林謙 1998、今村 1999、泉 2002など）。

　社会階層化についてはまだ議論が浅く、歴史的評価は当分定まらないだろう[5]。縄文時代にすでに「階層差」が存在したかどうかという点だけに関心が集中しがちであるが、今後の議論では社会内部に不平等が生じ階層化していく過程とメカニズムを説明できるかどうかを問題とすべきである。

(3) 儀礼祭祀の力

　先史社会論の関心は、社会の発展段階の区分そのものよりも社会構造の変化を引き起こすさまざまな要因・作用の解明に向けられるようになり、平等社会から階層化社会への変化のプロセスにあらためて注目が集まっている。そのような中で、縄文時代後半期に儀礼祭祀が著しく発達したことの意味が問い直されるようになってきた。かつては採集経済の停滞性がタブーや呪術の発達をもたらしたという負の評価があり（坪井 1962、岡本勇 1975など）、「呪術社会」という用語を広く流布させた。寒冷化による自然環境の悪化が中期までの順調な発展を行き詰らせ、動揺した社会秩序を維持するために祭りと呪術が発達したという説明もある（岡村 2000）。こうした評価に代わって、社会的発展の重要な力として儀礼祭祀を重視する見方が登場し、縄文時代後半期の歴史的評価を大きく転換させつつある。

　縄文時代後半期における儀礼祭祀の発達について、きわめて重要な歴史認識を早くから示していたのは小林達雄と鈴木公雄である。小林は具体的な用途・性格のわからないさまざまな呪物・儀器類を「第二の道具」として概念化し、その意義を次のように述べる。「縄文人の生活は季節的にめぐり来る資源の確保のための特別な準備と集中的な作業のリレーの上に進行する。土器作りや住居の新・改築などあらゆる活動もまた食料獲得の季節労働の流れのなかの定まった時期に組み込まれていたのであろう。それらの各行動は、呪術や儀礼によって節句行事として固定されながら、しだいに規則正しい縄文カレンダーの編成へと進んでゆく事情について、非実用的儀器がとくに中期以降に発達する背景と合せて理解されよう」（小林達 1977：158）。

鈴木の見方は、儀礼を司る人物の存在やその社会的意義にまでさらに踏み込んでいる。「技術は生産活動の効果的遂行のための知識であったとともに、生産に携わる人々の組織原理ともなりえた。これに対し呪術も、そこに参加する人々の文化的・社会的同一性を再強化するいまひとつの組織原理だった。そして、縄文時代のもっともすぐれた技術の一つである木工や漆工芸が、儀礼のための器物の製作におしげもなく投入されているところに縄文社会における技術と呪術のあざやかな結合がみられる。（中略）そこには、この二つの側面を統合する人物の存在を考えないわけにはいかない。この人物は呪術的世界と日常世界の両面における指導者としての性格をあわせもつ、いわば未分化の首長として存在したものであろう」（鈴木公 1984：105）。「ポトラッチにみられるような集団間の有力者などが、その権威を保つためにさまざまな富の消費や破棄を行ない、それを競い合うことによって集団のなかでの権威の承認をうけるという行為が、一見たんなる"浪費"のようでありながら、それが実は有力者を含む集団全体の新たな再生産への契機になり得ているとすれば、そこには権威の保持という経済外的要因によってはじめられた行為が、結果としては全体社会の経済的運動たり得ているという関係が成立するのではないだろうか。（中略）縄文時代の後半期において縄文人の労働が彼らの生活の維持には直接結びつかないものへと拡大され、しかもそれが文化自身の一定の向上としてみとめられるのは、そうした状況の存在を示すものとみられよう」（鈴木公 1979：201-202）。

　渡辺仁の『縄文式階層化社会』は、縄文時代後半期の社会階層化を、北太平洋沿岸の民族誌研究を援用して考察したものだが、ここでも儀礼祭祀の管掌が社会階層化の一つの重要な因子として注目されている（渡辺仁 1990）。北太平洋沿岸の定住的狩猟採集社会では、狩猟の特殊化による男性の生業分化が社会階層化の主要因になっている。誰でも容易に入手できる食物があり定住が可能となる生態的条件下では狩猟が特殊化し、男性間に狩猟者と非狩猟者の生業分化が起こるのだが、注目されるのは、それが儀礼や芸術の特殊化とも結びつき経済的格差だけでなく宗教的格差による貴賤感情を生み出していた点である。

アイヌ社会では、クマ猟に従事する専門的熟練狩猟者の家族と漁撈中心家族群が生業分化しているが、前者の狩猟中心家族群は、アイヌ社会最大の集団的儀礼であるクマ祭の管理運営権をもち、政治的にも経済的にも主導的役割をはたした。渡辺は、縄文時代においても中期以後、生業・芸術・儀礼が普通（一般）部分と高度（特殊）部分に分化していたと見て、同様の社会階層化が進展していたと主張するのである。渡辺の理論を継承する安斎正人は、縄文社会の中にそのようなエリート層としての威信的狩猟者層が実在したことを、石槍や石鏃の副葬例を手がかりに論じている（安斎 2007・2008）。「過剰デザイン」によって象徴化された特殊な石槍の存在から、前期円筒下層式期の社会にはすでにそうした特殊階層が形成されていたと見る。

　高橋龍三郎も、縄文時代後半期の社会の複雑化に儀礼祭祀が深く関わったと見る（高橋龍 2004）。慢性的な低生産性を定常とする未開社会には社会発展を導く経済的要因はなく、むしろ経済とは別の次元で、社会の複合化・階層化を推し進める契機となるような要因を探求すべきとの考えを示している。高橋が参考とするのが、祭祀・儀礼の管掌を社会階層化のメカニズムとして重視するB. ヘイデンの説（Hayden 1995）である。政治的野心をもつリーダーが祭祀や儀礼を催行する中で、儀礼交換や祭宴を媒介として富の集積と操作をおこなう。そのことが彼らの社会的威信を獲得する手段でもあると同時に、経済的発展や不平等の拡大などの作用を社会にもたらすという説明モデルである。高橋は縄文時代後半期に顕著に発達する儀礼祭祀にも、それと同様の作用があったと想定しており、とくにポトラッチのような競合的な性格の儀式・祭宴を通じてリーダー同士の位階の上下関係の確認や創出がおこなわれ、儀礼的な贈与交換を利用して政治的・経済的威信を獲得していくことがあったのではないかと論じている。

　後期・晩期の東日本・北日本地域では、環状列石をはじめとする大規模記念物の築造が盛んにおこなわれた。このことの意味にも注目が集まっている。後期に大規模な配石遺構が発達することの意味について、以前は、共同体の紐帯強化を強調する見方が強かった。柄鏡形敷石住居の研究を進めた山本暉久は、

中期末に発達した屋内祭祀に代わって後期に集落全体に関わる大規模な祭祀場が発達することを、住居単位の個別化傾向が抑えられ共同体的紐帯が再編された過程と考えた（山本 1977）。長野県北村遺跡の墓群を分析した小杉康も、後期前葉に世帯別・出自別の墓制が顕在化することを論じ、中期から後期にかけて進行してきたこのような社会の分節化の動きが、反動として血縁原理による統合化と再編成を生み、祖先祭祀のモニュメントとしての大規模配石遺構を生み出したと解釈した（小杉 1995）。

しかし最近ではむしろ逆転した見方が強まり、環状列石と社会階層化の関連性が論じられている。佐々木藤雄は、環状列石が中期後葉の環状集落の中からその中央墓地を結界する形で発生してくる過程を論じ、そこに共同体的な祭儀がより高次な祖先祭祀へ変質していく動きを読み取る。そこは地域共同体のすべての構成員を埋葬する集団墓でなく特定の階層に属する人びとの「特定集団墓」であり、また祭儀を管掌する人々の威信を誇示し高める目的が関係していたと論じている（佐々木藤 2002・2005b・2007）。

筆者は、前期における集団墓造営の開始、中期における拠点集落の形成、後期における環状列石の発達までの歴史動向を巨視的に捉え、祖先祭祀の体系化と社会内部の分節化・階層化の過程と考えている（谷口 2007a・2008ab）。血統や出身は個人の社会的地位を決める基本的な原理の一つであり、社会内部を差異化・成層化する不平等の制度的体系を作り出す要因になるが、出自集団が執りおこなう祖先祭祀が出自集団の内部に位階秩序を作り出し維持する階層化原理となることを理論的に考察した（谷口 2007b）。そして、後期に環状列石などの大規模配石遺構が顕著な形で発達することについて、勲功祭宴型の巨石文化に類似した意味機能を推定し、造営者もしくは儀式祭礼を管掌する者の存在と実力を顕示する意味、特定の祖先を顕彰し祀る意味、祖先と子孫との系譜的な繋がりを公的に設定し確認する場としての意味があったと理解する。

縄文時代後半期に見られる儀礼祭祀や葬制の著しい発達は、社会秩序の維持にとって宗教的イデオロギーの重要性がそれだけ増大していたことを明示するものである。また環状列石などの大規模記念物は、世界観を可視化し強化する

舞台装置の性格をもち、その築造行為と共同祭儀こそが、社会を秩序づけ集団の結束を図る重要な機能をはたしていたと考えられる（小林達2005）。そうだとすれば、宗教的威信をもった司祭者たちの社会的地位もまたかなり大きなものであったに違いない。儀礼祭祀を管掌する宗教的威信は、首長制社会において重要な権力ソースとなっていく要素であり、たとえ小さな兆候でもその胚胎が認められるとすれば、変化の意味は決して小さくない。儀礼祭祀や大規模記念物の問題は、縄文時代の歴史的評価を左右する重要な論点である。

(4) 農耕開始の意味

　西日本に成立した弥生文化が、大陸系の技術と文化要素を受容して形成された点は明白である。渡来人集団あるいは渡来系集団がもたらした新たな稲作文化が、この大きな文化変化の歴史的契機になったことは確かであろう。しかし、縄文文化から弥生文化への文化変化は、生産と社会のシステム、あるいは祭祀体系を根本的に変えるほどの価値観の大転換を伴っており、そのような外的要因による伝播系統論だけでは説明しきれない問題を内包している。縄文研究の側から問題にしなければならないのは、むしろ縄文人集団がなぜその外来系の農耕文化を受容したのかという点である。西日本地域と東日本・北日本地域とでは事情が異なり、とくに問題となるのは、東日本・北日本地域の縄文社会が、外来の稲作文化を受容した能動的な理由、あるいは動機である。

　唯物史観に立脚する原始共同体論では、採集経済そのものの限界が縄文時代の歴史を停滞させたと考える。後氷期の日本列島の豊かな自然環境に支えられ、生産力は緩やかに発展してある程度の安定を勝ち取るが、農耕・牧畜なき特殊な新石器時代社会は、自然の再生産を上回る生産力の行使が不可能な採集経済の矛盾を自力で克服できずに行き詰まる。この行き詰まりを打開するための生産手段として稲作農耕が受容された、という見方になっている（和島1962、岡本勇1975など）。こうした行き詰まり論は広く流布しており、縄文から弥生への変化についての一般的な説明となっていたが、近年、農耕開始の問題についても見方の転換が進んできた。

狩猟採集から農耕への切り替えはきわめて大きな生業システムの変更であるが、この大きな文化変化をいったい誰が主導したのか。そのような視角から農耕開始の理論的モデルを提起しているのが渡辺仁である（渡辺仁 1988・1990）。前述のように渡辺は、縄文社会の階層分化を主張しており、狩猟の特殊化によって男性の生業が分化し、威信的狩猟者層が形成されていたと考えている。この上位階層に属する年長の退役狩猟者たちこそが、儀礼をも含めたカレンダーの適正維持をなし得る知的エリートとして、農耕システムの創始および管理・運営にも中心的な役割をはたしたのではないか、というのが渡辺の見解である。農耕システムの受容を環境や伝播といった外的要因だけでなく、社会的な内因によって説明する新しい仮説といえる。

農耕受容の主体者・主導者に触れた渡辺の仮説に関連して、松本建速も東北北部における稲作の受容について興味深い見方を示している（松本建 1997）。松本が注目するのは、大洞A′式土器と砂沢式土器において食生活に不可欠な一次的道具である深鉢・甕・壺には遠賀川系土器ないしその製作技法の受容などの影響が見られるのに対して、祭祀儀礼に関わる浅鉢・高杯の製作および文様にはそうした外来の影響が入り込まず、前代から継承された伝統的な変形工字文がむしろ強調される形で発達している事実である。松本は農耕行為者と儀礼行為者の違いという見方を持ち込み、男性指導者層が担う儀礼の体系が温存され強化される一方で、主として女性労働として稲作が受容されたのではないかと考察している。石器製作に外来の技術移入による変化が見られない点も、男性の生活文化に他律的な変化がなかったことを示している。縄文的な儀礼体系、とくに生活暦の管理が温存される状況下で稲作が女性労働の一部に取り入れられたとすれば、それは西日本一帯における農耕社会の形成とはまったく意味が異なることになる。

筆者は、葬制と結びついた縄文時代の儀礼祭祀の変遷を通観し、出自観念の深まりにつれて祖先祭祀が発達していく過程を論じるとともに、後期・晩期における儀礼祭祀の著しい発達が、生産の特殊化に大きな作用をもたらすことを次のように解釈した（谷口 2008a）。石鏃の急増にみられる過剰な狩猟、イノ

シシの飼育化、土器製塩の開始、コメの受容といった、それまでにない生産の特殊化が後期・晩期に次々と起こってくるのは、儀礼や祭宴における儀礼的消費に関係し、集団あるいはリーダーたちの威信と面目をかけた経済力の誇示という意味合いをもつ。コメもブタも縄文人にとって威信獲得に利用できる魅力ある財源であり、だからこそ階層化の過程にあった東日本・北日本地域の縄文社会がそれを能動的に受け入れたのではなかろうか。つまり、魅惑的なモノを追求する社会心理的な動機が、特殊生産や農耕・畜産の開始に深く関与していたのではないかという観点からの立論であり、社会内部の差別化と階層意識の強まりが生産の特殊化を促進し、農耕・畜産の開始にもつながったと考えるのである。

　松本直子は、本格的な稲作文化の受容の前段階にあった九州の黒色磨研土器文化に、社会の複雑化を示すさまざまな文化変化が急に立ち現れてくることに注目し、農耕文化を受容しようとする動きと伝統的な縄文文化を強化しようとする動きの間で揺れ動く、文化的葛藤について考察している（松本直 2002a）。九州の後期・晩期には、すでにある程度の農耕がおこなわれていた可能性が指摘されているが（藤尾 1993）、松本はこれが弥生時代の稲作文化受容へと直線的に発展したとは考えない。九州の後期には、栽培植物の証拠が増加する一方で東日本系の縄文文化要素が顕著に受容されており、土偶や石剣類が急増したり、姫川産硬玉製品を目当てとした遠距離交易がおこなわれたり、織布生産が導入されるなどの、さまざまな変化が生じている。松本はこうした複雑な文化変化に、狩猟採集社会と農耕社会のまったく異質なイデオロギーの間に立たされた「伝統と変革に揺れる社会」の姿を読み取り、集団を統率するリーダーあるいは女性たちがその過程で農耕受容にどのような役割を演じたのかを考察している。また、黒色磨研土器における器面の黒色度と土器の厚さの地域的変異を調べた研究では、晩期前半の西北九州地方が、朝鮮半島に共通する鮮やかな赤色系を逸速く採用して土器の色調を変容させていたことを明らかにし、そのような集団の志向性がのちに体系的な稲作文化を受容する重要なプロセスになっていたと理解した（松本直 1996）。農耕の開始というきわめて大

きな文化変化を、松本は、階層やジェンダーという社会的因子、あるいは集団の志向性という心理的レベルで説明しようとするのである。

いずれもまだ理論的な予察の段階にあるが、下部構造としての生産力・経済力が上部構造としての社会組織や思想・文化を規定するという唯物史観の基本的な見方を逆転させたところに、以上の論考の共通点がある。農耕・家畜化の開始には、むしろ社会的因子やイデオロギーが強く関わっており、そう考えてこそ、農耕開始の問題を、縄文人集団が主体的に関わった自律的な歴史的過程として考えることができるようになる。

(5) 世界史的枠組みの再構築

縄文時代・文化を人類史の中に位置づけ、世界史的な視野でその歴史的特質を考える作業は、私たちが意識的に取り組むべき重要課題の一つである。縄文時代の世界史的な位置づけはこれまでにも数多くの試みがなされてきた。1970年代頃までは、欧米考古学が組み立てた既成の時代区分や発展段階論に当てはめたり、民族学的な種族文化論・系統論に組み込もうとする傾向が強かったが、考古学研究の進展につれて日本や東アジアにおける人類史の特性や多様性に対する認識が徐々に深まり、日本考古学あるいは縄文時代研究の視点から逆に世界史的枠組みを再構築しようとする、主体的・挑戦的な動きが次第にはっきりと現れてきた。支配的な枠組みであったヨーロッパ・西アジア中心の文明史観を再考させる存在としても、縄文文化は貴重な存在である。世界史的枠組みの再構築を目指した大きな問題提起をいくつか取り上げてみる。

農耕・牧畜をおこない都市文明の基礎を築いた西アジアや中国の新石器文化を規準に考えると、縄文文化の歴史の方向性はまったく特異に映る。佐原真は、世界史年表の中に日本列島の縄文・弥生時代を置き、他の地域史には見られない際立った特徴を二つ指摘している。すなわち、狩猟採集段階の長さと、稲作農耕を開始してから古代国家権力が発生するまでの「古代化」の速さである（佐原 1987）。穀物農耕をもつ大陸的な新石器文化と縄文文化との違いはたしかに際立っている。今村啓爾は、「森林性新石器文化」という新たな概念を

提起して、縄文時代の世界史的な位置づけと相対化をおこなった（今村1999）。今村が重視するのは、豊かな森林をもつ日本列島の自然環境に適応して生きる縄文人が、クリ栽培など樹木を対象とする食料生産を開始していた点である。そして森林資源に対するこの適応の深まりが、西アジアや中国の草原地帯で発達した穀物農耕をおこなう新石器時代の諸文化とは異なる、独自の新石器文化を育むことになったと論じている。

一方、縄文文化の世界史的評価について、まったく異なる意見を表明しているのは小林達雄であり、西欧考古学の新石器文化概念を規準にした「新石器文化に併行または相当する特殊な文化」という見方を批判する。農耕を本質的な要素とすることなく、自然と共生し多種多様な資源を巧妙に利用しつつ定住を実現したところに縄文文化の特質があり、農耕路線とは一線を画するこの独自な歴史発展を踏まえてこそ、人類史における正当な位置づけと評価ができると力説する（小林達 2008）。

藤本強も、西欧流の文明史観を脱却した世界史的枠組みの再構築を目指している。穀物農耕が定住化や都市を生み出し文明化の歴史的契機になったというヨーロッパ・西アジア的枠組みは、自然環境と文化伝統の異なる東アジアや日本にはもともと当てはまらない。旧石器時代にさかのぼる植物食利用の伝統や農耕に先立つ定住化などの日本の実態を踏まえて、定住化から都市形成に至る過程を農耕と切り離して考えるべきことを指摘している（藤本 2002）。

環境史と人類史との関係に注目するスケールの大きな生態史観も、1980年代から議論が深められてきた。西田正規は、定住開始を契機として人間と植物の関係に大きな変化が起こり、集落周辺にクリ・クルミ・サンショウ・エゴノキなど多種の有用植物を含む二次植生が出現したことが、定住生活者に革命的な経済的効果をもたらしたと考えている（西田 1981・1986）。「定住革命」という新たな生態史観の登場であった。藤本強は、縄文時代の歴史的様相が前半と後半とで大きく異なることを問題とし、後半期に墓制が顕著に発達し社会の複雑化が起こってくることの意味を、地球規模の気候変動との因果関係にもとづいて考察している。気候変動による環境の悪化が、縄文社会の内部に緊張や規

制を生み、個々の集団が自らの領域を守るために身内意識の確立と高揚を求めた結果が、墓制の発達という社会現象につながったのではないかと論じた（藤本 1983）。儀礼・祭祀の発達やそれを司る特殊身分の人物の出現も、そうした脈絡から生じたものと考えられている（藤本 1994）。

　安田喜憲が提唱する比較文明論も、世界各地の文明形成を気候変動史との関係で説明するものであり、その中に縄文文化を位置づけようとする試みである。安田は縄文時代の自然と人間の優れた関係を新たな文明概念で評価し、日本文明の原点に位置づける（安田 1999）。縄文農耕を肯定する立場からの考察ではあるが、農耕と定住から都市文明が生み出されたとする都市文明論には与せず、これまでにない「文明」の形を縄文に見出そうとしている。文明の価値観の転換を目指した立論は気宇壮大であるが、文明や都市を生むことなく一定の豊かさと安定を実現したことこそが縄文文化の歴史的特質であり（山内 1969a、佐原・小林 2001、小林達 2008）、このまったく異質な歴史のベクトルをなぜあえて「文明」と呼ばなければならないのか、よく理解できない。

　世界の文明史との比較だけでなく、まったく異なった視座からも縄文の価値が再発見されるようになってきた。人の心や認知を扱う認知考古学がわが国の考古学にも根付いてきたが、縄文時代にはこの分野に資する興味深い研究材料が豊富である。縄文時代と南東ヨーロッパ新石器時代の土偶の比較をおこなった松本直子は、両者に共通する発達過程を問題とし、定住を契機として次第に複雑化した人間社会が、物質文化を通して集団的アイデンティティーを作り出し社会規範を可視化するなど、社会そのものをドメスティケイトしていく普遍的な過程があるのではないかと論じている（松本直 2004）。人間社会が神観念や宗教をどのように発達させてきたのかというような宗教史的な問題についても、また社会構造の複雑化や進化、差別や不平等の起源といった社会史的な問題についても、縄文時代の考古学は豊富な資料と実証的研究を通じて人類史に貢献することが期待できる。日本文化の起源、日本民族の形成というような関心だけに縛られず、これからは人類史に資する枠組みをもって、縄文時代の考古学の豊かな成果をより積極的に世界に発信すべきである。

4. 変容する歴史観

　学説史の整理を通して、縄文時代の歴史的評価を左右するさまざまな見解の相違を確認してきた。その隔たりは、まず生産力という基礎的な経済指標において大きく、生産力の着実な発展があったからこそ体系的な稲作農耕への移行が可能になったとする評価がある一方、生産力の伸長には一定の限界があり、採集経済の枠組みを打ち破る発展の力はなかったという評価がある。また社会の複雑性という指標においても、後期・晩期にすでに階層化社会の存在を想定する見解がある一方、ムラのリーダーはいたとしても平等社会の原則をこわすような存在ではないという反対意見がある。評価が特に両極端に分岐しているのは、イデオロギーに関わる儀礼祭祀の問題である。工芸技術が常に儀礼祭祀と密接に結びついていた点にイデオロギーと生産との癒着を認め、それが生産力の健全な発展を阻害した、あるいは生産力の限界と行き詰まりがタブーや呪術の発達を招いたという、負の評価が一方にある。しかしその対極には、儀礼祭祀と威信獲得システムとが結びつき、個人や集団が威信をかけて盛大な祭宴をおこなうことが特殊生産や儀礼的消費を拡大させて、経済と社会を発展させる力になった、という正の評価がある。

　縄文時代文化の歴史的評価がこのように交錯するのは、生産力や社会組織の実態が正確に把握されていないことに原因があるが、しかしそれだけではない。時代概念は研究者の基本的な歴史観や理論的枠組みを反映しており、その意識自体が社会状況の推移や現代思想史に関連して絶えず変化しているからである。

　たとえば、終戦後には、マルクスの生産様式論やモルガン・エンゲルスによる野蛮―未開―文明の段階区分を下敷きに日本の原始・古代の歴史的過程を検討し、経済と社会の発展法則を追究する動きが考古学と古代史の双方に顕著に現れた（遠山 1968、原 1984）。縄文時代の歴史的規定にもマルクス主義の唯物史観が強く表れ、採集経済下の原始共同体という縄文時代像が生み出された

ことはすでに述べたとおりである。これらは、戦前の神話的歴史観に代わって「科学としての歴史学」が強く希求された当時の学問状況の中で生じた研究動向であり、経済と社会の発展法則を科学的に説明する魅力ある理論が支持を集めたのである。また戦後復興に国民が必死で努力する中で勤労を賛美する世相が現れていたことも背景となり、労働者の歴史観を標榜するそれが正しい歴史観として受け入れられた側面もある。

　日本人および日本文化の起源に対する国民の関心は根強く、日本らしい生活文化の原点、原風景として縄文文化に注目が集まっている。福井県鳥浜貝塚の発見などを契機として「縄文観の転換」が叫ばれ始めたのは1970年代であり、縄文研究はその頃から次第に熱を帯びてきた。急激に進む生活スタイルの欧米化の中で、日本および日本人のアイデンティティーが問い直されたことが、縄文への視線につながったように思う。そして、この頃に一つの思潮を形成したのは生態史観である。中尾佐助・佐々木高明らの「照葉樹林文化論」は、生態史観から文化圏の形成を説明しようとした試みであり、縄文文化の研究にも多大な影響が及んだ（中尾 1967、佐々木高 1971など）。自然環境や生態系を重視する視点は、安田喜憲の『環境考古学事始』（安田 1977）や西田正規の『定住革命』（西田 1986）、『縄文の生態史観』（西田 1989）などにも共通する。この時期に、人間と環境との関係が見つめ直され、文化や歴史も生態的環境の中で形成されてきたものであるという見方が注目を集めたのも、やはり、公害や環境破壊の深刻化によって自然や生態系の重要性を再認識する必要に迫られた、高度経済成長期以後の時代背景があったように思う。

　最近では、縄文時代の生産力や技術、社会組織が予想以上に高度かつ複雑なものであることが見直されるようになり、縄文時代の文化的水準の高さが再評価されている。渡辺仁の『縄文式階層化社会』（渡辺仁 1990）や小林達雄の『縄文ランドスケープ』（小林達 2005）のような問題提起が重要な契機となったが、こうした研究動向も先住民文化の尊重と復権が強く意識されるようになった近年の国際的な政治動向と無縁ではなく、狩猟採集民文化に対する再評価の動きに共鳴するものである。なかでも小林達雄は、縄文人の独自の世界観

や固有の文化論理を重視し、縄文的な生活の価値を最も積極的に発信し続けており、その主張は、縄文文化研究の立場からの現代批判、文明批判になっている。経済発展だけを追及するあまり文化の矜持や豊かな生き方への指針を喪失してしまった現代日本への反省が、それらの言説を生み出しているのである。世界的な経済不況もまた、経済発展という歴史観への懐疑をますます募らせる一因となっているように見える。

現代考古学の説明や解釈に大きな影響を与えているのは、社会状況の変化だけではなく、むしろ多様な展開を見せる現代思想である。欧米考古学におけるプロセス考古学とポスト・プロセス考古学の対立は、文化生態論・機能主義・新進化主義などに依拠し、文化やその変化を「機能」「システム」「適応」といった見方から合理的に説明しようとする近代科学主義的傾向の強い前者と、構造主義やそれ以後のポストモダン思想を背景とし、文化を「テキスト」として捉える解釈学的立場から物質文化の象徴的意味やコンテクスト、文化変化における個人の役割や心的要因、一般理論化になじまない固有の歴史性などを重視する後者との、思想的・哲学的な立場の違いに根ざしていた。日本の考古学は、フィールドワークと資料の徹底的な観察を重んじる実証的な研究に依然として傾いており、現代思想や理論との関係に対する認識はこれまで希薄であったが、1990年代から次第に自覚的な省察がおこなわれるようになった。この改革運動を先導してきた安斎正人は、『無文字社会の考古学』『理論考古学』『理論考古学入門』などの一連の著作を通じて考古学のパラダイム・シフトの必要性を力説し、考古学がモノの研究に終始する状態を脱して過去を説明するためには見方や解釈の前提となる理論を構築しなければならないこと、また研究の枠組みとなる理論と方法、認識論的な立場の違いによってさまざまな解釈や学派が生じる得ることを指摘している（安斎 1990・1994・2004）。

縄文文化と縄文社会の見え方や歴史的評価も、私たち自身の理論的枠組み如何によってこれから多様に変化していくことであろう。現にこのような自覚的な理論的転換の中から、唯物史観的な社会経済史の中ではほとんど無視されていた、人の心や認知、象徴行為、集団的アイデンティティー、エスニシティな

どを重視する研究——象徴考古学、認知考古学、ジェンダー考古学など——が伸長してきたことが特に印象的であり、日本の先史文化の説明に積極的に適用され始めている（松本直 2002ab・2005、松本・中園・時津編 2003、小杉編 2006、松木 2007b など）。縄文土器研究の前提的枠組みであった「型式」「型式変化」「系統」などの基礎概念でさえ再検討の俎上にあり、縄文土器の複雑な実態は、複雑な社会関係や個人の動き、価値・象徴的意味などのさまざまな背景を考慮しなければ説明できないとの見地から、土器研究の方向転換が図られている（大塚 2000、谷口・永瀬 2008）。こうした研究動向なども、理論転換がすでに不可逆の流れとなってきたことを示すものである。

　このような観点に立ってみると、時代概念や社会像の揺らぎは、必ずしも考古学研究の不確実さや成熟不足によるのではなく、むしろ歴史を考える指標や規準が幅広くなり、経済発展や文明史だけに偏らない歴史の見方が自覚されるようになってきたことを映し出している。研究者の問題意識や視座が多様化し、理論的立場の相異がさまざまな像となって立ち現れてきたことを示すものであって、縄文文化の輪郭が一見曖昧になった今日の状況を、悲観的に見るべきではない。むしろ、多様な見方を相照らし、自己の歴史観や過去の見方を相対化できる状況に至ったことを肯定的に受け止めたい。歴史観の相対化とは、結局、自己の問題意識のあり方を見つめることであり、それがあってこそ歴史研究から学ぶ事柄が深まるのではないか。

　縄文から何を学ぶのか。縄文の研究はいかなる意味で人類史の理解に貢献できるのか。考古学が経験的事実を記述する段階から過去を説明・解釈する段階へと移行しつつある中で、現在の私たちに望まれるのは、既存の時代概念や歴史観を絶対的なものとして墨守することではなく、自己の位置や立場を相対化し、研究の進展とともに常にそれを省察する態度なのだ。

註
(1) 山内清男は「紋」と「文様」を異なる意味に用いて用字を区別し、「縄紋」の表記を用いたが（大村裕 1994）、本論では「縄文」の表記に統一した。

(2) 縄文文化の地域的様相と遺跡分布密度は東日本と西日本とで大きく異なり、言語、社会構造、精神文化などを含めた文化全体の異質性を強く示唆している。この東西の地域性はとくに後期後半以後になると対蹠的なものとなり、縄文的要素を最も開化させた亀ヶ岡式土器の文化と、逆にそれを喪失した黒色磨研土器・西日本磨研土器の文化とに二極化する。岡本孝之は、縄文時代終末期に表れたこの東西の文化的差異を「大森文化」と「三万田文化」として対置し、それが日本歴史の中に二系統の文化系統を形成する起点になったと論じている。稲作農耕文化を積極的に受容した西日本に対して、縄文的文化体系を温存させた東北地方の初期農耕社会を、「弥生文化」の枠組みではなく「大森（縄文）文化続期」と捉え直すべきと主張する（岡本孝 1990）。岡本の二系統論は、共時的な地域文化の相互関係を無視して通時的な系統だけを単純化しすぎており、容認できないが、縄文文化の地域差がその後の日本列島の生活文化と地域史にどのように連なったのかという視点は重要であり、「続縄紋文化」の妥当性を含めて再考する必要がある。

(3) 山内清男が主張した年代と起源論・系統論は、現在の編年体系と年代研究から見ると成立困難であるが、山内説を継承し整合的な系統論・年代論を堅持する少数意見は今日まで続いている（岡本東 1979、中村 1996など）。「草創期」は山内清男が自らの年代観と系統論の枠組みの中で設定した時代概念の一部であり、山内の年代観・起源論に従わない者が年代や範囲を改変して使用するのは問題がある。土器の出現が約16,000年前、更新世の最終氷期にさかのぼる可能性が強まった現在の年代観から見れば、「草創期」と呼ばれる時期を「縄文時代」に含めている現行の時代区分も再検討する必要がある（谷口 2011）。

(4) 小林達雄は、西九州の晩期前半にすでに朝鮮半島からコメとその情報が到達していた事実を認めており、それが九州有数の縄文文化の中心地であった熊本平野菊池川流域の集団に受容された点にとくに注目している（小林達 1985a）。

(5) 縄文時代の社会階層化をめぐる近年の研究動向については、山本暉久による詳細な解説がある（山本 2005・2010）。学説史の整理をおこなった小杉康は、議論が混乱するそもそもの原因が「階層」「階級」などの用語の定義の曖昧さにあり、弥生時代以後の議論でさえそのニュアンスが一定しなかったことを指摘している（小杉 1991）。

第3章 社会複雑化の理論的考察
―― 階層化原理としての「出自」――

1. 階層化社会論の理論転換

　社会の階層化はなぜ起こるのか。社会内部の差別化はいかにして起こり、成層化していくのだろうか。この問題の根源を知る上での考古学の役割は大きいが、議論はどこまで深められただろうか。

　社会の階層化、階級形成の問題は、日本考古学の分野ではモルガンやエンゲルスの学説をテキストとして、その理論的枠組みの中で長らく議論されてきた。[1] 唯物史観は物質的・経済的な生産力と生産関係を歴史的発展の究極の原動力と考え、社会・政治・文化等はそれらの物質的生産様式に規定されていたものとして捉える。この歴史観は戦後の日本考古学・古代史にも大きな影響を与えており、考古学的通史においては弥生時代における農耕開始の歴史的意義が特に強調され、農耕生産の伸長による余剰の発生や農業共同体の編成といった観点から、政治的首長の発生や階級分解が説明されてきた（近藤 1959・1962・1983、都出 1970・1984・1989など）。階級形成の問題が国家形成論と不可分な形で議論されてきたところにも、無階級の氏族組織と階級分解の産物としての国家とを二分的に対比するエンゲルス学説（エンゲルス 1965）の印影が濃い。

　しかし、農耕以前の社会であっても、資源が豊かで定住化が実現するような条件下では社会の複雑化や階層化が起こりうることが、民族誌研究を通じて明らかにされてくると、もはや農耕社会の成立だけが社会階層化の前提条件とはいえなくなり、より根源的にこの問題を検討する必要が出てきた（佐原 1985、小林達 1988、渡辺仁 1990、Maschner 1991、Lightfoot 1993）。縄文時代

の考古学ではいま社会階層化が大きな争点となっているが、それもこうした認識から生み出されてきた研究動向の一つである。「階級」と「階層」という用語をある定義で使い分け、問題の異質さを際立たせるのはよいが、それが通史的な検討を阻害するものになってはならない。

　農業生産の開始を重視する唯物史観は、縄文社会論と弥生・古墳社会論を分断させ、遠ざけてきた。近年の社会考古学はさまざまな面で脱構築に向かってはいるが、縄文社会論と弥生・古墳社会論は、依然として基本的な見方や通史的観点をほとんど共有できておらず、分断されたままの状態であるところに大きな問題を抱えている。

　本論では視点を大きく切り替え、縄文時代後半期から弥生時代・古墳時代までの一連の社会変化を説明するための理論的モデルについて考えてみる。平等社会から階層化社会へ、そして国家形成へと、日本列島の先史社会が大きく変動した縄文時代後半期から弥生・古墳時代には、墓制が際立った文化要素となり、大規模記念物が造営され、儀礼祭祀が著しく発達するという一つの共通した時代的特質がある。墓制・大規模記念物・儀礼祭祀の発達が構造的にどのように関連し合い、それらの発達過程が社会の変化との間にどのような脈絡を有していたのかを、時代区分の障壁を越えて通史的に考察する必要がある。

　このような問題認識にもとづき、この章では出自集団と祖先祭祀が社会内部の差異化と成層化にはたした役割について素描し、目指す理論的転換への基礎的考察としたい。

2．権力の源泉ならびに維持

(1) **農耕社会と階級分解**——近藤義郎・都出比呂志の学説——
　弥生時代・古墳時代の研究でも縄文時代の研究でも、首長やリーダーの存在が説明される場合に、誰がどのような資質によって首長になっていくのか、権威がいかにして維持されるのか、首長層・一般成員層・賤民層というような成層化がどのように形成されるのかといった点は、不問に付される場合が多い。

弥生・古墳時代の政治組織を考える上でも、首長間の力関係や序列がどのように決まるのかを究明することは、最も基本的な問題の一つであろう。

　近藤義郎の論文「単位集団と共同体」（近藤 1959）および「弥生文化論」（近藤 1962）は、弥生時代における稲作農業の発展とそれに対応した社会組織の編成過程を実地の考古資料にもとづいて説明したものとして、学史的に重要である。個々の経営単位が分散してある程度自立的に耕作をおこなっていた初期の状態から、開発と治水の進展とともに地縁的な農業共同体が組織され、さらにそれらのいくつかが結びついた農業共同体的地域集団が編成されていく過程で、政治的な首長が出現し、次第にその権限が強化されていったことが論じられている。「首長はこの段階において、治水の指揮者・政治的な統制者として、また集団の余剰の管理者・農業祭祀の司祭者として、生産の改良発達の過程で優位的に集団の指導権を掌握しつつあった存在といえよう」（近藤 1962：179）。近藤は弥生社会の中から政治的首長が登場してくる必然的な理由をこのように説明した。農業共同体的地域集団を政治的に統括する首長について、「多くの場合恐らく優勢な生産集団の長から選ばれたものと思われる」（近藤 1959：19）との予測は示されていたが、首長権力の源泉を厳密に説明するものではなく、権力がどのように維持されるのかもこの時点では不問とされた。また、首長が農耕祭祀の司祭者であったというのであれば、相応の宗教的威信の獲得手段が説明されなければならないが、この点についても特に説明はない。

　『前方後円墳の時代』（近藤 1983）では、これらの点に対する考えが示された。上の論説で初期農業社会の生産関係の説明に用いられた単位集団・農業共同体・農業共同体的地域集団を社会学的な概念に置換し、それぞれ「家族体」「氏族共同体」「部族」と説明している。また、前方後円墳に象徴される古墳時代の政治組織を、西日本諸部族が構成する「部族連合」と説明した。近藤は弥生・古墳時代の社会的紐帯の根幹に血縁的原理の重要なはたらきを認めており、組織原理となる「祖霊祭祀」の政治的な意味に注目している。しかし、首長の選出・継承については、次のような説明に留まっている。「部族的結合は氏族間の対立・矛盾を抑圧し、部族領域の統一を確保し、他部族に対峙してい

かなければならなかった。諸氏族の合議機関が相互の矛盾・対立のため無力となれば、部族的強制力を維持するため、特定・有力の氏族が部族結集の結節点に立ち、利害対立を調整するほかない。現実には特定・有力の氏族を代表する首長に、全氏族の統一＝全氏族への圧力と生産遂行上の機能がゆだねられ、しかも諸生産の発達とともに利害の対立が氏族間において深まれば深まるほど諸機能の集中が強まり、部族機関＝それを代表する首長は、全氏族の組織＝生産力の唯一の体現者となる方向に向う。各氏族の経済整体（政体か：筆者註）としての機能および祭祀的機能もまた部族機関＝部族長に集中されるとともに、対他部族との平和的交流・武力的敵対関係においても、その権限は強化される」（近藤 1983：118-119）。「弥生時代を通じて形成されてきた部族首長の機能と権限、そしてその霊力は、究極的には部族の血縁的同祖同族関係にもとづいたものであった。首長は（中略）集団の祖霊を祀るとともにその霊力をになうにいたった特別な存在であった。首長の死にともなう集団の存立は、その霊威をひきつぐにふさわしいと観ぜられ選出された後継首長によって保持される。（中略）弥生墳丘墓は、（中略）まさにその霊威を次代の首長が集団成員の参加の中で継承する場であった」（同：200）。こうした説明は、政治的首長が出現し次第にその権限を強化した必然性の説明として優れたものではあっても、首長権力の源泉・維持の説明としては十分なものとはいえない。

　一方、弥生時代における農業共同体の形成と首長の発生、ならびにそこから開始した階級形成と国家形成に至るプロセスを説明するもう一つの体系的な歴史叙述に、都出比呂志の一連の学説がある（都出 1970・1984・1989・1991・1996）。階級発生の前提として一般に説かれているのは農業生産力の発展と恒常的な余剰の発生であるが、都出が日本の弥生時代に生じた歴史的契機としてとくに重視するのは、本格的な水稲農業に対応した新たな労働編成の必要性である。畜力によらない人手による鋤耕や田の除草には多くの人員を要し、また灌漑用水路や畦畔の造成などのためにも多くの人間を労働編成する必要性が生じた。それが大規模な労働組織を統率するリーダーの出現の契機になったと都出は考える。経営単位は基本的に小規模であり竪穴住居数棟からなる世帯共同

体がある程度自立的におこなったが、農業経営の拡大とともに治水などの協働が不可欠となり、世帯共同体が結合した農業共同体の中に首長権が発生したことが、階級形成のはじまりと考えられている。それはさらに、農業共同体の地縁的結合により地域編成が拡大するにつれて首長間の序列化へと進行し、そうした中から地域を束ねる盟主的首長が登場して前期古墳の被葬者層になっていったと説かれている。

　都出は、弥生時代の農業共同体的結合の実態が世帯共同体の各家長からなる「家長会議」の形をとったと推定している（都出 1970）。そして、この家長会議を主宰したのが共同体首長とされる。「首長は共同体成員にとって開墾労働の指導者であり、蓄稲の真の管理者であり、交易の媒介者であり、農耕祭祀の主宰者であり、裁判官であり、戦闘の指揮者であり、すべてであった」（都出 1970：62）。抗争を通じて農業共同体の間に優位－従属の関係が生じ、首長の序列化が進む中から盟主的首長が生み出されていく政治的過程についての説明は、明快でありよく理解できる。ただ、多くの家長たちの中から特定の共同体首長が選ばれる際に、何が権力の源泉となり、また首長権がどのように維持されていたのかは説明が省かれており、都出の考えを知ることができない。土地開発に成功し地域社会を強力に組織しえた者が盟主的首長に成長していくという説明はわかるが、最も知りたいのは、権威がしぼむことなく継承される仕組みである。『日本農耕社会の成立過程』（都出 1989）ではその点に関して一つの重要な見通しが示され、農業共同体がその領有圏の内部で調達できない鉄器などの物資を供給する物資交易を掌握する者が政治的に優位に立ち、権力の形成・維持に繋がったと説明されている。

(2)　**権力の源泉・維持システム**——近年の研究動向——

　近年、首長権力の源泉・維持についての議論が深化してきた。権力獲得の根源的なあり方を問う考察としては、たとえばメラネシア・バヌアツ社会の位階階梯制を調べた吉岡正徳の社会人類学研究（吉岡 1998）が参考になる。そこでは貴重な富であるブタを殺し、その支払いと引き換えにレガリアを購入し、

称号を得ることで、各個人が位階階梯を上るしくみがあり、より高い位階と称号を目指して各人が鎬を削る中から、村落や親族集団を統括するリーダーが析出されてくることが描写されている。近年の考古学研究の一例としては、ハワイ・デンマーク・ペルーなどの幅広い地域研究の比較から首長権力の確立と維持を論じた T. アールの著作（Earle 1997）がある。エリート層が儀礼などを媒介としておこなうイデオロギー操作が権力と地位の維持に重要なはたらきを持っていたというアールの見方は興味深く、魅惑的な象徴物や儀式、ランドスケープの中にそうしたイデオロギー操作がいかにして物質化されていたかが検討されている。

　こうした研究動向は日本考古学にも波及しつつある。福永伸哉は、弥生時代終末期から古墳時代前期に登場する畿内中央政権がその権力を形成し維持した政治的戦略として、儀礼管理を重視している。威信財でもあり首長葬送儀礼に不可欠な霊力をもつ象徴的器物、すなわち神獣鏡の入手・製作・流通をコントロールしたこと、そして首長権継承に関わる葬送儀礼を複雑なものに定式化したことを通じて、中央政権が儀礼管理を手段として地方首長の統合化をおこなったと説明している（福永 1999）。従前の王権論が大和政権の圧倒的優位を前提としていたことに比べると、権力獲得プロセスに関心が移行していることがわかる。一方、政治権力や階級の形成要因として戦争の意味に着目するものに、橋口達也と松木武彦の論考がある（橋口 1995、松木 1995）。武力抗争を通じて集団間の階層化・序列化が進むとともに、集団内部でも首長権の強化や軍事的職能の専門化などによって支配層とそれ以外の階層化が進むといったことが、弥生時代にすでに開始していたと論じている。さらに先端的な研究としては、権力獲得・維持の問題を個人と社会、物質文化と社会という心理的・認識論的なレベルにまで掘り下げて考察する松木武彦の論考が挙げられ、巨大なモニュメントや文字といった物質文化の要素が、ランドスケープの構成と上位者・下位者の社会的な関係の形成にどのように関与したのかを考察し、首長制から国家への社会進化を、個人の心理や情報の力といった新しい見方で説明しようとしている（松木 2005）。

首長権力の源泉・維持システムについての関心が高まり、弥生時代・古墳時代の研究の一つのテーマになってきたことが管見からもうかがえる。唯物史観的な枠組みにとらわれることなく、議論が広がってきたことはよいことである。しかし、理論的転換をより徹底的なものにするためには、今までの時代区分を取り払ってこの問題の領野をさらに拡大し、人間社会の階層化をより広い視点から考察する必要があるようにも思う。この点で優れた理論的構想を示したものとして、渡辺仁と高橋龍三郎の論考が注目される。

渡辺仁の『縄文式階層化社会』（渡辺仁 1990）は、縄文時代後半期の社会がすでに成熟した階層化社会に達していたことを、北太平洋沿岸の定住的狩猟採集社会の民族誌モデルと、縄文時代の考古資料を用いて、理論的に説明したものである。農耕社会における社会階層化の条件が食物（穀物）貯蔵経済にあるのに対して、縄文社会を含め定住的狩猟採集社会が階層化していく基本的必須要因は男の生業分化にある、というのが渡辺の基本的見解である。誰でも容易に入手できる食物が存在する生態的条件下では、狩猟の特殊化によって男性の間に狩猟者と非狩猟者という生業分化が起こる。北太平洋沿岸の定住的狩猟採集社会では、このことが社会階層化に密接に結びついている。

たとえばアイヌの伝統社会では、サケマス漁による余剰生産に支えられて狩猟の特殊化が起こり、男の生業が分化している。専門的熟練狩猟者の家族は、クマ猟をおこなうほかシカ猟なども積極的におこなう狩猟中心家族群を形成したが、それに対し非専門的・非熟練狩猟者の家族は、クマ猟には従事せず、狩猟より漁撈に熱心な漁撈中心家族群を形成した。両者の差異を決定的なものにしているのは信仰・儀礼体系（カムイノミ）の内容の格差であり、専門的熟練狩猟者がアイヌの最高神であるクマの族長を含む伝統的祭祀の全体系を継承しているのに対して、非専門的・非熟練狩猟者は万人共通の神々を祀るにすぎず、最高神を祀る複雑高度な儀礼パセオンカミを継承していない。狩猟中心家族群は、アイヌ社会最大の集団的儀礼であるクマ祭の管理・運営権をもち、知的・技術的伝統の保持を背景に政治的にも経済的にも主導的役割をはたした。さらにそのような自由人の階層だけでなく、自主的な生活権をもたない奴婢の

類も存在して、地域社会の最下層として機能していた（渡辺仁 1990）。渡辺は、縄文時代においても中期以後になると生業・芸術・儀礼が普通（一般）部分と高度（特殊）部分に分化していたと見て、それらを通じた社会の階層化が進展していたと主張している。小杉康や林謙作による批判論はあるが（小杉 1991、林 1995）、階層化原理の社会生態学的説明、とりわけ儀礼の特殊化の重要な関与を説明する理論は、権力の源泉・維持を知る上で重要な見方となるものである。

　社会の複雑化と階層化過程が世界的規模で再検討されている中で、E. サーヴィスが提唱した部族社会と首長制社会の中間の、階層化の過程にある社会に対する関心が強まっている。高橋龍三郎は平等社会から階層化社会への変化のプロセスに関する諸理論を整理し、それが縄文社会にどの程度適用できるかを検討している（高橋龍 2002・2004）。特に B. ヘイデンの理論的研究を評価し、彼の提唱するトランスエガリタリアン社会（脱平等主義社会）において、リーダーが威信獲得のために用いる政治的手法や、それが社会の複雑化と階層化にはたす役割に注目している。ヘイデンによれば、政治的野心をもつリーダーが祭祀や儀礼を催行する中で、競覇的な儀礼交換や祭宴を媒介として富の集積と操作をおこなうことが、彼らの社会的威信を獲得する手段でもあると同時に、経済的発展や不平等の拡大などの作用を社会にもたらす（Hayden 1995）。つまり、祭祀儀礼の管掌と催行それ自体が社会階層化の重要なメカニズムになっていると主張するのである。高橋は、縄文時代後半期に先祖祭祀を含む祭祀儀礼が発達することや、司祭者に関わる可能性のある大形住居が出現することなどに注目し、該期を平等社会から階層化社会への漸次的な階層化の過程と捉え、トランスエガリタリアン社会に位置づけている。

　この議論の中では儀礼祭祀の発達が二つの意味で重視される。その一つは、祭祀や儀礼がポトラッチのような競覇的な性格を帯びてリーダー同士の位階の上下関係の確認や創出がおこなわれたり、儀礼的な贈与交換を利用してリーダーが自らの政治的・経済的威信を獲得していく場になりうる可能性である。第二は、親族集団が先祖を顕彰して系譜的関係を強調し、先祖から引き継いだ

社会的地位や諸権利を継承する、先祖祭祀としての意味である。

このような認識の転換は、儀礼祭祀研究の意義を鮮明に照らし出し、社会階層化の問題を縄文時代を含めて議論し直すための理論的前提になる。

3. 階層化原理としての出自

(1) 出自集団と祖先祭祀

儀礼祭祀や葬制と社会階層化とを構造的に結び付け、日本先史社会の変化に大きな作用をもたらしたと考えられるものに、出自集団とその組織原理となる祖先祭祀がある。非世襲の世話役的なリーダーがその地位を築いていく際には、人格や体力、調整力、弁舌能力などの個人的な資質や実力がものをいうかもしれない。しかし社会全体を大きく区分し成層化する不平等の制度的体系ということになると、個人的な資質の問題ではもはやなく、血統や出身が社会的地位を決めるきわめて重要な規準になる。このような点で、出自原理や祖先祭祀が社会内部の差異化・階層化にはたす役割は小さくないと考えられる。

出自（descent）とは、特定の祖先からの血縁的系譜によって個人を親族集団に帰属させる文化規則である。これにより組織される親族集団を出自集団という。[4]新生児は生物学的には父母双方の遺伝子を受け継いでいるが、出自は集団成員権を選択的に付与する文化的規則であり、子供の帰属を明確に決める。出自は生物学的な意味での血縁と同義ではなく、文化的・社会的な系譜の認知であり、父系・母系のように系譜の辿り方を定めている。

系譜の認知は実際の血縁関係にもとづく場合もあるが、同祖同族の意識で紐帯関係が維持されている巨大な組織もあり、またその場合の始祖は実在の人物だけとはかぎらない。実際の血縁関係にもとづく最も基本的な単系出自集団が「リネージ」であり、それに対して「クラン」「シブ」あるいは広く「氏族」などと呼ばれる組織は、後者のような同祖同族意識で結ばれた単系出自集団を指す。複数の氏族が伝説・神話上の名祖を共通にするなど擬制的な血縁関係を結び、胞族（フラトリー）・半族（モイエティー）などのより大きな組織を作り

上げていることもある。

　出自は出生と同時に個人を特定の出自集団に帰属させ、社会的位置づけを決するはたらきをもつ。出自の主たる機能は成員権の認知と伝達にあり、領域権益や財産の相続をはじめ社会的地位や権利の継承にきわめて重要な機能をはたしていることが知られている。親族は常に双系的なものであるが、リネージやクランでは成員権は単系的に継承され、それによって出自集団の統一性と永続性が保たれている（ラドクリフ＝ブラウン　1975）。

　出自集団としばしば密接に結びつき、特徴的な宗教的祭儀として知られているのが「祖先祭祀」（祖先崇拝）である。社会人類学では普通、祖先祭祀は広い意味での死者崇拝とは区別され、社会的に認知された系譜関係にある親－子、祖先－子孫の間に取り結ばれたものに限定される（ラドクリフ＝ブラウン　1975）。なかでも、単系出自集団において、祭祀される祖先の子孫に権利・義務として継承されるものが、最も限定的な定義となっている（フォーテス　1980）。

　出自集団の秩序は始祖を頂く系譜認識にもとづいているので、その意味での祖先祭祀は単なる宗教的行為にとどまらず、親族秩序や政治組織を聖化し超日常的価値を付与するものとなり、出自集団の社会統合や序列化にきわめて重要な役割をはたすことになる。そうした機能は単系出自社会でとりわけ著しい。

　ガーナ・タレンシ社会の祖先祭祀を分析した M. フォーテスは、祖先祭祀が父系リネージの統合化とアイデンティティーの中核になっていること、祭祀の対象も最大リネージの始祖から最小分節の祖先までリネージの分節体系に対応したヒエラルヒーが備わることを明らかにした（フォーテス　1980）。それはタレンシ社会で最も重要な父系系譜を宗教化したものであり、父系的に継承された社会的権利・義務の象徴になっている。タレンシ社会では、他の父系出自社会と同様に、息子は父親の生存中は法的に未成人であり、祖先に直接供犠をおこなうなどの宗教的資格をもたない。父親が死んではじめて、法的権限や地位・役職を継承すると同時に、祖先に対する礼拝を司祭する権限を得る。父から息子へのこの権限の継承に重要な意味をもつのが葬送儀礼であり、死んだ父

親をリネージの祖先たちの住む普遍永久の領域に送って祖先という地位に昇華させ、不滅のものとすると同時に、息子は父親に代わって父がかつて占めた地位を継承する。このように祖先祭祀は分節リネージ体系や父権的家族構造と明らかに関連しており、リネージの始祖や親に対する祭祀権こそが成員の地位・権利・義務の維持・継承に決定的な機能をはたしているのである。

フォーテスはこれとよく似た構造が、アフリカの部族社会に多数存在するだけでなく、古代ローマや中国の祖先祭祀にも共通していることを論じている。「法的権威が特定個人に賦与されるのは、彼がしかるべき親族身分を持つか、または一定の役職を、最終的には出自の原理に基づいて、占めているからである。祖先は、この意味で、社会構造の永続性を象徴し、彼らがそれぞれの生涯において保持し、引き継いできた権威や権利が、しかるべく配分されていることを象徴している。祖先崇拝は、法的権威や権利、より包括的な表現をすれば権限の最終原因を、いわば台座の上にまつり上げ、個人がこれを冒したり、いどんだりすることを不可能にする。こうして初めて、権威に従うことを余儀なくされるすべての成員の同意を得ることが可能になるのである」（フォーテス 1980：152）。

(2) 出自の位階秩序

出自原理は部族社会を秩序づける親族ソダリティーとして普遍的なものであり（サーヴィス 1979）、平等社会の組織原理のように考えられがちである。しかし、じつは社会内部を区分して差別化された集団を作り出す原理でもあり、さらにそれらを序列化し階層化させる原理にもなりうる点に注目したい。実際、首長制社会では、生産品の再分配システムや労働配備に中心的な機能をはたす特定の首長職が出現しているだけでなく、社会内の諸個人やグループが首長との系譜的な近さに応じてランクづけされ、拡大した不平等が制度化される（サーヴィス 1979）。位階リネージ・円錐クランと呼ばれるものがその典型であり、同一出自に属する成員が、共通の祖先からの系譜上の距離によってランクづけられる（サーリンズ 1976）。個人間の社会的地位の格差ではなく、社会

そのものの集団的な差別化、その格差の成層化を考えようとするなら、出自原理のこのような側面は看過できない。

　出自がいかにして親族社会の内部に階層的な組織と位階秩序を作り上げていくのかを、次の二つの社会研究を参考に考えてみよう。

　沖縄の門中（ムンチュウ）は、父系出自による社会の分節化と分節単位のランキングを示す好例である。ムンチュウについては、比嘉政夫や渡邊欣雄による体系的な研究があり（比嘉 1983、渡邊 1985）、出自集団の機能や形成過程、祖先祭祀や世界観との結合、それが創り出す位階的な社会秩序など、参考になる点が多々ある。

　沖縄本島および周辺の離島には「門中（ムンチュウ）」と称する社会組織が存在する。ムンチュウは成員権を父系継承する点で本質的に父系出自集団であり、政治・経済・宗教に関わる諸機能をもつが、とりわけ祖先祭祀を共同でおこなう点に著しい特徴がある。こうした祖先祭祀が、出自集団としての同族意識を再確認しあう大切な機会になっている。祖先祭祀に付随する始祖の墓参や、系図に記載された英雄の祈願、旧地巡礼など、祖先の慰霊・供養の機能および祭祀に必要な経費調達や祭場修理・造成などが主な機能であり、門中墓、位牌、祖先遥拝に用いる香炉、系図などが重要な象徴となっている。その祭祀権を継承し儀礼管掌に中心的役割をはたしているのが宗家（ムートゥヤー）、次いで仲元と呼ばれる直系の家であり、祖先神を祀る祭壇に位牌を安置している。家を継ぐことはすなわち位牌を継ぐこととまでいわれる。自己の生家を相続するのは原則として長男であり、次三男・女キョウダイは生家を離れるが、かれらも自己の父の属するムンチュウに帰属し、父系血筋によって親・高祖・先祖が認知される。ムンチュウの構成員は、正月二日・清明祭・盆などの機会に、宗家や先祖に関係のある聖地を拝む。

　とくに注目したいのはムンチュウの位階秩序である。父系嫡子相続制により直系傍系の分別が生じるため、世代を重ねるたびに分節化が限りなく進み、分節内での位階秩序が作り出されるのである。直系の集団が上位にあり、次に直系の出自線から分出した傍系、さらに傍系の傍系へと位階秩序は下がってい

く。分出世代や年長位階などにより複雑となる位階秩序を整理し識別する仕組みとして屋号が発達していることも顕著な特徴である。

渡邊の研究の中で興味深いのは、出自が必ずしも遠い過去から実際に継承され続けているわけではなく、始祖に関わる歴史伝承や神話と結びついて出自が創り出され、系譜の整理や接合がおこなわれて大きな出自集団が形成されることがあるという点である。とりわけ渡邊が「権威筋」と呼んだ出自の形成過程は、階層化原理としての機能を明確に示すものであり、注目すべきものである。「地域に移住してきた際、その村落の成員権を得る際、あるいは自分たちの出自を希求する際、村落の有力者や伝説上の英雄を頼り、そのような権威によくすることによって自らの位階を確保する。ある権威の傘下に走った集団が自分らの以前の出自を保持しつづけるのではなく、所属がえをすることによって、権威のある出自系統の中に自らを編入するのである。(中略) その代限りで終わることなく、長く編入の事実は子々孫々へとうけつがれ、やがては、〈かつては親族関係があったもの〉として系譜が擬制される」(渡邊 1985：136)。

M.フリードマンも、中国南東部（主に香港・新界と広東・福建）における社会組織を分析する中で、父系リネージと祖先祭祀が各集団のアイデンティティーの形成維持、およびその財産・権利に不可分に結びつくとともに、リネージ内の社会的地位の序列化に重要な役割をはたしている点を明らかにしている（フリードマン 1987)。中国南東部の父系リネージは、祖先を祀る祠堂（宗祠・祖廟）を象徴としてもつ。それらの祠堂には、リネージ全体の祖先を祀るものとその下位分節の祖先のものが含まれ、それ自体が階層的なものになっている。また、一族の歴史や祖先たちの情報（生没年、埋葬地、妻の姓、業績など）を記す族譜も、リネージ集団のアイデンティティーの象徴として重要なものになっている。

フリードマンがとくに注意を傾けて考察したのが「非対称分節形成」という問題である。分節リネージ体系というとヌアー社会やタレンシ社会の研究（フォーテス・エヴァンス＝プリチャード 1972）がつとに著名であり、世代ご

第3章　社会複雑化の理論的考察　63

とに分節リネージが分岐していくピラミッド型のモデルとして描かれるのが普通であるが（サーリンズ 1972）、フリードマンが分析した中国社会では、現実のリネージはそのように整然と並ぶものではなく、リネージ内部でのサブ・リネージの裕福さの違いが不均等・非対称な分節形成を生み出している。というのも、リネージは常に土地などの共有財産に結びついており、リネージの分節化もまた機械的な系譜の分岐ではなく、新たに設立された財産のまわりに帰属意識が形成されるからである。経済的に成功した家系では、より沢山の子供を生み育て、また早く結婚させる資力が十分にあるので、成員の数がどんどん増え次世代の生み出し方も早く分節化が著しいが、それに対して貧しい家の者たちは婚期が遅れ、リネージや分節内での世代交代が遅くなり、ともすればまったく死に絶えてしまうことすらある。前者のような裕福な家系の成員たちは、他の親族たちとは別個のアイデンティティーを打ちたてようとして独自の祠堂を建設し、新しい分節リネージを作り出せるが、より貧弱な者たちにはそれに対抗する形の自己の存在主張ができない。祖先祭祀の場である祠堂では、位牌の区分によって参拝者に差別が設けられ、それがリネージ内での地位の違いを強調するものになる。こうして非対称な分節形成が進むと同時に、リネージ内部に序列的関係が作り出されていくというのである。これもまた、出自組織がその内部に位階秩序を形成していく仕組みを知る上できわめて示唆的である。

　ここに引用した二つの例——沖縄のムンチュウと中国の宗族——は、ともに父系出自集団が奉祭する祖先祭祀の組織として共通する性格をもち、いずれの場合にも位階的・序列的な秩序が作り出されていた。階層化原理としてとくに留意したいのは以下の点である。第一は、始祖との系譜的距離にもとづいて分節集団の位階秩序が形成され、それが儀礼祭祀の管掌権と結びついて大宗家・中宗家・小宗家といった階層的秩序が形成されている点であり、第二は、祖先を祀り顕彰する資力をもつ集団と持たざる集団との差が社会的地位の上下関係を形成している点である。そして第三は、力のある権威筋に自らの系譜を接合して傘下に取り入り、擬制的な血縁関係によって地位を確保するという手段が用いられる点である。こうして祖先祭祀の体系が一つの出自集団の内部にヒエ

ラルヒーを生むのである。

(3) 古墳時代の政治原理とウヂ

古墳時代社会の中にもほぼ同質の血縁的原理と祖先祭祀体系が認められ、階層的な政治秩序を形成する組織原理となっていたことが、さまざまな面から窺える。

古墳時代の政治組織の中で、後に「ウヂ」と呼ばれることになる出自集団がきわめて重要な機能をはたしていたことは確実であろう。ウヂは一般的には支配階級層の中の血縁的同族集団を指し、部民や奴婢を所有してそれ自体が階級的関係を内包することや、大王への系譜的な求心性をもつことが特徴に挙げられている。ウヂが純粋な父系出自集団とはいえないことは古代史研究では一応の共通理解となっているようであるが、始祖からの系譜観念(伝承や族譜作成)を根幹的な組織原理とする点では出自集団と同じ性質をもつ(明石1990、鈴木靖 1990)。稲荷山鉄剣銘文(471年)にも、上祖オオヒコからオワケ臣まで8代にわたる父系系譜が記されている。史実としての信憑性はともかく、祖先との系譜関係が本人の社会的位置づけや職掌、権力継承に重要な意味をもっていたことは明らかであり、5世紀代の社会における出自原理の重要性を端的に示している。また、群馬県山ノ上古墳の前面に建てられた山ノ上碑の碑文(681年)について、婚出した女子が死後配偶者の本貫の地にではなく父の墓に合葬される「帰葬」がおこなわれたとの解釈が示されている(白石2003a)。これも父系出自原理の強さを例示するものといえよう。

大王を頂点とする古墳時代の政治体制が出自原理を反映した構造になっていることを説く学説に、鈴木靖民の首長制社会論がある(鈴木靖 1993)。鈴木は、2・3世紀から7世紀の社会を首長制社会(首長国)と規定しており、古墳時代を古代国家とみなす都出比呂志の説(都出 1991)には反対しているが、その重要な根拠として、擬制的な血縁関係が政治的統合に利用されている点を指摘している。鈴木は、倭の政治体制が、邪馬台国のような小首長国連合の状態から、大王すなわち最高首長を頂点とする統一首長国に発展する過程で、擬

制的な同祖同族関係の取り結びにもとづく円錐形クランの形成が組織原理になったと考えている。稲荷山鉄剣銘文に見られるように、5世紀代には首長の始祖伝承と系譜が成立しており、それを精神的紐帯とする擬制的同族集団が在地社会の中に形成されていた。円錐形クランは、銘文中の「杖刀人首」が例示するような何らかの役職で大王（最高首長）に世襲的に奉仕したことを根拠にして、大王と在地首長との間に擬制的血縁関係が取り結ばれることで成立すると考えられている。円錐形クランの形成は、世襲の官職の授与、ワケ号の賜与、首長権承認の証となる刀剣の賜与という実質的な手段とともに、原『帝紀』の成立過程での在地首長と最高首長の系譜的接合という手段によって完成する。これにより服属関係が決定的となり、支配機構が整えられて大王権力が確立する。6世紀に大王墓が規模を縮小したのも、「円錐形クランの成立により古墳という可視的表現で地位を誇示しなくとも、系譜上の頂点にあるという王位の正統性が伝承の上から王権構成者や共同体成員に意識されるようになったため」（鈴木靖 1993：64）と解釈する。

　ヤマト王権と地方首長との擬制的同祖同族関係に基づくこのような政治体制が、山尾幸久（山尾 1983）や鈴木（鈴木靖 1993）の説くように5世紀になって成立したのか、それとも前方後円墳の出現と地方的展開の当初にまでさかのぼるのか、その点については議論がある。

　西嶋定生は、定式化した古墳の営造そのものを首長権力の身分的表現と見なし、それが畿内を中心として各地に展開したのは、大和政権を構成する諸氏族と地方首長との間に擬制的同族関係が設定され、それを介して各地の首長たちが大和政権の身分秩序であるカバネ制の中に編入されたことを意味する、と解した（西嶋 1961）。大和を中心とする族制的体制の拡大を通じて地方支配の基盤が形成されたという学説であり、後の群集墳の爆発的増加もカバネ所有層の拡大を通じ首長を媒介することなく地方を一元的に直接支配する動きと理解されている。

　白石太一郎も古墳造営が同族結合の確認と系譜の伝承の場として象徴的な機能をはたしたと見ている論者の一人であり、古墳群の構成こそが同祖同族関係

を紐帯原理とするウヂの表現になっていると考える（白石 1973・1996）。「次代の首長が先代の首長の古墳を造営し、そこで一族の系譜を誅することは、それ自体首長権の継承の宣言にほかならなかった」（白石 1973：117）。各地の首長たちが共通の形式で古墳を造営したことも、首長同盟の統合原理が「同祖同族意識」によるものであったことを意味し、初期ヤマト政権が首長制の構造をもつと説明している（白石 1993）。5世紀末から6世紀になると群集墳形成の動きが顕著となるが、白石は盟主的な大型古墳に隣接して大規模な群集墳が形成される場合が少なくないことに着目し、大型古墳の被葬者――実在の人物であれ遠い過去の大王や伝承上の英雄であれ同族的結合の核となる存在――を始祖とする同祖同族系譜がこの時期に広汎に成立してきたことの表れと解した（白石 1973）。記・紀や新撰姓氏録にまとめ上げられていくことになる古代豪族の氏族系譜の原形をそこに見出している。

　近藤義郎もまた、古墳築造の本質が、部族集団の求心力である祖霊およびその霊威を受け継いだ亡き首長に対する祭祀とその霊威継承の儀式にあると考えており、定型化した前方後円墳の成立と地方への展開を、各地の部族首長が大和の部族連合と擬制的同祖同族関係に入り、共通の祭祀型式が採用されたことを意味するものと論じている（近藤 1983）。大和を上位とする同族の霊威に各地の首長が連なることを、近藤は「祖霊の重層」と呼ぶが、こうした擬制的血縁関係によって地方首長と大和連合との間に同盟関係が設定されたという解釈である。[6]

　以上の諸論が同祖同族関係による政治的紐帯の初現を古墳出現の時点まで古くさかのぼらせて考えるのに対して、岩永省三は、5世紀後半に親族構造が大きく変化して父系原理による首長権・家長権の直系的継承が成立し、ウヂの形成と大王を頂点とする階級的秩序への編成はそれを前提としてはじめて進展しえたものであると論じている（岩永 2003）。そうした古墳時代の親族構造の変化およびその原因について、注目すべき見解を示しているのが田中良之である。歯冠形質分析を応用して古墳被葬者の血縁関係を調べた田中は、同一古墳に埋葬された被葬者の関係を、キョウダイ関係を中心とする基本モデルⅠ、家

長とその子たちからなる基本モデルⅡ、家長夫婦とその子たちを含む基本モデルⅢに区別して説明している。歴史的にはⅠ→Ⅱ→Ⅲの順に推移し、前期には父系直系継承の見られない双系的な構造だったものが、5世紀後半になると家長権の父系直系継承の成立を示す基本モデルⅡの埋葬パターンが出現する、という重要な変化を捉えた（田中良 1995）。田中はこの変化の背景に中国からの父系イデオロギー・家父長制イデオロギーの移入という外的要因を推定している。岩永もこの画期を重視しており、擬制的同祖同族関係にもとづく政治組織の形成をそれ以前にさかのぼらせる近藤らの説を批判する。

　擬制的なものにせよ実際の血縁的系譜にせよ、同祖同族関係を自認しそれを社会紐帯とする集団こそ出自集団にほかならない。上述の起源問題は残るとしても、古墳時代の政治秩序の中で出自原理が重要な役割をはたしていたことは否定できない。官僚機構やカバネ秩序が整えられ集権的国家の形成へ躍進したと評価されている雄略以後の時期でさえ、始祖神話や系譜接合という古い手段が利用されて階層的な権力構造が創り出されていた事実は重要であり、古墳時代の政治原理が全体として出自原理と不可分であったことを物語っていよう。

4．展　望

　出自が本来位階的な秩序をもち、社会を階層化させる原理となりうるものであることが、以上の考察から明らかとなった。出自原理は社会内部に差異化された集団を生み出し、それらを序列化する作用力を内蔵している。したがって、社会階層化の問題を根源的に考えようとするならば、出自集団の発生を問題にしなければならない。それが本書第Ⅱ部での中心的なテーマの一つである。出自集団がいかにして発生し、縄文社会の歴史にどのような役割をはたしていたのか、また縄文時代後半期における儀礼祭祀の発達とどのような脈絡を有していたのか。そのような視点から、縄文時代後半期に対する自分なりの歴史観を描き出してみたい。

　出自集団とそれに結びついた祖先祭祀は、日本列島の先史社会の中におそら

くかなり根強く存在しており、社会統合原理の一つになっていたものと考えられる。とりわけ出自集団が本来もつ位階秩序は、この時期を通じて進展した社会階層化あるいは階級的身分秩序の形成に、差異化・階層化の根本原理として機能した可能性がある。むろんそれは、ある形態の出自規則が伝統的に継承されていたという意味ではなく、むしろ権力の正統性や階層的身分秩序を成員全体に合意させ維持する政治的手段として、その時々の社会状況の中で巧みに利用されたと見るべきであろう。祖先祭祀もまた、出自集団の紐帯関係や同族意識を高めると同時に、自他の差異化や成層化を助長し、そうした社会構造を宗教的に聖化する機能を担った。縄文時代後半期から古墳時代にとくに顕著に現れた墓制と儀礼祭祀の発達は、複雑化する社会秩序の維持にとって宗教的なイデオロギーの比重が増してきたことを物語るが、その根幹をなす祭祀体系として出自集団による祖先祭祀があったのではないか。そのような長期的な見通しのもとに、縄文時代史を再考してみたい。

　日本歴史における出自・祖先観念の根強さはおそらく国土の狭さに関係し、領域権益の継承や自他の利害調整などをおこないうる社会機構が常に必要とされたことが背景にあると推測される。人口密度の増大につれて次第に増幅してくる社会内部の軋轢や競合、あるいは敵対関係を、なるべく無害なやり方で和解する仕組みが創出されなければならなかった。そこから「出自」という組織原理が発生し、次第に強化されてウヂや氏神という日本の歴史的、宗教的特質を生み出してきたのではなかろうか。さまざまな社会で機能するこの普遍的な仕組みに着目するなら、古墳時代社会と縄文時代社会との同質性と異質性を対比することさえ無意味ではなくなり、その間の社会変化を一貫した論理で通史的に考えることもできるようになる。

　最近、弥生時代・古墳時代の気鋭の研究者たちが、社会像や歴史的過程を見直す意欲的な論考を次々と発表しており、専攻分野は異なるが知的な刺激を享受している。縄文時代の問題が依然としてほとんど埒外に置かれていることに少なからず不満もあるが、それはむしろ縄文研究者の側の問題なのだ。唯物史観の申し子ともいうべき「原始共同体論」を論理的に克服することは容易でな

い。私たちにはまだそれができていないと思う。それにどう取り組むか。

　縄文時代研究の中でも近年、社会論の昂揚が一つの着実な動向となり、墓制や儀礼祭祀の社会的意味を考え直す新鮮な試みが増えてきた。社会の複雑化・階層化については賛否両論が渦巻いている現状だが、原始共同体論という支配的な枠組みを脱却して別の論理で日本先史社会の特質と歴史を考えてみようとする葛藤がそこにはある。従前の時代概念に抵触する問題提起への批判はそれだけ強いが、対立論理の提示を伴った批判でなければ、批判のための批判とどこが違うのかわからなくなる。先史社会やその変化を説明する論理をたえず意識し見直すこと、それが現在の社会考古学の共通課題であろう。

註

(1) 岩永省三（岩永 1991・1992）が唯物史観に結びついた階級形成に関する学説史を綿密に整理している。縄文時代研究の立場から階層・階級論の問題点を学史的に検討したものに小杉康と佐々木藤雄の論考がある（小杉 1991、佐々木藤 2005a）。

(2) 縄文時代の社会階層化をめぐる近年の研究動向については、山本暉久による詳細な解説がある（山本 2005）。なお、その中で山本は、見解の相違を際立たせるためにあえて「肯定派」と「懐疑派」に分けて対照したが、名指しされた論者（私自身を含め）の中にはこの色分けに困惑している人も多いのではないか。論者の問いの方向性や理論的枠組みを抜きにして、一概に賛否だけを論じられる問題ではないからである。

(3) 北條芳隆・溝口孝司・村上恭通は、従来の王権形成論が採ってきた理論的枠組みをさまざまな面から再検討している（北條・溝口・村上 2000）。その中で溝口は、首長間の階層的関係が形成される過程で、財の贈与とそれを通じた首長間の競争関係がはたした役割を重視する分析をおこなったが、溝口の考察で興味深いのは、財の贈与を通じた依存関係の形成が弥生時代から徐々に拡大したものではなく、弥生Ⅴ期後葉以降になって急速に拡大したものであり、前方後円墳の成立がピラミッド関係の完成点、つまり王権の確立ではなく、むしろ樹状化のはじまりとして捉えられている部分である（溝口 2000）。鉄器生産・流通という面から古墳時代初頭の社会変化を考察した村上からも同じ認識転換が示され、鉄器流通を掌握したことがヤマト王権を確立させたのではなく、前方後円墳成立の時点から鉄をめぐる格差の解消が始まると捉えられている（村上恭 2000）。

(4) 社会人類学における出自（descent）概念は、出生と同時に血縁にもとづいて制度的に認知される系譜を指すのが普通である。「出自」に関する社会人類学上の研

究蓄積は幅広く、概念や用語は必ずしも一定でないが（渡邊 1982 参照）、ここでは主に A. ラドクリフ＝ブラウン、M. フォーテスらの単系出自理論の説明に拠った（ラドクリフ＝ブラウン 1975、フォーテス 1981）。なお、わが国の考古学では「出自」を村出自（村のでどころ）の意味に用いることが多いが、未開社会における出自は氏族や半族によるものであり集落が出自の母体になることはありえない、と田中良之は日本考古学における概念・用語の問題、および親族論の論理的な歪みを指摘している（田中良 1998・2000）。

(5) 7～9世紀前半のウヂについても見解の相違がある。義江明子は、ウヂの系譜観念には始祖と自己を直結する一系系譜と父母双方から辿られる両属系譜が併存していること、族外婚をとらないこと、階級的関係を包含した支配層だけの組織であること、族長位の傍系継承が見られることなどを指摘し、この段階のウヂは氏族（クラン）のような出自集団とはいえないと論じている（義江 1985・1986）。吉田孝は、ウヂが始祖からの出自を組織原理とする点で広義のクランと同質と認め、階層性をもつ円錐クランの一類型と見なしているが、父系出自ではなく双系制・非外婚制とした（吉田 1983）。明石一紀は、ウヂの中核的なイデオロギーが父系出自観念にあり、系譜の編纂・接合による擬制を通じてその理念を政治的体系の形成に利用する点では出自集団と本質的に同じであると論じている（明石 1990）。父系出自が重視されながら双系的な血縁原理・継承が厳格に排除されない理由については、明石の問題整理が明快でわかりやすい。すなわち、文化的な理念・イデオロギーとしての父系出自と現実的な社会帰属とは別であり、文化理念としては父系出自観念が強いものの、外婚・夫方居住・父系財産相続などの制度が確立しておらず、母系血縁を排除した厳密な父系出自集団の組織化が現実には困難だった、と見る。なお、安定した首長制社会では、より高いランクの希求とその維持のために双系的継承や内婚の傾向が特に高位のランクにおいて生じやすいことが指摘されており（サーヴィス 1979）、そのような観点からの通文化比較も必要であろう。

(6) 和田晴吾は、近藤義郎の擬制的同祖同族論（近藤 1983）に触れ、古墳時代中期の首長層の同族的関係でさえ長持型石棺の分布から見ればせいぜい畿内と播磨中部を中心とする範囲に限定されるものであって、擬制的同族関係が全国的に展開していたとは考えられない、との否定的見解を述べている（和田 1998）。

(7) 古墳時代前期の親族組織の状態をうかがわせるものに、主墳に随伴する周辺埋葬例がある。たとえば福岡県祇園山1号墳では、中核となる方墳の周囲に3世紀末から5世紀にわたる60基の埋葬群が形成されており、間壁葭子は中心埋葬者を祖とする親族集団の墓と推定している（間壁 1992）。長野県森将軍塚古墳にもよく似た周辺埋葬が見られ、主墳（4世紀後半）が築造された後に、小型の箱形石棺64基、埴輪棺12基、土壙墓2基、小古墳14基が造られており、この付帯的な埋葬は7世紀代まで続いた（土屋 1992）。清家章は、近畿地方の前期・中期の古墳にも付帯的な埋

葬群が広く存在することに着目して「周辺埋葬墓」と概念化し、主体部被葬者の近親者たちの埋葬と解釈している（清家 1999）。こうした周辺埋葬は、中心的被葬者と血縁系譜でつながる親族集団の存在を示唆している。また上述の周辺埋葬とは異なるが、関東地方の古墳出現期には、前方後方墳の周囲に方形周溝墓が溝を接しながら群集するあり方が顕著である（増田 1998）。都出比呂志は首長の近親グループとその後裔が同族墓の造営を継続したものと解している（都出 1986）。族長的な人物を中心に結合する累代の多家族的な同族組織の存在がここにも示唆されている。4世紀代には政治的軍事的な首長権と宗教的司祭的首長権の組み合わせからなる聖俗二重首長制があったという説（白石 2003b）も有力であり、権力継承において女性が必ずしも排除されない制度らしい。父系継承が強まり、円錐形の政治的秩序への編成の動きが顕著になるのはやはり5世紀以降のようであるが、上のような事例の広がりは、特定祖先との系譜的関係を記憶し伝承する出自集団が前期段階から広く存在したことを推定させるものである。周辺埋葬については青木敬氏より関連文献等のご教示を得たことを記して感謝する。

第Ⅱ部　縄文時代の親族組織と儀礼祭祀

第4章　環状集落と出自集団

1．親族制度の概要

(1) 親族研究の重要性

　原始・古代社会において親族組織が担った経済・政治・宗教上のはたらきは、現代社会のそれに比べてはるかに重要であった。社会考古学にとって親族組織の復元は重要課題の一つであり、縄文時代の親族論においても資料と分析法の限界を乗り越えようとする研究努力が続けられている。近年では、埋葬人骨の遺伝的形質やミトコンドリア DNA 分析による血縁関係の推定が試みられるようになってきた。実証性という点で考古学による親族研究が新たな段階を迎えたことは確かであり、自然科学と連携した研究に期待が高まっている。

　しかしその半面、前提的な問題が依然として残されている。「共同体」「世帯」「地域共同体」など、日本考古学の社会論に頻出する用語の多くは、主として経済単位・労働組織とそれらの政治的関係を把握するための概念となっており、親族組織との関係は不問に付される場合が多い。これは経済史・政治史に主たる関心を置いてきた戦後の学史的背景によるものであろうが、親族組織との関係を視野に入れなければ、それらを組織として成り立たせ存続させていた根本原理や、成員権や財産の継承・相続といった基本的問題への理解は深まらず、結局、社会学や社会人類学と概念的枠組みや問題を共有できないままではなかろうか。

　もう一つの前提としてあらかじめ確認しておかなければならないのは、文化制度としての「親族」と生物学的な「血縁」を混同してはならないということである。「親族」は血縁関係にもとづいて組織されるものではあるが、生物学

的な意味での血縁集団と同義ではない。親族の組織原理となるのは、社会的・文化的に認知された血縁的系譜である。たとえば親子関係でも、養子縁組や非嫡出子などの制度にみられるように、生物学的な意味での親子と社会的な意味での親子は必ずしも一致しない。重要なのは生物学的な血縁関係よりもむしろそれが社会的・文化的に公認されていることである。つまり、親族組織は生物学的血縁によって自ずから形作られるのではなく、血縁系譜・親子関係・婚姻関係に対して個々の社会がもつ認知の体系を基礎に成り立つ社会組織である。文化制度としての親族と生物としての血縁を混同してしまうと、大きな誤解が生じ議論が混乱しかねない。

考古学が研究対象とするのは、文化制度としての親族である。「血縁」「系譜」「親－子」「祖先－子孫」といった系譜認知の体系を探り、それがいかなる親族組織や婚姻制度を成立させていたのかを考察することが、社会考古学における親族論の目標となろう。

この章では若干の概念整理をおこなった上で、環状集落の研究などから重要な論点となってきた出自集団の問題を取り上げる。縄文時代の親族組織において系譜や出自の観念がどの程度発達していたのかを知ることは、縄文社会の社会統合レベルや複雑性を測り知る重要な指標となる。その検討を試みながら、縄文時代親族論の現在の位置について考えてみたい。

(2) 居住規則

親族集団を形作る実質的な制度として、「居住規則」と「出自規則」がある[1]。前者は特定の親族とその家族を一つのムラや地域に集合させる役割をはたし、共住の絆で親族の結束を強めていく。後者は系譜の認知や成員権の継承に関わる規則であり、親族集団のアイデンティティーや同族意識を形成して、ムラを超えた親族集団を組織する。親族組織がどれだけの絆の強さと永続性をもち得るかは、これらの組織原理が大きく関わっている。

居住規則（婚後居住規則）は、結婚した男女が住まう居住地を決めるもので、夫方（父処）居住・妻方（母処）居住・オジ方居住（母方オジ）・選択居

住・新処居住などが知られている。居住規則は特定の親族とその家族を一つのムラや地域に集合させ、血縁と共住の絆を強めていく。とくに夫方・妻方・オジ方の単処居住規則は、単系血縁に連なる男性または女性の一方を優先的に集合させるので、この血縁者を中核として時間的な連続性をもつ強固な親族組織を作り出すことができる。単処居住規則と結びついて組織されたそのような親族集団に、父処・母処・オジ方の「拡大家族」や「クラン」がある。拡大家族は、3世代以上の核家族が結合し永続性をもつ大きな複合家族を形成したもので、単処居住規則がその結合原理となる場合が多い。クランは、複数の世帯を含むさらに包括的な組織であり、一つの単系血縁に連なる男性または女性の世帯主たちを中核として配偶者と子供たちからなり、それ自体が一つのムラを構成する場合とムラの内部組織をなす場合がある。拡大家族やクランは、居住集団をつなぐ血縁紐帯の認知を次第に強め、それがムラから婚出した他の性のキョウダイたちにも及ぶことによって、リネージやシブのような単系出自集団が発生してくると考えられている（マードック 1978）。

(3) 出自規則

　親族組織を成り立たせる系譜の認知に関して、一つの典型的な制度として知られるのが「出自」（descent）である。親族が財産相続や相互扶助などの権利・義務をはたす上では、血縁関係と帰属が文化的・社会的に制度化され、明確である必要があるが、出自はその点できわめて優れた制度といえる。

　出自は制度的に認知・規定される系譜上の帰属であり、生まれた子供の親族集団への配属を決める。出自規則により組織された親族集団を「出自集団」という。父系または母系のどちらか一方の系譜を通じて成員権を継承するのが単系出自集団である。父系出自は父子関係によって子どもを父の親族集団に配属するもので、父系系譜を辿って成員権を継承する。母系出自は母子関係によって子どもを母の親族集団に配属するもので、母系系譜を辿って成員権を継承する。数代から10代位までの実際の祖先と系譜を記憶するリネージが単系出自集団の典型である。シブ（氏族）と呼ばれる単系出自集団では、実際の血縁関係

とは限らず、神話・伝説上の人物や英雄を共通の始祖と信じる同族集団も存在する。さらにいくつかのリネージやシブが擬制的な血縁関係でつながり、胞族（フラトリー）・半族（モイエティー）などの擬制的同族集団を組織している場合もある。これらの単系出自集団は、同族同士の結婚を禁じる外婚制に著しい特徴がある。またトーテミズムや祖先祭祀としばしば結びつき、それが系譜認知のシステムとして機能している場合も多い。父系の親族集団と母系の親族集団が併存し、個人が双方に同時に所属する「二重出自」も知られる。一方、双系出自は、父の親族、母の親族を含む特別な親族集団に子どもを配属するもので、父系・母系の両方の血縁を辿って成員権を継承する。

(4) 親族集団の機能

　親族組織は重層的に成り立っており、各レベルのそれぞれが担う機能・役割がある。たとえば北米北西海岸民のハイダ社会の場合、①家族としてのオジ方拡大家族、②地域集団（ムラ）の中核組織であるオジ方クラン、③出自集団としての母系シブおよび母系半族という親族集団の各層がある。G.マードックによると、それらの機能は次のようになっている。オジ方拡大家族は、結婚した男女が花婿の母方のオジの家に入る形で組織される複合家族であり、日常的な家庭生活と経済協力、交易・蓄財の単位となる。オジ方クランは、オジ方居住婚によって集められた母系の男子を中心に彼らの妻と未婚の子から構成された地域集団であり、毎日の社会的交渉がおこなわれる対面集団である。土地に関する財産権はこのクランに属し、また戦闘組織ともなる。一方、母系シブは母系出自に連なる成員たちの組織であり、ムラから婚出したメンバーを含む。儀礼の社会的単位としての機能をもち、個人の名前、家やカヌーの儀礼的名称・トーテム装飾・歌と儀礼・神話などの財産を共有している。母系半族は母系シブの全体を大きく二分する組織であり、厳格な外婚制によって結婚を規制するとともに、敵対関係の仲介、儀礼的交換の規制などをおこなう（マードック 1978）。

　このように親族組織の機能は日常的な経済単位、協働組織としての側面か

ら、社会的権利・義務の配分、財産の管理・相続、婚姻規制、儀礼の管掌、対外交渉に幅広く及んでおり、社会関係の形成・維持と再生産に深く関わって、さまざまな形態・レベルの組織が存在することがわかる。

2. 環状集落の分節構造と出自集団

　縄文時代の親族組織を探る重要な手がかりとなるものに、中央に集団墓を抱く形の環状集落がある。集団墓を中心とした環状集落の空間構成は、彼らの社会が祖先たちとの関係をとりわけ大切に考えていたことを表すものであり、血縁紐帯の上に成り立つ親族集団の姿を映し出している。とくに注目されるのは、竪穴住居群や土壙墓群の配置を複数のセクションに区分する「分節構造」である。全体を二分する構造やその内部をさらに細分する構造が知られ、複数の分節単位を一つの環に統一する環節的な構造が一つの重要な特徴となっている。この特徴は環状集落の成立期にあたる前期段階では不分明であったが、中期に至って顕在化した。この事実は何を意味するのだろうか。

　中期に至って分節構造が発達した理由について筆者は、前期に集落単位を越えて組織化された親族集団が、組織原理となる出自・系譜観念をより厳格なものとし、リネージやシブのような分節的な単系出自集団を生み出すまでになってきたことを示すものと解釈している（谷口 2005a）。分節構造の明確な環状墓群を例示しながら、そこから出自集団の姿を読み取ってみたい。

(1) 二群に分かれた墓——二大群の分節構造——

　墓群全体を二群に明瞭に区分する構造が知られている。これを「二大群」と称する（図1）。

　神奈川県三の丸遺跡の中期集落（勝坂式～加曽利E式期）は、馬蹄形と「い」の字状の二つの環状集落が連接した双環状の平面形態を呈している（港北ニュータウン埋蔵文化財調査団編 1985）。二つの環状部分の中央広場には墓地が造営されているが、いずれにおいても土壙墓が二群に明瞭に区分されてい

第4章　環状集落と出自集団　79

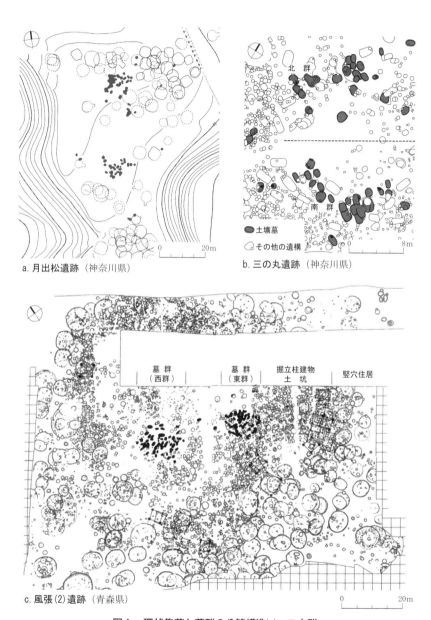

a. 月出松遺跡（神奈川県）
b. 三の丸遺跡（神奈川県）
c. 風張(2)遺跡（青森県）

図1　環状集落と墓群の分節構造(1)　二大群

る。北環状集落の墓群では西群23基、東群30基が約10mの間隔を置いて相対する形をとり、南環状集落の墓群では北群23基、南群25基が直径約25mの円周上に弧状に相対している（図1-b）。さらに、三の丸遺跡の近隣に位置する二ノ丸遺跡と月出松遺跡の中期環状集落でも、酷似した例が見られる。二ノ丸遺跡では中期後葉の土壙墓57基が径約20mの円周上に南北二群に分かれて弧状に対向し、三の丸遺跡南集落の墓群の状況と酷似している（横浜市埋蔵文化財センター編 2003）。月出松遺跡では、中期後葉の土壙墓63基が南北二群の住居群に対応する形で二大群にはっきり分かれている。北群では径16mの範囲に約32基、南群では13×18mの範囲に約30基が密集している（図1-a、横浜市埋蔵文化財センター編 2005）。

　後期前葉～中葉の神奈川県下北原遺跡でも、環状集落の中心部に東西二群の配石群があり、配石の下部からそれぞれ11基と14基の土壙墓が検出されている（神奈川県教育委員会編 1977）。青森県風張(1)遺跡（八戸市教育委員会編 1991）の後期後葉の環状集落でも、東群65基、西群55基の二つの土壙墓群が約14mの距離を置いて対峙した形となっている（図1-c）。東群の10基と西群の8基から硬玉製品が出土しており、玉を保有した者の比率や保有量に東西の明白な格差は認められない（坂川 1994）。

　以上の5例は中期中葉から後期後葉にわたるものであるが、二つに区分された墓群の空間構成は基本的に同じである。いずれの場合も二群の墓は中央広場の中で東西または南北に対向するように位置し、それぞれほぼ拮抗した数の墓から成り立っている。周囲に広い空間があるにもかかわらず、墓は定められた二つの場所だけに次々と造られており、長年の間に多数の土壙が重複して切り合う結果となっている。二大群の分節構造は、墓群造営に関与した集団の内部に、埋葬場所が厳格に区分されるような二派の人びとが存在したことを示し、しかもその規制が世代を超えて踏襲されていたことを意味している。

(2) 入子状に分節化した墓群

　二大群の内部にさらに細かい単位（小群）が内在し、分節化している場合が

第4章 環状集落と出自集団 81

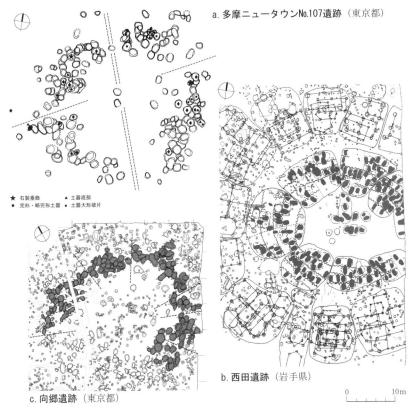

図2 環状集落と墓群の分節構造(2) 入子状・内帯外帯

ある（図2）。

東京都多摩ニュータウンNo.107遺跡（中期後葉～後期初頭）では、198基の土壙墓からなる環状墓群が集落中央部に造営されている（東京都埋蔵文化財センター編 1999b）。土壙墓群は全体として直径約28mの整然とした環状に配置されているが、南北にはっきりとした切れ目があり、ここで東西二群に大きく区分されている。さらに二大群の各々には密集して重複する土壙墓の連続帯が二単位ずつ内在するように見える。つまり二大群の中に二小群が内在する構成である（図2-a）。土壙墓内から出土した土器の型式から判断すると、墓群の造営

時期は少なくとも中期後葉の加曽利E3式期から後期初頭にわたっている。墓群の形成過程を分析した佐藤宏之は、分節単位間には時期差が認められず、4群併存の形で墓群造営が進行したことを明らかにしている（佐藤 1999）。また、装身具類が4群にほぼ均等に保有されている点も、前述の風張(1)遺跡における墓群の状況と共通している。環状墓群の環の中心付近に位置する2基は、内帯／外帯の区分がすでに発生していたことを例示するものであり、特別な取り扱いを受ける人物の存在を示唆している。

　岩手県西田遺跡（中期中葉）では環状集落の中央から楕円形をした土壙墓が192基発見されている。それらは2列に並列した内帯の10基を囲み、一定の圏内に放射状に規則正しく配置され、全体が統一的な環の構造を形作っている（岩手県教育委員会編 1980）。この墓群の空間構成と形成過程を詳細に分析した丹羽佑一によると、外帯の墓群は8単位の小群に区分されており、各小群内にさらに二つの小区分が内在する（図2-b、丹羽 1994）。外帯では一部の土壙に重複がみられるものの、前述の多摩ニュータウンNo.107遺跡例と比べると重複箇所は明らかに少なく、むしろ各小群の中で土壙が並列または直列したところが多い。これは何らかの墓標が地上にあったか、または墓群の形成が比較的短期間に完結したことを示すあり方であろう。全体が二派に分かれていたことは、内帯の二列を中心として、外帯の墓群が扇形に展開していることからも明らかである。

　東京都向郷遺跡（中期中葉～後葉）では、勝坂3式～加曽利E4式期にわたる環状集落の中央部に、土壙墓293基からなる環状墓群が造営されている（立川市向郷遺跡調査会編 1992）。土壙墓群は全体として直径約31mの整然とした環を描き出しているが、土壙の重複関係を仔細にみると重複が激しい部分が少なくとも6単位以上あり、その間は比較的稀薄となっていて切れ目が見出せる（図2-c）。この事例でもやはり分節的な小群が内在し、それらが一つの環に統一されている状態を看取することができるのである。

　大群の内部にさらに複数の小群が存在する入子状の構造は、二大群の背後に想定された二派の集団が、何らかの規準によってさらに分節化していた状態を

a. 居平遺跡（長野県）

b. 宮添遺跡（神奈川県）

図3　環状集落と墓群の分節構造(3)　数の不均等・半分構造

映し出している。世代を超えて続けられた埋葬行為が、こうした区分を基本的に踏襲していたことは、集団内部を区分する規準が厳格で規制力のあるものであったことをうかがわせている。

(3) **数の釣り合わない分節単位**

分節単位を構成する土壙墓の数が著しく不均衡となっている事例が散見される（図3）。その最も極端なあり方として、輪の片側だけに土壙墓が偏在するケースも見られる。

長野県居平遺跡（中期後葉、富士見町編 1991）では、約90基の土壙墓が内

径約16m の環状に配置されているが、環の東西で墓の数が明らかに不均衡である（図3-a）。東群は土壙墓の数が多く、放射状の配列が顕著で、土壙の重複が各所に見られる。土壙墓の長軸方向と重複関係から見て少なくとも二小群に区分できそうである。中央部に5基の直列をもつ点も前述の西田例に共通する特徴である。これに対して西群は土壙墓の数が少なく、放射状の配列もない。中央部の直列がない点も不釣合いである。東西二大群の構成を取るが、二つの分節間に著しい数量的不均衡が生じているのである。

このような分節間の不均衡は、秋田県大湯環状列石（後期前葉）の万座環状墓群（文化財保護委員会編 1953、鹿角市教育委員会編 1999）にも認められる。万座環状列石は内帯・外帯の二重の組石群とその中間帯の北西位置にある日時計状組石から構成されているが、外帯の平面形は環状ではなく隅丸方形状を呈し、複数の組石遺構からなる小群が単純に連なっているのではなく、大きく四つの分節単位から成り立っていた可能性が考えられる（図15）。しかし、組石や配石の数と密集度は明らかに不均衡であり、東側の一辺に最も集中していることが明瞭に見て取れる。

環状墓群の造営に関わった分節的な集団は、員数的には必ずしも均等なものではなく、しかもその不均衡が時間の経過とともに増幅するような理由が存在すると考えなければならない。

神奈川県宮添遺跡D地区（中期中葉～後葉）では、環状集落の中央部から合計75基の土壙墓が発掘されているが、そのうちの59基は内径約14m の環の西南半分だけに偏在した分布状態を呈している（図3-b、黒川地区遺跡調査団編 1997）。残りの16基もその半環の西側だけに偏っており、墓群全体が明らかに環の半分側だけに偏在している。土壙群の北東側スペースは攪乱により削平されているが、削平の程度は土壙墓を完全に抹消するほどの深度ではない。この部分に密集する土壙墓群は本来なかったと判断してよい。

環状墓群を半分に分割したような同様の半分構造は、神奈川県橋本遺跡（中期後葉）でも認められ、53基の土壙墓群が半弧状に偏在している点が宮添遺跡例に酷似している（橋本遺跡調査団編 1986）。前述した三の丸遺跡南集落や二

ノ丸遺跡では、二つの弧に二分された墓群が一つの環に統一されていたが、宮添遺跡と橋本遺跡の墓群はちょうどその半分だけが単独で造営された状態を表している。土壙を掘る空間は周囲に十分空いているにもかかわらず、片側だけに明らかに偏して土壙墓が配置されたのは、やはり埋葬場所に対する強い規制とそれを遵守しようとする意識の表れであり、残りの半分に対する意識の裏返しともいえよう。

(4) 分節構造と出自集団

環状墓群の分節構造に認められる以上のような性質は、出自集団の区別を反映したものと考えると合理的に解釈できる。そのように考える根拠を挙げる。

a) 社会生活の本拠地であるムラの中心に墓地を造営し死者を埋葬するのは、被葬者（死者）と造営者（生者）とのつながりの強さを示すものであり、親族秩序を重んじる社会構造の表れである。墓群造営の年代的な長さと継続性から見て、隣接世代の親子関係を超えて祖先と子孫の連鎖的紐帯が系譜として認知されていた可能性が高い。

b) 分節構造が長期間維持され、永続的単位となっている。墓群の造営は土器の数型式期にわたるのが普通であり、中には中期中葉～後葉の数百年間に及ぶ例もあるなど、超世代的に継続している場合が多い。土壙墓が累積して重複が起こっても二大群をはじめとする分節構造は乱れず、あたかも結晶が析出するように規則的な空間構成を現出させていく。これは個人の帰属が明確であったことの証拠であり、かつそのような帰属意識が世代を超えて継承されていたことを意味する。数代から10代位までの系譜を記憶しているリネージのような永続性をもった出自集団が想定される。

c) 墓の数が分節間で著しく不均衡になる場合があることは、分節集団が員数的には必ずしも均等ではないことを示している。時間の経過と共に不均衡が増幅している事例もあり、世代を重ねるにつれて成員数が不均衡となるあり方は、出自集団を想定すれば当然の現象として理解できる。

d) 二大群の中に複数の小群が含まれる入子状態は、出自の分岐によって説

明できる。社会内部の分節化は、単系出自や、父系・母系が併存する二重出自の社会に特徴的な要素である。内帯／外帯の区分を設けた墓群からも、始祖に近い特別な祖先を中心に各分節が周囲に配置された状態が看取される。世代を経るにつれて樹枝状に系譜が分岐する分節的リネージ体系（エヴァンス＝プリチャード 1978）のような組織が最も整合性がある。

　e）二大群の片方だけが単独に存在する半分構造は、大群の独自性を示すと同時に、その集団の自意識が常に他方の一大群の存在を前提として保たれていることを示すものであり、半族組織の存在を強く示唆する。

　以上の諸条件をすべて満足させる合理的な解釈として、筆者は出自の区別を想定するのである。帰属の永続性、入子状の分節化、半族組織などの特徴を重視すると、最も蓋然性があるのは「リネージ」「シブ」などの単系出自集団である。たとえば二大群の片方またはその中の最小分節に個別のリネージが対応し、それらがより包括的な双分組織に統合されていた状況を想定してみると、二大群内部の入子状の分節化、二大群の数量的な不均衡、半分構造の分派などの諸現象を無理なく説明できる。

　墓群を二分するその他の原理として、男／女、既婚者／未婚者、成人／未成人、生来者／婚入者などを想定した場合、二大群の数の不均衡や半分構造を説明することができず、こうした解釈は成立し難い。装身具・副葬品の保有状況からみるかぎり、社会階層による区分という解釈も難しい。二大群をはじめとする分節構造は、血縁原理にもとづく出自集団の区分として理解するのが、現実の諸現象に対する説明としては最も整合性がある。

　最小分節を家系と考えてもよいが、家系を同じセクションで何世代にもわたり継承させたのは、やはり強固な系譜観念であろう。環状墓群を構成する分節単位の形成過程を検討した西澤明は、特定の墓を意識してその周りに土壙墓が隣接して造られ累積していく様子を明らかにしている（西澤 2007）。これも系譜意識の表れと解釈できる。

　環状集落では同じ竪穴を踏襲した住居の建て替えや特定の場所に固執した住居の重複が顕著に見られる。該期に一般的な円形住居は、前期の方形住居や後

期中葉以降の住居に比べると面積が平均的で偏差が小さい。15～20m²前後の同等規模の円形住居が次々と更新して建てられ、数を増やしていくあり方も、系譜の分岐が世代的に繰り返されていた結果と考えられよう。

3．縄文時代の出自集団をめぐる議論

(1) 単系出自の発生

　前節では、中期の環状集落・墓群に顕在化した分節構造が出自原理による社会の分節化を表わすものであることを論じ、リネージまたはシブ（氏族）のような単系出自集団がすでに出現していたものと推定した。10世代（200～300年間）に相当するような永続的継承、系譜の分岐を示す入れ子状の分節化、内帯／外帯の区分に見られる位階的秩序といった特徴は、分節リネージによく類似する。分節間の数量的な不均衡も、双系より単系継承において起こりがちな要素である。儀礼祭祀に関わる最も重要なシンボルとして、ファロスを象徴的に表現する大形石棒を保有している点から見ると、少なくとも大形石棒を発達させた中部・西関東一帯には、父系系譜を重視する出自集団が存在した可能性が高いであろう（谷口 2005b）。

　縄文時代に単系出自集団が存在した可能性は、大林太良が民族学的な類推から肯定的な見通しを示していた。大林は中期の竪穴住居に見られる屋内石柱を家神の象徴として重視し、石柱や石囲炉の移転を「超世代的な血縁集団の継続性の表現」と考えて、中期の関東内陸部から中部高地に外婚的な父系氏族が存在したと推定した（大林 1971）。竪穴住居の間取りにおいて奥側に石柱を中心とする男性の空間、入り口側に埋甕に示される女性の空間が位置づけられていることも、父系制の優越を表わすと論じている。また後に大林は、集落の中央に墓地を位置づける民族例が単系出自社会の中に散見されることを指摘して、環状集落と単系出自集団との関係に注目している（大林 1987）。

　リネージやクランの存在を想定する見解もある。塚原正典は、後期・晩期に配石遺構が著しく発達し、とくに墓地との結びつきが強まる動きを「祖先祭

祀」と関連づけ、分節的・階層的なリネージ組織の発達を表わす社会現象と解した（塚原 1989）。高橋龍三郎も環状列石の造営者を親族組織と推定しており、リネージ集団が先祖を顕彰し祀る目的で造営したものと論じている（高橋龍 2004）。ともに配石遺構や環状列石が発達する後期にリネージが成立したことを論じているが、後述するようにこの点は埋葬人骨の分析からもある程度裏付けられている。後期・晩期における氏族社会の成立に関連して、高橋はさらに動物形土製品や動物供犠・埋葬例の分析からトーテミズムの存在を論じている（高橋龍 2016）。

　しかし、単系出自の発生が中期にさかのぼるか否かについては、今のところ議論が分かれている。

　高橋龍三郎は、千葉県草刈貝塚における廃屋葬埋葬人骨を分析する中で、家系および家長の地位の継承者が男女をともに含み性別による排他的なあり方を取らないという解釈に立ち、中期に双系制社会を想定している（高橋龍 1991・2004・2007a）。中期の環状集落では、個々の家系が祖先を独自に祀るだけの自立性をもち、父系あるいは母系の傾向を帯び始めてはいるが、外婚単位としての単系出自集団にはまだなっておらず、半族組織に分かれた家の間で配偶者（女性）を交換し合う集落内婚制の組織を構成していたと推定している（高橋龍 2007b）。最近の論考では、中期後半に開始した親族構造の変革の中で、氏族社会とトーテミズムの原型が準備され、後期に外婚制にもとづく新たな婚姻連帯が成立するとの見方が示されている（高橋龍 2016）。

　縄文時代の婚姻システムの復元に早くから取り組んできた丹羽佑一も、環状集落全体が二つの半族に分かれ、さらにそれぞれが二つの婚姻クラスに区分され、それらの4セクションの間で交叉イトコ婚が優先的におこなわれる、カリエラ族体系（二重出自）と同じ親族組織を想定していた（丹羽 1982）。多摩ニュータウンNo.107遺跡の分析でも、集落を二分する半族間で限定交換をおこなう集落内婚制が想定されている（丹羽 2006）。

　高橋・丹羽の所論は、環状集落を二分する構造を、半族間で配偶者を交換し合う婚姻システムの表現と見る点で、大きくは共通する。仮にそのような集落

内婚が繰り返されれば、内婚集団・同族村としての性格が強まり、居住集団をつなぐ血縁紐帯の認知は双系的となって、リネージのような単系出自が発生する動きは抑えられたであろう。高橋は、中期末における環状集落の解体が、そのような閉鎖的な婚姻システムが維持困難に陥ったために起こったものと推定している（高橋龍2007b）。

　中期環状集落の分節構造が、そのような閉鎖的な婚姻システムの所産であるのかどうか、またそのような集落内婚が10世代にも相当するような長期間にわたって実際に維持可能であったのかどうか、なお検討を要する問題である。筆者も二大群の背後に双分組織の存在を想定しているが、その規模は複数の拠点集落を包摂する汎部族的なもので、部族全体が外婚単位でもある二つの半族に二分されていたものと考えている。環状集落の二大群は、社会と世界を二分する象徴的二元論が個々の集落の空間構成に表現されたものであり、いわば世界観ないしコスモロジーの雛形と考えたい。二大群の片方だけが単独に存在する半分構造などは、それを端的に物語るものではなかろうか。

　佐々木藤雄が異系統埋甕を手かがりに論じたように、当時の婚姻システムは、一個の集落内に限定される閉鎖的なものではなく、広域に広がっていた可能性がむしろ強い（佐々木藤1997・1998）。そのことは次のような事実からもうかがえる。環状集落が垣間見せる興味深い現象の一つに二大群の異質性がある（谷口2005a）。たとえば二大群が別々の住居型式や炉形態をもつことがあり、片側の一大群だけが異系統の住居型式を採用する例も知られる。異系統住居型式の導入は遠隔地との直接的な人的交流を示唆しているが、注意を要するのは、こうした集団関係が必ずしも集落を一単位としたものではなく、集落内の分節集団が外部の集団と固有の関係を有していたと考えられる点である。筆者はこうした関係が単系出自集団の外婚制によって助長されていたのではないかと推定している。

(2) **出自集団不在論**

　一方、縄文時代における出自集団についてはより慎重な見方もある。

春成秀爾は、抜歯の研究を通じて、縄文時代後半期には一つの居住集団の中に抜歯型式の違いで表示される２系列の人びとの区分が厳格に存在することを明らかにし、２系列の抜歯型式が生来成員と婚入者の区別を表示するという解釈を前提に、婚後居住規則や居住集団の構成を説明している（春成 1982・2002）。春成が描写する縄文時代後半期の社会像とは、世帯がある程度自立性をもち始めてはいるものの、血縁・非血縁の区別の方が強く意識され、居住集団内部にそれにもとづく区分が存在する状態である。２系列の抜歯型式が区別するのは、あくまでも１居住集団の主要構成員からみた場合の身内と他所者の違いだけであり、他所者を出自ごとに区別する原理にはなっていない。これは居住集団が社会単位として一定の完結性・独立性を有し、外婚単位となっていたことの現われであって、共通の始祖を有する「氏族」組織が居住集団をこえたまとまりとして存在したことは考えにくい、と述べている。春成はその後、筆者の単系出自説にも触れつつ環状集落の分節構造についての見解を明らかにした。住居群や墓群のまとまりが、何世代にもわたる系譜的なまとまりを意識して生活した人びとを反映する点は認められているが、それを父系制・双系制などの出自の議論に結びつけることには慎重である（春成 2007）。「縄文時代には『氏族』の存在をつよく示唆するような例証はまだ挙がっていない」（春成 2002：432）との見解が維持されている。

　岩手県西田遺跡の環状墓群に対する林謙作の見解も、出自の議論からは遠く、縄文社会に対する評価の相違が窺える（林謙 1998）。筆者が「分節構造」と呼ぶ単位を、林は「埋葬区」と呼び、世帯の区別と捉えている。西田環状墓群の外帯に８単位の埋葬区が配列された構成を、林は世帯が環（ムラ）に埋没している状態と見る。最初に造られた内帯の２列の墓の周囲に、各世帯の死者たちが等距離に置かれた状態は、すべてのメンバーが平等に祖霊の庇護を受ける社会を象徴すると解している。後期以降になると世帯がムラの中の独立した組織としてその役割を大きくしていくが、ムラに埋没している状態は基本的に変わらない。隔絶した家柄や血筋は存在せず、ムラの指導者がいたとしても世話役程度にとどまるとしている。北海道柏木Ｂ遺跡の環状周堤墓における埋

第4章　環状集落と出自集団　91

葬行為の分析（林謙 1983・1998）でも、顔料撒布や副葬品において他者より丁寧な埋葬取り扱いを受ける人物がいたことは認められるものの、世帯の共同墓地を打ち破るような存在にまではなっておらず、特定の個人名を冠した先祖の観念はまだ成立していなかったと解している。「個人名を連らねる系譜・家系の成立は首長権・王権が成長をとげた段階の産物である」（林謙 1983：36）。

　春成・林が重視するのは家系や親族組織よりもムラの役割である。ムラの1次成員（生来）と2次成員（婚入者）の区別が基本的に重要で、その区別が葬制に強く反映されていると考えるのである。居住集団としてのムラの役割が強い半面、家族の自立性はまだ弱く、出自集団の組織原理となる系譜・血統・祖先などの観念も未発達な状態が想定されているとすれば、縄文社会像の隔たりは小さくない。

4．仮説の検証——埋葬人骨分析による血縁関係推定——

　縄文時代における親族組織の実態は、埋葬人骨群の分析からはどのように復元できるであろうか。分節的な出自集団の発達を認めた先の仮説を検証するためには、埋葬人骨が遺存する環状墓群を発掘し、骨の遺伝的形質やDNAによって血縁関係を推定できる人骨資料と、分節構造に関わる考古学的情報を同時に得る必要があるが、そのような条件を満たす事例は今のところない。典型的な環状墓群の資料ではないが、埋葬人骨の血縁関係推定がおこなわれた近年の事例として、千葉県下太田貝塚（中期後葉〜後期）および茨城県中妻貝塚A土壙（後期前葉）の埋葬人骨群の分析結果との照合をおこない、若干の考察を加えよう。

(1)　千葉県下太田貝塚における中期後葉の埋葬人骨群

　千葉県下太田貝塚では、谷底平野に形成された、中期後葉から後期中葉にわたる墓群が発掘され、最小個体数にして187体の埋葬人骨が出土した。墓群の空間構成は中期と後期とで大きく異なり、中期後葉の特徴として墓壙の環状配

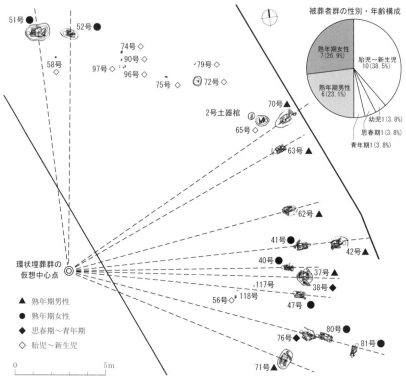

図4　千葉県下太田貝塚の中期第1埋葬群

列が指摘されている（菅谷 2003）。中期後葉第1埋葬群、第2埋葬群と報告されているものがそれであり、3単位の環が識別されている。半弧状を呈する埋葬遺体の連なりであり、環状墓群の成り立ちを示唆する貴重な事例である。

　第1埋葬群（A環）では、28体の埋葬遺体（表1）が弧状に分布している（図4）。発掘調査を担当した菅谷通保は、遺体の頭位方向に見られる規則性から、発掘区域外の一点を中心に直径約30m の環状に埋葬群が展開しているものと推定する（菅谷 2003）。28体の内訳は熟年期男性6、熟年期女性7、青年期性別不明1、思春期1、幼児1、胎児〜新生児10、不明2となっている（平田・星野 2003）。ほぼ同数の成人男女と胎児〜新生児からなる構成は、ムラあ

第4章 環状集落と出自集団 93

表1　千葉県下太田貝塚の中期第1埋葬群の被葬者

個体	性別	年齢区分	埋葬姿勢	埋葬方向	埋葬扱い	mtDNA分析	歯冠形質分析
51号	女	熟年期(妊娠痕)	仰臥屈葬	直交的		個体間一致なし	血縁推定個体なし
52号	女	熟年期(妊娠痕)	仰臥屈葬	直交的			血縁推定個体なし
58号	―	胎児～新生児					
74号	―	胎児～新生児		求心的			
90号	―	胎児～新生児					
96号	―	胎児			土器底部被覆		
97号	―	胎児～新生児					
75号	―	胎児～新生児					
79号	―	胎児					
72号	―	胎児～新生児			磨製石斧副葬		
2号土器棺		乳児(新生児)			土器棺		
65号	―	幼児(2～3歳)	仰臥屈葬				
70号	男	熟年期	仰臥屈葬	求心的(内頭位)			C環111号と相関
63号	男	熟年期	仰臥屈葬	求心的(内頭位)			血縁推定個体なし
62号	男	熟年期	仰臥屈葬	求心的(外頭位)	赤彩垂飾出土	個体間一致なし	血縁推定個体なし
41号	女	熟年期	仰臥屈葬	求心的(外頭位)		個体間一致なし	C環99号と相関
42号	女	熟年期	側臥屈葬				
40号	女	熟年期	仰臥屈葬	求心的(内頭位)			血縁推定個体なし
37号	男	熟年期	仰臥屈葬	直交的			
38号	―	思春期(13歳前後)	仰臥屈葬	求心的(外頭位)		個体間一致なし	血縁推定個体なし
47号	女	熟年期	仰臥屈葬	求心的(内頭位)			
117号		記載なし					
118号		記載なし					
56号	―	胎児～新生児					
76号	―	青年期(17歳前後)	仰臥屈葬	求心的(内頭位)	別人骨で囲繞	個体間一致なし	81号、C環106号と相関
80号	女	熟年期	仰臥屈葬	求心的(内頭位)			
81号	女	熟年期(妊娠痕)	仰臥屈葬	直交的			76号、C環106号と相関
71号	男	熟年期	仰臥屈葬	直交的			

るいは世帯の構成員としても自然な状態に見える。しかし埋葬人骨の分析結果からは、夫婦と嬰児が死亡順に埋葬されたというような単純な共同墓地ではなかったことがうかがえる。

　第1埋葬群の28体のうち10体について歯冠計測分析がおこなわれたが、血縁関係が推定されたのは直線的に並ぶ76号（青年期）と81号（熟年期女性）のペアだけであり、その他の人骨では並列して同じ方向に埋葬された人同士の間でも有意な相関関係が見られない。もし仮に近親者を集めた世帯墓が含まれているならば、歯の形態的類似がもう少し期待できるだろうが、歯冠形質の比較からは親子・キョウダイの関係にある人びとが埋葬された可能性はあまりうかがえない。血縁関係が推定されるペアは第1埋葬群と第2埋葬群との間に3例あり、むしろ環の外に広がっているらしい。ただし、分析者の加藤久雄・松村博

文は、埋葬群全体として見ても個体間の血縁関係は強いとはいえないと結論している（加藤・松村 2003）。また 5 体についてミトコンドリア DNA 分析がおこなわれたが、ハプロタイプの一致は見られない（篠田 2003）。そのうち 4 体はほぼ同じ方向で規則的に並んで埋葬された人びとであるが、少なくとも母子あるいは兄弟姉妹の関係にある人びとが隣接して埋葬されるという状況は、やはり認められないのである。

第 2 埋葬群では、半径 5 m 程度の小振りな環状埋葬群が 2 単位発掘されている。78号（熟年期女性）、77号（小児）を中心とする12体からなるグループ（B 環）と、108号（壮年期女性）を中心とする20体からなるグループ（C 環）である。成人の男女がほぼ同数ずつ含まれる点、小児が含まれる点、歯冠計測分析から血縁関係が推定されたペアがほとんど含まれない点など、第 1 埋葬群の場合と同様の傾向を示している。墓群形成の時期は第 2 埋葬群が先行していたようだが、胎児〜新生児の増加を除けば基本的な構成は大きく変わらない。

これらの環状埋葬群を構成した原理は、以上の情報だけからでは正確には判断できないが、親子・キョウダイをまとめて埋葬した家族墓（世帯墓）ではなさそうである。性別に極端な偏りがない点から見ると、中核的な成員たちとその配偶者・子供たちからなる組織を想定するのが自然である。G. マードック（マードック 1978）が類型化した社会組織の中で、そのように親族の絆と共住の絆を兼ね備えたものを挙げるとすれば、「拡大家族」「クラン」「ディーム」[(2)]がまず考えられる。第 1 埋葬群の 5 体のミトコンドリア DNA 分析の結果がばらばらであることを重視すれば、母系血縁集団の可能性は低く、母処クラン・オジ方クランや母系リネージ・シブなどの選択肢はほぼ排除される。条件に合致する組織としては父処または双処の拡大家族、父系クラン、父処ディームが想定可能であろう。

成人男女をともに含み、性別の排他性を示さない点は、京葉地域の中期の廃屋葬と同じ様相であり（堀越 1986、高橋 1991）、比較的規模の小さい第 2 埋葬群の B 環・C 環などは、環状墓群よりむしろ個々の廃屋墓と同じ性質のものと見るべきかもしれない。この分析例からは仮説に対するはっきりとした証

明も反証も得られないのだが、ただ、第1埋葬群の環状配列が親子・キョウダイの世帯的原理で構成されるものでないことが示された点は重要な意味をもち、環状墓群が世帯墓の集合でなく超世代的な同族墓であったことが間接的に示されているように思える。

(2) 茨城県中妻貝塚・千葉県下太田貝塚における後期の多遺体埋葬土坑

千葉県祇園原貝塚・権現原貝塚・下太田貝塚、茨城県中妻貝塚などでは、多数の遺体を土坑内に集積した特異な合葬墓が発見されている。後期前葉から中葉に発達した特殊な葬制を示すものである。単なる改葬後の寄せ集めではなく、むしろ特定の死者たちを特別に扱う様子をうかがわせるものであり、後期の親族組織を復元する貴重な資料となる。

茨城県中妻貝塚（後期前葉）のA土壙（図5）は、直径約2m、深さ約1.2mの円形土坑内に96体以上の人骨を再集積したもので、埋葬または風葬された人骨を再葬した可能性が高い（中妻貝塚発掘調査団編 1995）。集められた人骨の性別、年齢構成をみると、成人男性が成人女性の2倍以上であること、幼児・少年期の子供を含んでいることが注目される。集落の居住者全員が無差別に集められたのではなく、居住規則に従って選択的に集落に残された男性を中心とする成員とその子供たちが核となっているように見える。

松村博文・西本豊弘が29体についておこなった歯冠計測分析よると、血縁関係が推定される人骨が多く含まれるとともに、それらの血縁者群が大きく二つのクラスターに分かれ、その中に「家系」と推定される強い血縁グループが含まれることが指摘されている（松村・西本 1996）。また、篠田謙一らが、歯冠計測分析個体を含む29体についておこなったミトコンドリアDNA分析の結果では、181塩基対の配列に見られた17カ所の変異から9のハプロタイプが区別された（篠田・松村・西本 1998、Shinoda & Kanai 1999）。29体のうち17体が同一のハプロタイプを示し、母系の血縁関係をもった人びとを中心に構成されている可能性が示された点が注目される。ハプロタイプの一致は、男性よりも女性同士で多い傾向がある。ハプロタイプが同一で、かつ歯冠形質の類似度が

96　第Ⅱ部　縄文時代の親族組織と儀礼祭祀

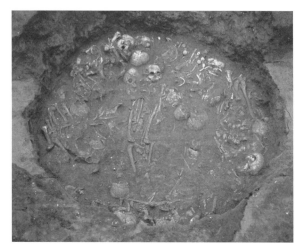

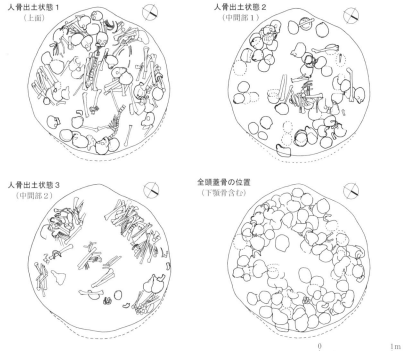

図5　茨城県中妻貝塚の多遺体埋葬土坑（A土壙）

高いペアも確認され、かなり強い血縁関係が推定された例もある。この結果を見ると、母系の血縁関係が優越し、特定の母系血縁者を集落に残す居住規則が採られていた可能性が強い。ただし、成人全体では男性が女性のおよそ2倍を占め、数の上で優越する男性がすべて婚入者であった可能性は低いであろうから、厳格な妻方居住をとる母系制社会を想定するのは不自然である。帰葬・間引き・一妻多夫婚などの特殊な条件がないとすれば、結婚した男女が母方オジの居住地に同居するオジ方居住の可能性が高い。

下太田貝塚でも多数の遺骸を集積した土坑が3カ所発見されている。菅谷通保の所見によれば、一度土中に埋葬された人骨を掘り出して改葬したものではなく、皮膚や筋肉が完全に腐敗しきらない状態で別の場所に置かれていた遺体を運び入れて埋納したものと推定される（菅谷 2003）。最も多数の遺骸が集積された後期中葉のA土坑の最小個体数は、乳幼児10体、思春期以降〜成人22体（男性8・女性6・性別不明6）と推定されている（平田・星野 2003）。同遺跡出土人骨のミトコンドリアDNA分析では、59体のうち塩基配列を決定した25体について22の変異部分から14パターンのハプロタイプが区別されているが、A土坑出土人骨は分析対象13体のうち7体が同一ハプロタイプを示した（西本・篠田・松村・菅谷 2001、篠田 2003）。7体の性別の内訳は、男性2・女性2・不明3である。中妻貝塚A土壙の場合とよく似た結果であり、やはり母系血縁者が中心になっているものと推定できる。

中妻貝塚A土壙と下太田貝塚A土坑の人骨群の分析結果には類似点があり、特定の母系血縁者が多数を占めていることが推定された。多遺体埋葬土坑に集められたのはやはり特定の血縁者集団であり、母系的な血縁関係が強く示唆されている。母系血縁が社会的に優越し、オジ方居住などを優先的におこないながら母系継承をおこなう母系制社会が成立していた可能性が高いと推定してよいだろう。高橋龍三郎は、これらの分析結果を重視し、後期に母系制社会への変化が起こり、母系血縁者を中核とする同族村が出現したと推定している（高橋龍 2004）。後期には堅果類利用が著しく増大しており、そのことが女性の協業的労働編成を助長すると同時に、資源地の管理と継承の必要性を生み、

母系制を成立させる生態学的要因になったと考察されている。

このように多遺体埋葬土坑の人骨分析は、縄文社会が遅くとも後期前葉には単系出自を生み出していたことを強く示唆している。出自集団の形成が歴史的にどこまでさかのぼるのか、今後の研究進展を注視したい。

5. 事実と解釈

埋葬人骨の歯冠計測分析やミトコンドリア DNA 分析が応用されるようになり、実証性のある親族研究が可能となったのは画期的なことであるが、しかしそれで問題解明が一気に進むわけではない。たとえば、歯冠計測分析法についてもさまざまな問題点が示されている（田中良 2002）。Q モード相関係数にもとづく統計的推定そのものに誤差があり、他人の空似を完全に排除することができないことや、親子兄弟などの狭い世代関係の中では血縁関係を推定できても、世代を隔てた人同士の関係の推定は困難になるなど、分析方法そのものの問題がある。仮に血縁関係にある人びとが正確に抽出されたとしても、人骨の死亡時期や世代関係に関する情報がなければ親族関係の復元ができないところに限界がある。

ミトコンドリア DNA 分析結果の解釈にも注意が必要である。この分析方法が明らかにできるのは母系の血縁関係だけであり、父系血縁についての情報は与えられない。中妻・下太田貝塚の人骨群には、たしかに同一ハプロタイプの人が多く含まれており、母系血縁者集団の存在が推定された。母系制社会の蓋然性は高いといえるが、しかしながらそれ以外の解釈がまったく排除されるわけではない。たとえば父系半族の間で厳格な外婚制がとられていた場合でも、生物学的な意味での母系血縁者集団は形成されるのであり、母系血縁者の存在が必ずしも母系優越の親族制度を意味するとは限らないことに留意しなければならない。中妻貝塚 A 土壙の場合でも、全体では成人男性の占める割合が女性の 2 倍であることや、ミトコンドリア DNA 分析がおこなわれた29体のうち同一ハプロタイプの人がほかにいない個体が 7 体あるなど、単純な解釈を許さ

ない問題があることも事実である。

　人骨分析による血縁関係推定を親族組織の復元に役立てていくためには、死亡時期・死亡年齢などの個人情報とともに、埋葬の年代的関係からみた世代関係の推定、墓域での埋葬区分と帰属、埋葬の取り扱いといった情報が不可欠である。考古学の側がまずそれらの基礎的情報を発掘現場で押さえ、さらに墓地や集落の分析から仮説的なモデルを描いておくことが大切である。各種の分析法は、そうした考古学的情報とともに、仮説の検証に用いてこそ最も効果的になるはずである。

註
(1) 田中良之が指摘するように、わが国の考古学では「出自」を村出自（村のでどころ）の意味に用いることが多いが、社会人類学における出自（descent）は出生と同時に血縁にもとづいて制度的に認知される系譜を指すのが普通である（田中良 2000）。本論でもその意味で用いる。ただし、社会人類学における概念・用語にも学説史や理論に由来するさまざまな用法がある。「クラン」「シブ」「ゲンズ」などの用語にはとくに注意が必要である（渡邊 1982）。本論での「クラン」「シブ」等の用語・概念は、G.マードックの定義に従った（マードック 1978）。
(2) 「ディーム」とは狭義には単系出自を欠く内婚的な地域集団を指す。地域外婚をおこなうタイプを外婚的ディームと称する。G.マードックの定義による（マードック 1978）。

第5章 祖先祭祀とモニュメント
―― 環状集落から環状列石へ ――

1. 縄文時代の祖先祭祀をめぐって

(1) 祖先祭祀の社会的機能

　縄文時代には、前期に集団墓の造営が開始されて以後、葬制が次第に発達していく過程が認められる。葬制は単なる遺体埋葬の形式ではなく、本質的には死者を他界へと送るための儀礼の体系である。M.エリアーデは人の死を一切の終わりとは捉えず、霊というより高い存在様式へのイニシエーションとして意義づけ、儀礼的に乗り越えることが葬制の本質であると論じている（エリアーデ 1971）。縄文時代における葬制の発達も、おそらく「祖霊」や「他界」といった観念の深まりが背景にあり、縄文時代人が確固たる死生観・他界観を作り上げ、儀礼の力を介して「死」という難問を社会的に克服していった過程を示すものであろう。

　縄文時代人の観念では、死者は必ずしも忌避すべきもの、穢れたものとは捉えられていないようである。それどころか、むしろ死者を大切にし、死者との関係を死後も維持しようとするかのような取り扱いが認められる。ムラの中央広場に集団墓を造営する環状集落の空間構成（図6）は最も端的にそれを表わしているし、廃屋葬の発達なども死者を身近に置こうとする意識の発露であろう。中期以降各地で発達した再葬制も、祖霊に対する特別な意識をうかがわせるものである。死霊の存在に対する漠然とした信仰にとどまらず、当時の人びとが祖先の霊を崇め儀礼祭祀の対象としていた形跡が、多くの断面に表れているように見える。それがはたして「祖先祭祀」を生み出すまでになっていたかどうか。この点の究明は、縄文時代人の宗教的観念のみならず当時の社会構造

第5章 祖先祭祀とモニュメント 101

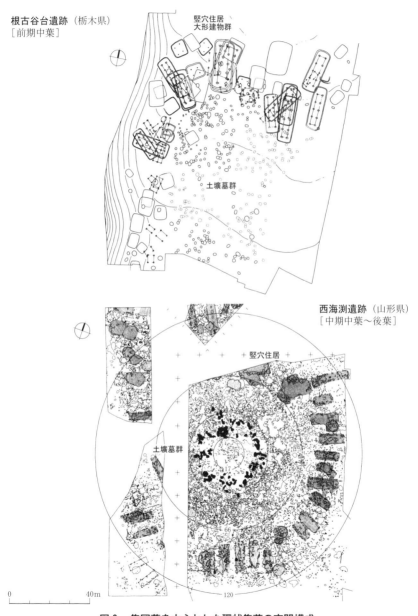

図6 集団墓を中心とした環状集落の空間構成

を考える上でもきわめて重要な意味をもつ。

　第3章で整理したとおり、祖先祭祀は広い意味での死霊崇拝とは異なり、社会的に認知された親－子、祖先－子孫の間に取り結ばれるものに限定される。なかでもリネージなどの単系出自集団において成員たちに権利・義務として継承されるものが最も限定的な定義となる。祖先祭祀は祖先－子孫の系譜の認知と不可分に結びついており、親族集団の社会統合に重要な役割をはたすとともに、祖先から受け継がれた親族身分や権利を宗教的に正当化する機能がある。また、血統や出身は個人の社会的地位を決める基本的な原理の一つであり、社会内部を差異化して不平等の制度的体系を作り出す要因になるが、祖先祭祀にはそれを助長し正統化する機能もある。縄文時代に祖先祭祀がおこなわれていたか否かを問うことは、縄文社会の組織原理や複雑化の度合いを考えることでもある。

　この章で考えたいのは、縄文社会が実際に「祖先祭祀」をおこなっていたことの状況証拠であり、それが発達することになるまでの歴史的過程についてである。前期から後期にわたる環状集落の歴史的展開を通史的に通観し、それが出自原理による親族集団の組織化、分節化、階層化の過程を映し出していることを跡付けるとともに、その過程で祖先祭祀が体系化されモニュメントが生み出されていったことを論じる。

(2) 研究史と課題整理

　縄文時代の祖先祭祀については、これまでにも多くの論考が提起されている。とくに祖先祭祀と社会構造、社会史との脈絡に言及した次のような議論に注目したい。

　中期末から後期に発達する環状列石を祖先祭祀のモニュメントと考える見解がある。長野県北村遺跡の墓群を分析した小杉康は、後期前葉に世帯別・出自別の墓制が顕在化することを論じ、中期から後期にかけて進行してきたこのような社会の分節化が、反動として血縁原理による組織の統合化・再編成を生み、祖先祭祀のモニュメントとしての大規模配石遺構を生み出したと解釈した

(小杉 1995)。小杉は大規模な配石遺構が発達する後期中葉に祖先祭祀が成立したと論じている。一方、佐々木藤雄は、環状列石が中期後葉の環状集落の中からその中央墓地を結界する形で発生してくることを明らかにし、これを祖先祭祀の体系化、一層の高次化の動きと考察した（佐々木藤 2002・2005b・2007）。環状集落の中央墓地を舞台におこなわれてきた共同祭儀がより高次な祖先祭祀の場に純化した背景には、地域共同体のすべての構成員を埋葬する集団墓でなく特定の階層に属す人びととの「特定集団墓」への変化があり、また祭儀を管掌する人びととの威信を誇示し高める目的が関係していたと論じている。高橋龍三郎は、環状列石の造営主体を親族組織と推定しており、リネージ集団が先祖を顕彰し祀る目的で造営したものと論じている（高橋龍 2004）。高橋もまた祖先祭祀の発達を社会階層化に関連する動向として重視しており、環状列石を祖先祭祀に関わるモニュメントと見ている。

　祖先祭祀とその機能に言及した論考は、ほかにも少なくない。林謙作は、福島県三貫地貝塚の埋葬区の中央に集積された人骨について、埋葬区を形成した集団（世帯）の始祖または祖霊と想定し、成員たちの中に祖霊に対する特別の意識があったと見た（林謙 1977）。瀬川拓郎は、北海道の後期後葉に発達する環状土籬を、血縁秩序の規制強化を図る祖先崇拝のための祭祀的空間と推定している（瀬川 1983）。配石遺構の発達の意味に注目する塚原正典は、後期・晩期に墓地と配石遺構との結びつきが強まる点を重視し、分節的・階層的なリネージ組織の発達とともに祖先祭祀の重要性が増したものと解した（塚原 1989）。高橋龍三郎は、千葉県草刈貝塚の中期の廃屋葬に伴う特殊な儀礼行為の痕跡に注目し、廃屋葬が死者を無差別に葬るものではなく、特定の地位の死者のための墓所および儀礼の場であった可能性を指摘している（高橋龍 1991）。山田康弘は、後期初頭に発達する多遺体合葬土坑を祖霊崇拝のためのモニュメントとみなし、集団結合の象徴的機能を認めている（山田康 1995）。設楽博己は、再葬の発達と古環境変化の相関関係に注目し、環境が悪化し遺跡数が減少する時期に、祖先祭祀を拠り所とする組織強化の動きが顕著に現れたことを論じている（設楽 1994・2004）。

中期後半以降、特に後期・晩期に祖先祭祀が顕在化してくる傾向があることは、以上の諸研究が明らかにしたとおりである。後期・晩期に葬制が複雑化した背景について藤本強は、寒冷化による環境悪化や流動的な人口動態によって社会的動揺や集団間の軋轢が生じ、社会の紐帯関係を再編成し集団内の結束を強化しようとする動きが強まったものと説明した（藤本 1983）。瀬川・設楽・山田の見解は大筋でこれに整合するものであり、該期の社会変動と祖先祭祀の発達とが関連づけて説明されている。また、集団の威信や実力の誇示という側面に注目し、それを社会の複雑化や階層化の動きと関連づける佐々木・高橋の考察も重要である。

　祖先祭祀に集団のアイデンティティーを確立し社会統合を強化するはたらきがあること、そしてその動きが縄文時代後半期の社会変動と密接に関連しているという見通しは、これまでの研究が導いてきた重要な論点であり、さらに検証を深めていくべき問題である。

　しかし、墓地や葬制に伴う儀礼行為がただちに祖先祭祀を意味するわけではなく、祖先と子孫との間の観念的体系である祖先祭祀を、遺跡に残る物的状況から復元していくためには、より厳密な手続きが求められることも事実である。阿部友寿は、祭祀の対象である祖先と祭祀をおこなう子孫たちとの系譜関係や行為の継続性を、個々の遺構の形成過程に即して把握することが必須だと指摘している（阿部友 2004a）。そして、墓群を覆って配石遺構の構築を繰り返す行為と焼人骨を伴った再葬との結びつきに注目し、遺構の形成過程から祖先祭祀を厳密に読み取ろうとしている（阿部友 2003・2004b）。

　祖先祭祀の問題を考古学的に検討していく場合に手がかりとなりうるのは、①祖先の霊を祀る墓所・祭壇・祠堂などの祭場または施設、②祖先遥拝の対象となる象徴物および祭儀用具、③供犠など祭祀・儀礼にかかわる行為およびその継続性、である。換言すれば、祖先を祀るための「モニュメント」「シンボル」「行為」である。一般に祭祀では形式が重んじられ、祭場、道具立て、一連の儀式的所作が伴う。縄文時代の祖先祭祀についても、遺跡の中の状況からこうした形式を具体的に把握していくことが肝要であるが、祖霊を祀る祭場な

いし聖地の検討はとりわけ重要な検討課題となる。私見では、その性格を強く示唆しているのが、環状集落とともに発達した集団墓であり、環状列石をはじめとする配石遺構である。集団墓の造営とそれに関連したモニュメントの築造を中心に、そこでの儀礼行為の様相を検討する。

2．環状集落と集団墓祭儀

(1) 前期の集団墓造営と儀礼行為

　早期以前には形式の整った葬制はほとんど見られないが、前期になると葬制の確立を示す画期的な変化が現れる。集団墓の造営が始まり、それを中央に取り込む形で環状集落が成立することが最も象徴的である。関東・中部地方一帯で集団墓造営が特に顕著な動きとなるのは前期中葉の黒浜式期から後葉の諸磯a式・b式期である。それとともに墓壙への副葬行為が広がり、浅鉢・壺などの小形土器や石匙・玉などが死者に手向けられるようになる。また、墓域の周囲で儀礼行為がおこなわれことを示す集石群や環状廃棄帯が出現する。

　前期の集団墓を代表する事例として長野県阿久遺跡が挙げられる（図7・8、長野県中央道遺跡調査団編 1982a）。阿久遺跡では、前期後半の諸磯式期に約780基もの土壙が密集する集団墓が造営された。墓域の中心には約1.2mの立石と板状礫を立て並べた遺構があり、火を使った何らかの儀礼行為の痕跡が周囲に点在するほか、立石自体にも被熱が見られた。また墓域を取り巻くゾーンには、260基以上の集石土坑を含め5万点以上の礫と多量の遺物が集積し、長径約120m、短径約90mに及ぶ巨大な環状集石群を形作っていた。これらの集石土坑には繰り返し使用したことを示す火熱による礫の赤色変化や破砕がほとんど見られない。日常的な調理施設とは考えにくく、祭儀に伴う儀礼食もしくは供献のための特別な施設と推定される（谷口 1986）。環状集石群に重複するおびただしい遺物の集積層も、そうした儀礼行為が何度も繰り返された結果、累積したものであろう。

　この巨大な環状集石群は、墓域とその周囲で儀礼行為が繰り返されていたこ

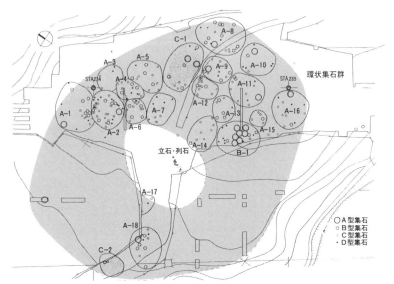

立石・列石のある中央空間と環状集石群

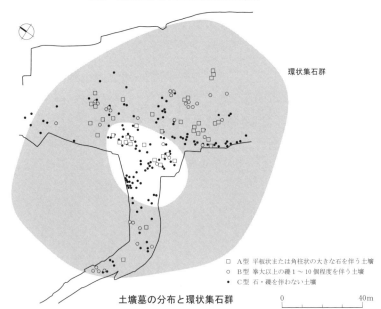

土壙墓の分布と環状集石群

図7 長野県阿久遺跡の墓域と環状集石群の空間構成

第5章 祖先祭祀とモニュメント 107

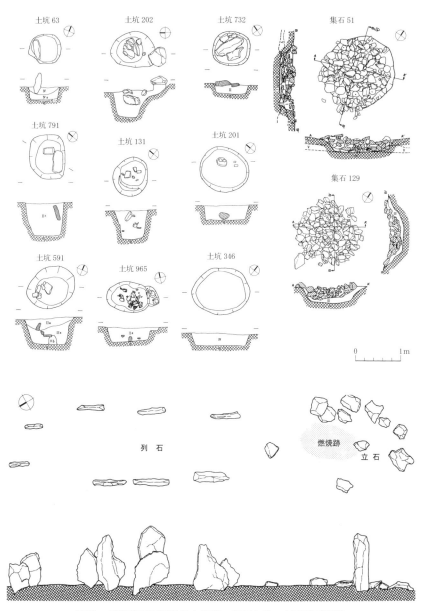

図8 長野県阿久遺跡の土壙墓・集石土坑・立石列石遺構

とを示しているが、土壙の多さに比べて竪穴住居跡は極端に少なく、環状集石群が築造された前期後葉（Ⅳ・Ⅴ期）に限ればわずか14棟にすぎない。調査者の笹沢浩は、土壙の中に再葬墓が含まれる可能性に触れ、一般的な集落ではなく同族集団による祖霊崇拝の祭場としての機能を想定している（笹沢1983）。

　同じ頃、関東地方でも集団墓の造営が活発な動向となり、中心に墓域を位置づけた形の環状集落が各地に出現した（谷口2004b）。栃木県根古谷台遺跡（宇都宮市教育委員会編1988）、東京都七社神社前遺跡（北区教育委員会編1998）、千葉県南羽鳥中岫遺跡第1遺跡E地点（印旛郡市文化財センター編1997）、木戸先遺跡（印旛郡市文化財センター編1994）、埼玉県鷺森遺跡（上福岡市教育委員会編1987）など、200～300基に達する密集墓群を中心にもつ中核的な集落も点々と出現する。ただし、墓壙の多さに比して住居跡の数が少ない傾向は阿久遺跡の場合と同様であり、常に居住人口の多い大集落であったとみなすのは適切でない。東京都多摩ニュータウンNo.753遺跡では、11基の土壙墓からなる墓域を取り巻いて多量の遺物が集積しているが、住居跡は確認されていない（東京都埋蔵文化財センター編1999c）。これらの集団墓は当該集落の成員だけのものではなく、周辺一帯に展開する同族集団全体の共同墓地であり、かつ儀礼祭祀の中心的な場になっていたものと考えられる。

　環状集落が集団墓の造営を核として成立したのはなぜなのか。環状集落の最初の発達期にあたる前期中葉～後葉は、最温暖期を迎え海進が最高潮に達した時期に合致し、奥東京湾沿岸などで人口が増大し、住居と集落が派生的に増加した時期にあたる。筆者が集計した関東地方南西部の前期集落遺跡、計481遺跡2037棟のデータによると、早期末葉～前期初頭に増加しはじめる住居数は、前期前葉の関山式期に著しく増加し、前期中葉の黒浜式期にはさらに増加する。そしてこの高い水準は、続く前期後葉の諸磯a式・b式期にかけて維持されている。墓群造営が顕著となる黒浜式期には、全体的な住居数の増加と同時に集落数の著しい増加が見られ、地域人口の増大とともに小規模な居住単位が派生的に増加していたことを表している（谷口2004b）。前期中葉における集団墓の造営は、高い人口密度が維持され、なおかつ多数の小集落が派生する中

で顕在化してきた動きであることがわかる。つまり、個々の世帯や少数世帯からなる単位集団が次第に自立性を強め、分散していく中で、一部の環状集落に集団墓の造営が本格化してくるのである。

　集団墓を核にした拠点形成の動きは、高い人口密度の下での集団関係に起因していた可能性が高い。人口の増大と局地的な稠密化は、地域の集団関係をそれまでになく複雑化させたはずである。局地的にせよ人口密度が一定のレベルを超えてしまうと、隣接する集落が互いに干渉することなく適度な分散と自由な土地利用を続けることができなくなるからである。奥東京湾岸などの過密な所ではとくに、テリトリーをめぐる問題がさまざまな軋轢を生んだであろう。漁撈を例にいえば、漁場と入漁権の確保、乱獲防止のための漁期の取り決め、協業と配分、漁法と役割分担など、集団の領域権益や家族・個人の権利を細かく規制する必要性が生じてきたものと推定される。

　集団墓を造営し共同祭儀をおこなう行為は、次々と分派する世帯・単位集団を親族集団として組織化する求心力となる。祖先の記憶と系譜の認知は、同族集団の紐帯意識を強め、集団としてのアイデンティティーを形成して自他の区別をはっきりさせる。前期中葉に顕著となる集団墓造営の動きは、そのような血縁的原理による親族集団の組織化を意味するものと考えられる。この新たな社会構造の成立によって、家族や集落という実際上の生活単位を超越した大きな社会の組織が可能となり、複雑化した集団関係が秩序づけられることとなった。筆者は前期に現れたこの動きが、出自集団の形成と祖先祭祀の成立につながる最初の重要な社会変化であったと考えている。

(2)　**中期の拠点集落とその性格**

　中期中葉から後葉にかけて環状集落の様相は大きく変化する。一部の環状集落に竪穴住居跡や土壙墓などの遺構が著しく集中し、長期継続的に利用される傾向が強まる。圧倒的多数の遺構が累積する長期継続的な環状集落とそれ以外の小規模な集落跡の差が拡大するとともに、環状集落の中にも空間規模や継続性の点で大小のランクが生じ、中心地の機能をもった特定の集落が形成されて

110 第Ⅱ部 縄文時代の親族組織と儀礼祭祀

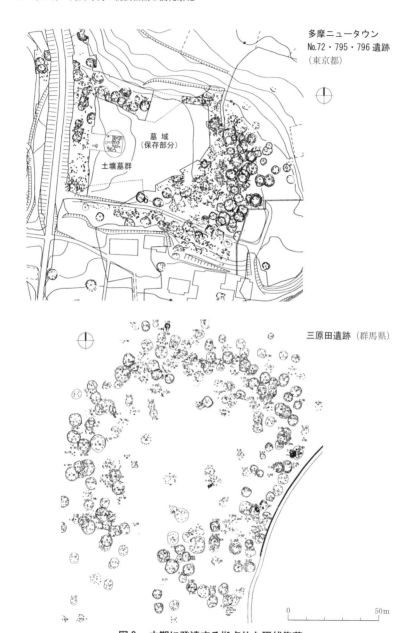

図9　中期に発達する拠点的な環状集落

くる。筆者はこうした性格の遺跡を「拠点集落」と称している（図9）。

　関東地方南西部に展開する中期中葉勝坂式期～後葉加曽利E式期の集落遺跡群、約680カ所・11000棟を対象におこなった分析では、36カ所の拠点集落に地域全体の約半数の住居が集中している実態が捉えられた（谷口 2003）。集落遺跡の分布が詳細に判明している多摩川水系・大栗川流域遺跡群の例でみると、拠点集落の多摩ニュータウンNo.72・795・796遺跡に全住居の約50％が密集し、その周囲に展開する5カ所の環状集落を合わせると、その集中度は地域全体の約80％にも達する。少数の環状集落に地域全体の80％前後の住居跡が集中している実態は、神奈川県港北ニュータウン地域の中期集落遺跡群の場合でも確認できる。

　中期に現れてくるもう一つの注目すべき変化が、環状集落内部の竪穴住居群や土壙墓群を複数のセクションに区分する「分節構造」の発現である。広場を中心とした同心円状の構造だけでなく、複数の分節単位を一つの環に統一する環節的な構造が明瞭なものとなるのが、中期環状集落の著しい特徴である。分節構造には住居や墓の位置を長期にわたって規制する踏襲性があり、その結果として多くの竪穴住居跡や墓壙が激しく重複する特徴が生じる。墓群の区別は特に厳格である。この特徴は前期段階では未だ不明瞭であったが、中期に至って顕著に発現した（図10）。

　第4章で考察したように、分節構造の発達は、出自集団の組織原理である系譜認知が厳格なものとなり、より分節的な組織へと進展してきたことを表すものと考えられる。世代を超えた永続性、成員数の不均衡、入れ子状の分節化などの諸特徴は、リネージ・シブのような分節的な単系出自集団を想定することによって最も合理的に説明することができる。そのような分節的出自集団にとって、祖先たちの墓所のある拠点集落は、集団的アイデンティティーの象徴ともいえる場所であっただろう。

　分節的な部族社会では、出自・系譜の区別が厳格になされるとともに、しばしばそれが特定の方位や空間・色・動植物の種類などと結びついて一つの象徴的な世界像に体系化されていることが知られている（レヴィ＝ストロース

112 第Ⅱ部 縄文時代の親族組織と儀礼祭祀

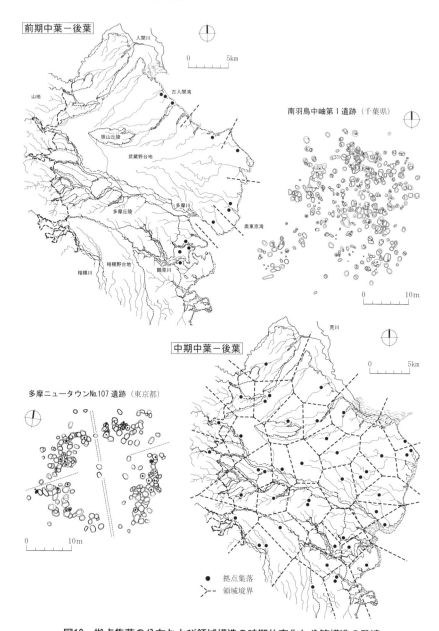

図10 拠点集落の分布および領域構造の時期的変化と分節構造の発達

1972・1976、デュルケーム 1980)。ある集団が特定の動植物や事物と自分たちとの間に特別な関係を認めているこのような信仰を一般にトーテミズムと呼ぶが、分節的な出自集団においてはそれが顕著であり、出自の区別と特定の方位や空間が観念的に結びついて集落内の家屋の配置を実際に規定している事例が数多く見出されている（フレイザー 1984）。中期の環状集落・墓群に発達した分節構造もおそらく同じ本質をもち、トーテミズム的な象徴世界の表現と解釈してよいであろう。また、社会全体を二分する半族組織が作り出す二元的なシンボリズムやコスモロジーを双分制と呼ぶが、中期の環状集落に頻出する二大群の分節構造は、双分制社会の集落に見られる直径的構造（レヴィ＝ストロース 1976）に酷似している。分節化した出自集団を大きく二つのグループに束ねる半族組織が存在した可能性が高い。

中期に起こったこうした変化もまた、人口密度の増大に起因する社会構造と集団関係の変化を示している。周知のとおり中期の東日本地域では、遺跡分布密度が極大にまで増大しており、相当の人口増加が起こったことは疑いない。関東地方南部における拠点集落の分布状態を調べてみると、前期には奥東京湾沿岸や一部の山沿いに偏在していたのに対して、中期になると拠点集落が増加してより全面的に展開する（図10）。分布密度の高まりとともに、それらの位置関係にも均等分布の傾向が現れ、狭く密集した六角形ラチス状の領域構造ができつつあった。各拠点集落が占有した領域の規模をティーセン多角形分析から推計した結果、領域面積は平均約55km^2、すなわち半径4.2km弱の円圏とほぼ等しい規模となった。これは狩猟採集民の一般的な生活領域とされる半径10km圏に比べれば、1／5以下の小さな規模である。狭く密集した六角形ラチスの領域構造は、中期における人口密度のさらなる高まりを明示しているのである（谷口 2003）。

(3) 環状列石の出現

分節構造の発現は、前期に組織化された親族集団が、出自・系譜をより厳格に区別することによって分節化するとともに、それらを包括する双分組織を生

み出すまでになってきた状態を示している。そのような分節的出自集団にとって、祖先たちの墓所のある拠点集落は、集団的アイデンティティーの象徴ともいえる場所であったにちがいない。

　拠点集落に集合する墓の数は200～300基に達する場合もあるが、累積する住居棟数から推定される居住者の延べ人数に比べれば、むしろかなり限定的なものである。地域全体の同族集団の共同墓地としては、なおさら少なすぎる。環状集落の中央墓地が地域集団のすべての構成員を無差別に埋葬する共同墓地であったのかどうかが問題となる。

　岩手県西田遺跡の環状墓群は、2列に並んだ10基ほどの墓を中心に、その外周に190基あまりの墓が8小群に分かれて位置する構成となっている（図2-b、岩手県教育委員会編 1980）。祖先の中にも中心に位置づけられる特別な存在と周辺に位置づけられる存在との、少なくとも二つの階層的な区分が意識されていたことがうかがえる。このような内帯と外帯の区分は、長野県居平遺跡（図3-a、富士見町編 1991）、東京都多摩ニュータウンNo.107遺跡（図2-a、東京都埋蔵文化財センター編 1999b）の環状墓群でも確認されている。厳格な系譜認知によって出自集団が分節化するとともに、出自原理にもとづく親族身分秩序が形成され始めていた可能性がある。

　中期後半から中期末になると、環状集落の中央墓地を覆って環状列石を築造する例が出現する。神奈川県川尻中村遺跡（かながわ考古学財団編 2002c）、静岡県上白岩遺跡（図11、中伊豆町教育委員会編 1979）、長野県大野遺跡（大桑村教育委員会編 2001）、岩手県御所野遺跡（一戸町教育委員会編 1993）などがその実例であり、環状列石が中期環状集落の中から系統的に発生したことを示している。川尻中村遺跡の例では、中期中葉～後葉の環状集落の中央に、120基以上（概数）の土壙からなる環状墓群が造営され、その直上に環状列石が築造されている。環状墓群は加曽利E2式・E3式期を中心とする時期に全体がほぼ形作られており、環状列石は明らかに環状墓群を囲繞し一部が土壙上に重複していることから、墓群形成がおおむね完了する段階ないしその直後に築造されたと推定される。

第5章 祖先祭祀とモニュメント 115

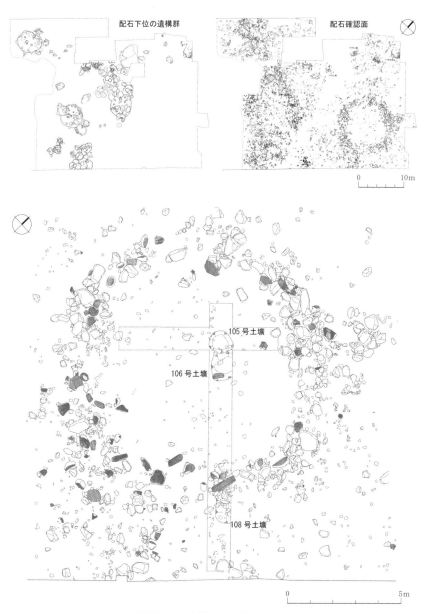

図11 静岡県上白岩遺跡の環状列石（中期末）

環状列石の発生に関しては、このような「集落内環状列石」を初源と考える佐々木藤雄の説が有力である。佐々木はこれを日常空間と非日常空間との明確な結界によって祖先祭祀をより高次なもの高めようとした動きと推論している（佐々木藤 2002）。そして、こうした行為の対象となった墓地の性格を、特定の階層に属す人びとの「特定集団墓」と推論した（佐々木藤 2002・2005b・2007）。環状列石の発生段階には墓との直接的な関連性はないとの反論もあるが（石坂 2004）、群馬県田篠中原遺跡（群馬県埋蔵文化財調査事業団編 1990）、野村遺跡（千田・小野 2001）、山梨県牛石遺跡（奈良 1986）のように下部に明確な土壙墓群がなく一見墓地とは無関係に見える場合でも、再葬土器棺や甕被葬と推定される埋設土器や倒置土器が伴うなど、葬制との関係は完全には断ち切れない。

環状集落の中央墓地を舞台におこなわれてきた共同祭儀がより高次な祖先祭祀に発展していったというこの見方も、集団の由緒や系譜の意識を強化しようとする動きの中では十分に起こりうるものであり、出自集団の分節化が生んだ必然的な動きであったともいえる。こうして環状集落は、分節的な出自集団が葬送儀礼や祖先祭祀をおこなう儀礼センターとしての性格を次第に強めていたものと考えられるのである。

人口密度が未曾有のレベルにまで高まる中で、領域などをめぐる集団関係もまた極度に複雑化したはずであり、緊張を回避し利害関係を調整しうる親族ソダリティーの必要性は、前期にも増して高まったと考えられる。出自集団の区別がより厳格なものとなったのも、領域の確保・継承など社会存続の根幹に関わる秩序・制度の必要性を考えれば、すぐれて理由のあることであった。拠点集落の形成と分節構造の発現は、出自原理による社会の分節化を表現するものであり、それらの分節的な出自集団が葬制や儀礼の中心となる場を創り出して、集団的アイデンティティーを強化しようとした動きといえる。とすれば、中期の社会統合レベルは、すでに分節的部族社会の段階に達していた可能性が高い（谷口 2005a・2007a）。

3. 祖先祭祀とモニュメント造営

(1) 柄鏡形敷石住居と中期末の社会変化

　中期末になると、中部・関東地方のほとんどの地域で拠点的な環状集落が解体し、集落の分散化が起こった。集落の規模が縮小し、地域全体の住居数が大幅に減少することから、人口そのものの減少が起こったことは確実とみられる。その原因に指摘されているのが世界的な気候変動の影響であり、中緯度地域の気候が冷涼化し、最温暖期に確立した生業システムが行き詰ったことが直接的な要因と推測されている（安田 1982、藤本 1983など）。局所的な現象ではないことから、中期的な生業・居住システムとその上に成り立っていた集団関係を持続することが難しいような深刻な状況に陥ったものと推測される。

　このような社会変動の中で登場してきたのが柄鏡形敷石住居であり、中期末から後期前葉にかけて発達した。柄鏡形敷石住居はそれまでの竪穴住居とは構造的に異なるだけでなく、儀礼祭祀に関係した特異な性格をもつ。石棒や埋甕などを伴った屋内での儀礼祭祀行為の痕跡が多くの遺構に残されており、奥壁付近や炉の周辺、細長い出入口などから大形石棒がしばしば出土する（山本 2002）。縄文時代を通じて住居の床面に石敷を施す工法は他にほとんどなく、それ自体が実用機能上の理由を超えた文化的意味を有すると考えられる。細長く延びた特殊な出入口部分も、埋甕・石棒などが埋設あるいは遺棄された例が非常に多く、単なる通路ではなく儀礼祭祀空間として意識されていた。住居跡の壁際に沿って焼礫などを巡らせた周礫と呼ばれる特殊な行為の痕跡も見られる。また、住居前面に配石遺構や弧状列石を築造した例もあり、住居前面もまた儀礼祭祀のための重要な空間になっていたことがうかがえる。

　とくに注目されるのは、住居前面に造営された墓群を造営を覆って配石や列石を築造した例である（石坂 2004）。長野県岩下遺跡13号〜16号住居（図12-a、長野県埋蔵文化財センター編 2000）、長野県北村遺跡 SB566（図12-c、長野県埋蔵文化財センター編 1993）、長野県伊勢宮遺跡 1 号敷石住居（山ノ内

118　第Ⅱ部　縄文時代の親族組織と儀礼祭祀

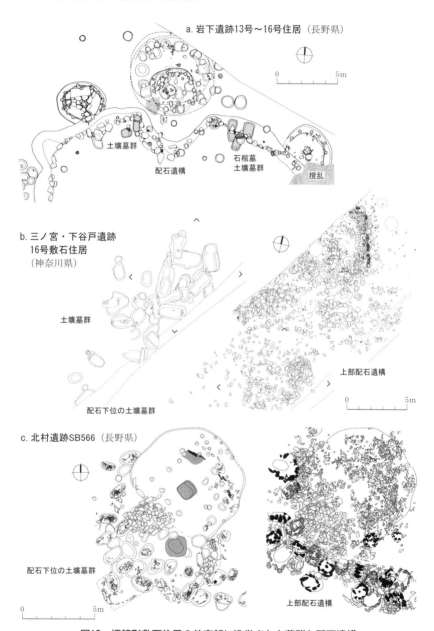

図12　柄鏡形敷石住居の前庭部に造営された墓群と配石遺構

町教育委員会編 1981)、群馬県行田梅木平遺跡14号住居（山武考古学研究所編 1997b)、神奈川県三ノ宮・下谷戸遺跡16号敷石住居（図12-b、かながわ考古学財団編 2000）などに典型的な例が見られる。

柄鏡形敷石住居のこうしたあり方は、個々の家族ないし世帯が、葬儀や儀礼祭祀行為を個別におこなうまでに、社会単位としての自立性を強めていたことを示唆している。これは中期に進行した出自集団の分節化の動きの延長上にあり、一つの究極的な状態を表わすものともいえる。それらが中期的な環状集落を構成せず分散化したのは、地域全体の人口密度の低減によって部族としての組織力や規制力が弛緩したためではなかろうか。あるいは、人口減少が急激すぎて、リネージやクランのような単系出自を継承すること自体が困難になっていた可能性もある。

(2) 儀礼祭祀を管掌する者の登場

後期前葉の堀之内式期になると関東・中部地方で環状集落が再び現れ、自立化した世帯単位集団を再統合するような動きが起こるが、環状集落の様相はすでに中期のそれとは異質なものに変化している。そして堀之内2式期から加曽利B1式期になると、環状集落の基本的な空間構成を解体するような変化が如実に現れてくる。

神奈川県小丸遺跡では、墓群が広場の中央部ではなく、比較的大形の1・2号住居の前面に密集しており、この住居の主が葬儀ないし祖先祭祀に中心的な役割を担っていたことをうかがわせている（横浜市ふるさと歴史財団編 1999)。石井寛は集落の要の位置にあるこの特殊な住居を「核家屋」と称し、血縁集団を代表して祖先祭祀を執行した人物、すなわち「長」の家と推定している（石井 1994・2006)。しかもこの核家屋は、同一の場所に固執して何度も建築を繰り返しており、柱穴の切り合い関係の観察などから10回以上の建て替えが想定されている（図13）。その地位の継承・世襲を示唆する注目すべきあり方である。また、核家屋の前面に密集する土壙墓群の中には、再葬行為の一種と推定される焼人骨を埋納した特殊な一例が含まれている（図13写真）。

120　第Ⅱ部　縄文時代の親族組織と儀礼祭祀

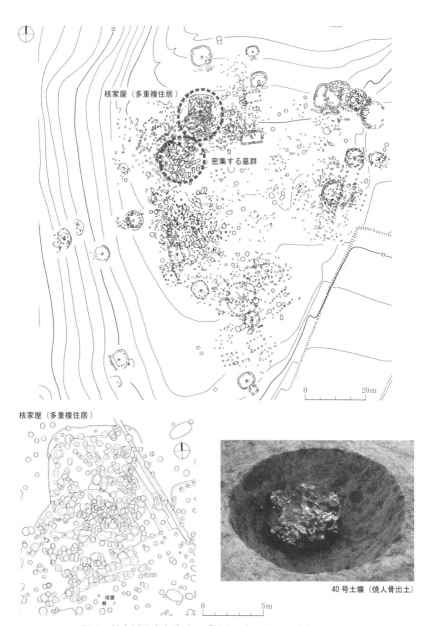

図13　神奈川県小丸遺跡の「核家屋」と前面に密集する墓群

神奈川県三の丸遺跡の後期集落でも、核家屋と見られる住居（AJ63〜65号住居）とその前面に密集する墓群が見出されており、状況が酷似している（港北ニュータウン埋蔵文化財調査団編 1985）。神奈川県下北原遺跡では、集落中央の2カ所の墓群の上部に大規模な配石群を構築するとともに、そのうちの一つに隣接する部分に、3基の環礫方形配石遺構と配石群などの特殊な遺構が集中する儀礼祭祀空間が造り出されていた（神奈川県教育委員会編 1977）。密集する墓群に隣接した特殊な儀礼祭祀空間のあり方は、やはり小丸・三の丸遺跡の空間構成と共通しており、加曽利B1式期の環礫方形配石遺構も核家屋の機能を受け継ぐムラの中核的な施設と推定される。

千葉県を中心とする関東地方東部では、後期中葉以降に特殊な大形住居が発達してくるが、この家屋もまた屋内から石棒や異形台付土器などの特殊遺物がしばしば出土し、儀礼祭祀に関わる家系または地位の登場を示唆している。千葉県宮内井戸作遺跡では、後期中葉に大形住居が出現すると集落の空間構成が大きく変化し、大形住居だけが集中する特殊部分と一般的な規模・構造の住居が分布する一般部分とに分化する（図14、高谷・喜多 2000）。大形住居群は、晩期前半まで特定の場所で何度も建築を繰り返しており、発掘された大形住居の床面にも建築・改築の繰り返しによって新旧の柱穴が激しく重複した状態が見られる（小倉 2000、印旛郡市文化財センター編 2009）。ここにもやはり世襲的な継承の形跡が認められるのである。高橋龍三郎は、大形住居を管理・居住した主を、地域に分散する親族集団を代表する中核世帯の家長とし、儀礼や祭宴を取り仕切ることで親族組織や結社組織をまとめ上げたビッグマンのようなリーダーと推定している（高橋龍 2004）。

柄鏡形敷石住居の登場を機に、環状集落の中央墓地を舞台としたそれまでの集団的祭儀は変質し、儀礼祭祀における個々の世帯ないし家系の役割が大きくなる傾向が表出した。そしてこの動きの中から、後期中葉に至って「核家屋」「環礫方形配石遺構」「大形住居」といった特殊な家屋が析出されてくるのである。葬送儀礼や祖先祭祀を管掌する家系が現れ、世襲的に継承されていた可能性さえ示唆されており、それが事実であれば、その意味は平等社会の枠組みを

122 第Ⅱ部 縄文時代の親族組織と儀礼祭祀

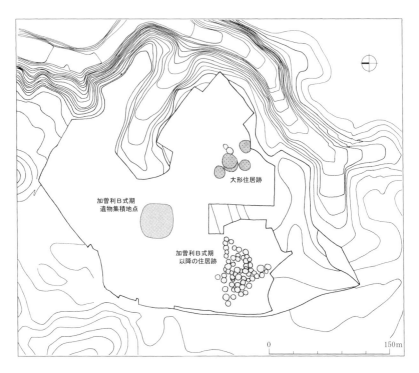

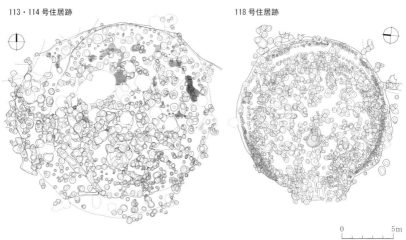

図14 千葉県宮内井戸作遺跡の大形住居と集落構成(後期中葉以降)

覆すほど重大である。中期末から後期中葉にかけて進行したこれらの変化からは、社会単位としての家族・世帯の自立性が強まると同時に、家族・世帯間の関係が不均等なものになりつつあった状況が読み取れる。集団墓を中心にして複数の分節的集団が等距離に位置した中期の環節的で平等的な集団関係は、後期中葉の加曽利B1式期にはすでに大きく変質していた。環状集落はこのような動きの中で歴史的に解体されていくのである。

(3) 石造モニュメントの築造

後期中葉になると、関東・中部地方では多数の住居が集中する中期的様相の環状集落は姿を消し、以後に再現されることはほとんどなくなる[2]。環状集落の解体は、中期に発達した社会構造と集団関係そのものの解体を示しているが、それと入れ替わるかのように顕著な存在となるのが、大規模な配石遺構や環状盛土遺構である。

葬制や儀礼祭祀に深く関わる大規模な配石遺構の築造の広がりは、後期に発現した社会現象の中でもとくに注目される動きである。中期後葉の中部・関東に出現した環状列石は、後期前葉までに東北北部や北海道に伝播したことが明らかとなっている（佐々木藤 2007、阿部昭 2008）。環状列石の造営は後期前葉の北日本一帯で著しく開化し、秋田県大湯遺跡（図15-a、鹿角市教育委員会編 2005）、秋田県伊勢堂岱遺跡（秋田県埋蔵文化財センター編 1999）、青森県小牧野遺跡（図15-c、青森市教育委員会編 1995）、北海道鷲ノ木5遺跡（図15-b、森町教育委員会編 2008）などに、多様な形態の環状列石が相次いで築造された。関東・中部地方でも、後期前葉から中葉にかけて、大規模な配石遺構を築造する遺跡が各地に出現する。

秋田県大湯環状列石は、土壙墓群の上に築造された内帯・外帯の二重の列石とそれを取り囲む掘立柱建物群から成り、岩手県西田遺跡などの中期環状集落の中心に造営された環状墓群の空間構成を基本的に継承していることが明らかである（図15-a、鹿角市教育委員会編 2005）。万座と野中堂のほぼ同型の二つの環状列石が隣接している状態も、中期の双環状集落に酷似している。中期の

124 第Ⅱ部 縄文時代の親族組織と儀礼祭祀

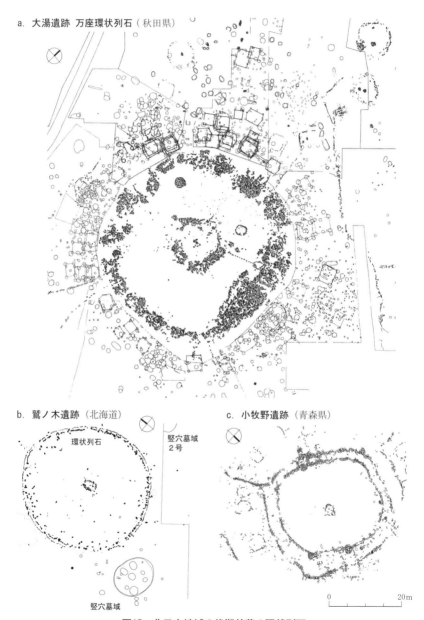

図15 北日本地域の後期前葉の環状列石

拠点集落に囲い込まれていた特定集団墓が集落から分離するとともに、石造記念物の築造が付加されて、祖霊を祀る宗教的故地もしくは神聖な祭儀空間としてより荘厳な人工景観をもつに至った。「環状列石」と総称されるものの中にも、葬制や墓地との結びつきが不明瞭なものが含まれ（石坂 2004）、一概に祖先祭祀に関わるモニュメントとみなすのは問題があるが、土壙墓群や再葬土器棺を伴う環状列石には、祖先祭祀を中心とする儀礼センターとしての意味機能が備わっていたとみてよいであろう。

環状列石の特別な性格を、東京都田端環状積石遺構と周辺の遺跡群を例に見てみたい。田端遺跡の環状積石遺構（図16）は、後期中葉加曽利B1式期を中心に造営された土壙墓・配石墓群を覆って、加曽利B2式期に構築されたと推定されるものであり、積石部分の出土土器から判断すると、晩期安行3c式期まで露出し使用されていた可能性がある（戸田 1971、浅川 1974）。下部の墓群の広がりと上部の積石遺構の輪郭は一致せず、両者の間には時間的な不連続を示唆する間層が挟まっていたことから、この積石遺構が単なる墓標でないことは明白である。大半の礫が火熱を受けていたこと、9本以上の立石を伴っていたこと、12本の大形石棒を集積した特殊な場所があること、石組のピット内に大珠を埋納していたこと、大形土器の埋設が伴っていたこと、積石中から土偶・線刻礫・玉類・石皿・凹石などが出土していることから、儀礼祭祀の場と判断してよかろう。戸田哲也は死霊や祖霊などの人間の霊魂に対する宗教的な観念が存在したと慎重に論じたが（戸田 1971）、過去の墓地を記憶する人びとが祖霊を祀り、また祖霊たちの前でさまざまな儀礼をおこなった場と推定される。出土した土器群がこの場所での祭儀行為の期間を示すものだとすると、それは加曽利B2式期から安行1式・2式・3a式・3b式・3c式に及び、晩期前半まで継続した（戸田 1971）。田端遺跡の後期の墓群は環状積石部分の外側にも広がっていることが近年の発掘調査で確認されているが（町田市教育委員会編 2003）、環状列石の築造は特定の区域だけに限定されている。

図17には田端遺跡の周辺地域における、後期中葉〜晩期前半の墓地を伴う遺跡の分布を示した。田端と同じく後期中葉の墓地をもつ遺跡は、図示した約

126 第Ⅱ部 縄文時代の親族組織と儀礼祭祀

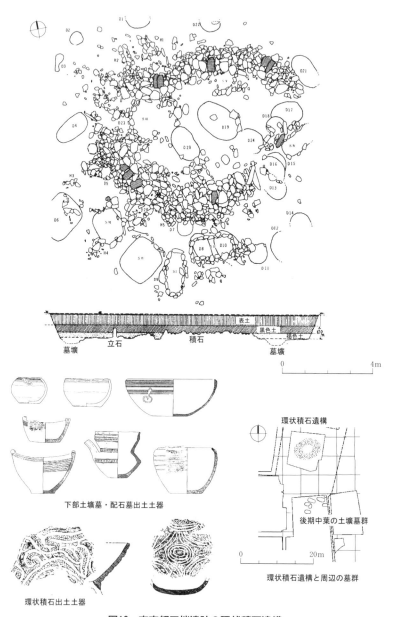

図16 東京都田端遺跡の環状積石遺構

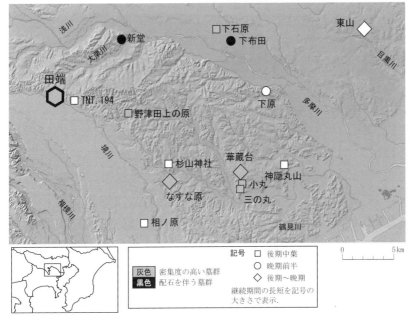

図17　田端環状積石遺構と周辺地域の墓群造営を伴う遺跡群（後期中葉〜晩期前半）

　900km²の範囲で12カ所が確認されているが、田端遺跡のような大規模な配石遺構を築造した遺跡はほかにない。田端遺跡から約7kmに位置する東京都野津田上の原遺跡（野津田上の原遺跡調査会編 1997）では、97基の密集する墓群が発見されているが、配石遺構は伴っていない。また田端遺跡ほどの長期継続性を示す遺跡も稀である。後期末から晩期前半の遺跡の中では、密集する墓群と集落跡を残す東京都なすな原遺跡（なすな原遺跡調査団編 1984）と神奈川県華蔵台遺跡（横浜市埋蔵文化財センター編 2008）が最も拠点的であるが、大規模な配石遺構はやはり伴っていない。東京都下布田遺跡には方形配石をもつ墓や大形石棒を集積した特殊な配石遺構などがあり、該期の中核的な遺跡と目されるが、後期中葉からの継続性は確認されていない（川崎・能登 1969、調布市遺跡調査会調査団編 1982）。規模・継続性の両面で田端に比肩する配石遺構はこの地域内には存在しない。田端環状積石遺構の下に埋葬された死者た

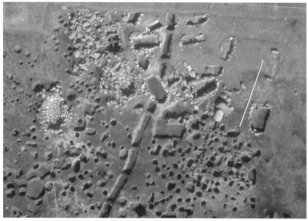

配石墓群（後期面）

後期中葉〜後葉の
配石墓群

祭壇状配石遺構

図18　群馬県天神原遺跡の配石墓と配石遺構

ちは、祭祀の対象となる特別な存在として意識されており、またそこでの祭儀を管掌し継承していた者たちもまた、祖先からの由緒を自認する地域の有力集団であったと推定されるのである。

形態は一定でないものの、墓地に付随して配石遺構の築造が長期にわたり続けられた例は、群馬県天神原遺跡（図18、安中市教育委員会編 1994、大工原・林 1995）、群馬県瀧沢遺跡（渋川市教育委員会編 2008）、山梨県金生遺跡（山梨県埋蔵文化財センター編 1989）などでも発見されており、いずれもその地域において他の遺跡を圧倒する破格の規模と内容を顕示している。

(3) モニュメント築造の意味機能

墓や墓地を覆って上部に配石を構築する行為は、後期中葉から晩期前半の中部・関東地方に広く見られる顕著な動きであるが、特に注目されるのは、その行為の時間的な長さと更新性・再現性である。配石遺構の形成過程を検討した阿部友寿は、最初の埋葬と配石構築との間に時間差や間断があり、遺跡の形成が長期にわたる事例を数多く見出している（阿部友 2003）。墓あるいは墓地の上に配石を構築し、後代に至っても埋葬と配石行為を繰り返しながら長期間利用して、その場の機能を強化していくようなこの行為を、阿部は「遺構更新」と称している。配石行為の主体者は、墓あるいはその場所への特別な意識と記憶を保持する人びとであり、そこに埋葬された過去の祖先たちとのつながりを自認する人びとであったと考えるのが自然であるが、祖先に対する意識・記憶は世代と時を超えて、現代の私たちには信じ難いほどの長さで保持・更新されていた可能性がある。

一般に、宗教的聖地ともいえる特別な場所で儀礼祭祀を継続的におこなうことは、行為者たちにとって自分たちの由来や世界の根本秩序を絶えず再確認する上で重要な意味がある。神話や神霊観念・他界観などの世界像は、各文化に固有のコードであって、目に見えぬものであるから、社会全体がそれをしっかりと共有し維持するためには何らかの形でそれを可視化し、しかも形式的な行為を通じて絶えず再確認し活性化する必要がある。宗教的な祭礼や年中行事、

通過儀礼のように、多くの祭祀・儀礼が一定の形式で繰り返しおこなわれるのも、そのためである（井上・山中・唐須 1983）。

　環状列石をはじめとする大規模な配石遺構の築造行為がしばしば長期間にわたるのも、またそこでの祭儀行為が繰り返されるのも同じ理由があり、それらがこうした社会的機能をもつ記念物であるがゆえの現象と考えられる。同じ場所で築造を繰り返す反復行為と遺構の更新は、石川県チカモリ遺跡・米泉遺跡・真脇遺跡・桜町遺跡など北陸地方で発見されている晩期前半の環状木柱列にも顕著に見られる（西野 2007）。小林達雄は、環状列石などの大規模記念物が世界観を可視化し強化する舞台装置であったと述べるとともに、それらの築造行為が長年月にわたって続けられている点にこそ、記念物の存在意義と社会的機能があると論じている（小林達 2005）。多量の巨石を運び込んで荘厳な人工景観を形作っていくエネルギーはきわめて大きなものであり、築造行為を継続すること自体が多くの参加者たちを一つの象徴世界に巻き込み、集団に存続の活力を与えたことであろう。

　多大なエネルギーを投入して大規模なモニュメントを造営し、祖先に対する集団的祭儀を継続的に催行することは、同族集団の紐帯関係を強化することにつながっただろう。それはまた他集団に対しては自分たちの存在を顕示する意味を帯び、威信をかけた社会的行為であったに違いない。

　このような意味機能については、南アジアから東南アジア・オセアニアにかけて広がる巨石記念物とそれに関連する「勲功祭宴」が参考になる（ハイネ＝ゲルデルン 1961）。勲功祭宴はポトラッチ型祭宴の一種として知られるもので、家畜の供儀や肉の分配など財の消費を伴って段階的にエスカレートする盛大な祭宴であり、全系列の通過に数年ないし数十年を要することもあるという。死者儀礼と密接に結びついているところもある。勲功祭宴は主催者の社会的威信と地位を高める手段になっており、最高段階の勲功祭宴の一環として、メンヒルやドルメンなどの巨石記念物が、主催者または死者の勲功を誇示し記念する意味で造営されるのが、この地域の巨石文化の顕著な特徴とされる。また、ストーンサークルを含む「巨石広場」も、縄文時代の環状列石の意味機能

を考える上で、非常に示唆に富む。巨石広場は集会・祭祀・法廷などのための石造の広場で、村落や氏族の創始者と特に密接な関係があり、それらの墳墓や記念物としばしば結合している。子孫たちにとってそこは、自分たちと祖先との間の連鎖を確認する場であり、巨石広場内の世襲の座席によって家族に帰属する諸権利が世代から世代へ継承されていくというような機能がある。ハイネ＝ゲルデルンが「東部巨石諸文化」と一括したものの中にも個々の民族による多様性が認められるが、勲功祭宴や祖先祭祀との結びつきについては多くの実例が指摘されている（八幡・田村編 1990）。

　縄文時代の環状列石にも、おそらく勲功祭宴型の巨石文化と同様に、特定の祖先たちを顕彰し祀る意味、祖先と子孫との系譜的な繋がりを公的に設定し確認する場としての意味、造営者もしくは儀式祭礼を管掌する者の存在と実力を顕示する意味があったものと類推できる。祖霊たちの廟である墓所に恒久的な記念物を打建て、祖先祭祀を継続的に催行することは、祖先と子孫との系譜的な繋がりを公的に確認する意味があり、出自集団の社会統合を強化する重要な機会となった。それはまた、他集団に対しては自らの存在や由緒の正統性を誇示する意味をもち、集団のアイデンティティーの主張に等しい社会的行為であっただろう。

4．社会複雑化の原理

(1) 部族社会のアイデンティティー

　環状集落に映し出された社会像とは、血縁的紐帯を重んじる親族組織の姿であった。環状集落がその中心に集団墓を位置づけていたのもそれゆえのことであり、出自・系譜の認知が重要な組織原理になっていたことを示すあり方である。海進が最高潮に達した前期中葉に集団墓の造営を特徴的に伴って環状集落が最初の発達を見せるのは、祖先や系譜の観念をアイデンティティーとする出自集団の出現によって、家族や集落という生活単位を超えた大きな部族社会が組織化されたことを意味していた。また遺跡数の増加がピークに達した中期に

環状集落が最も発達し、それと同時に分節構造が明瞭に発現してくるのは、出自・系譜の区別がより厳格なものとなり、出自原理による社会内部の分節化が一層進行した状態を表わしていた。環状集落の成立と発達とはつまり、出自原理によって部族社会が組織化され分節化していくプロセスとして説明できる。

環状集落の歴史は、縄文時代の社会構造が次第に複雑なレベルに進化していく過程を反映しているが、その最も大きな要因と考えられるのは、人口密度の高まりとそれに惹起された領域問題である。

早期末から前期にかけて、最温暖期を迎え海進や森林形成などの好条件が整うにつれて、縄文社会の人口密度は徐々に高まった。とくに海進期の関東地方では、奥東京湾岸を中心にそれまでになく稠密な遺跡群が出現し、局地的な人口密度が著しく高まった。さらに中期中葉〜後葉には、関東・甲信越地方を中心に遺跡数の爆発的増加が起こり、縄文社会の人口密度は当時の生産力が許容する極限的なレベルにまで高まっていたと推定される。地域人口の増大とともに集団間の揉めごとや軋轢が増えることは避けられず、とくに領域をめぐる競合や侵犯は深刻な対立を招く原因となる。前期中葉の奥東京湾岸のような過密な状況下では、領域をめぐる各集団の利害関係は複雑化し、時には集団同士が闘争する場面も生じたであろう[4]。

環状集落は、いわば縄文社会が出自集団の組織化を通じてこのような社会状況を克服しようとした歴史的運動の結果であった。出自集団は、特定の祖先からたどられる系譜認知によって多くの人びとを同族集団として組織することができ、成員と非成員とを厳密に区別するとともに、組織の中での個人の社会的位置づけに重要な役割をはたす。次々と移ろいゆく家族とは違い、出自集団は世代を超えた永続性をもち、また規模においても居住単位をはるかに超えた大きな組織を形作ることができる。出自集団のこうした機能は、土地をはじめとする共有財産の継承に有利であり、実際に多くの民族において出自集団は土地や家畜など社会の最も貴重な生産財の所有者となっている（フォーテス 1981）。また出自集団には外婚制のように婚姻を規制する面もあり、姻戚関係の拡大を通じて集団関係を強化するはたらきをもしている。土地や資源への権

利を定め、世代を超えてその秩序を維持していく上で、出自集団は優れた経済的・政治的機能をはたすのである。

多くの集落が派生的に増加し、地域全体の人口密度が高まる状況下で、平等の原則をなるべく維持しながら社会全体を秩序づけるためには、確固としたソダリティーが不可欠である。出自集団の組織化は、自立化・分散化する単位集団を親族組織の中に位置づけ、秩序ある地域社会の形成を促進した。また、隣接する他集団に対しては対抗力を発揮し、領域権益の保全に決定的な役割をはたしたであろう。人口密度の高まりに適応した新たな社会秩序を創り出す上で、出自集団の機能はきわめて有効に作用したと推定されるのである。

縄文社会が低人口で移動性をもつバンド社会の段階を完全に脱し、より複雑で大きな社会を統制しうる親族ソダリティーをもった分節的な部族社会へと移行したことを、環状集落の成立と発達は象徴している。

(2) 祖先祭祀が助長する社会階層化

環状集落が集団墓や葬制と密接に結びついた形で発達を遂げたのは、縄文社会における出自原理の強さを反映したあり方にほかならず、祖先－子孫の系譜認知や同族としての血縁的紐帯が強く意識されていた状態を示すものである。その意味では環状集落は単なる居住地ではなく、出自集団のアイデンティティーの根本ともいうべき集団墓で、葬送儀礼や祖先に対する祭儀を執りおこなう特別な場であった。環状集落の成立・発達から環状列石をはじめとする石造モニュメントへの発展の歴史からは、出自観念の深まりとともに、彼らの信仰体系に占める「祖先祭祀」の重要性が次第に高まっていく過程が認められる。強い王権や政治組織をまだもたなかった縄文社会が、次第に高まる人口密度と複雑化する集団関係の中で、大きな部族社会を組織化し社会秩序を維持することができたのも、この中核的なイデオロギーによるところが大きかったにちがいない。

出自観念と祖先祭祀の発達は、同族集団を組織化するだけでなく、階層的な社会秩序を形成する原理にもなりうる。第3章では、祖先祭祀をおこなう父系

出自集団として知られる沖縄の門中や中国南部のリネージ組織を例に、祖先祭祀が一つの出自集団の中に位階や序列を作り出すことを概観し、それが社会内部を階層化させる原理となることを論じた。後期には、環状列石の築造などを特徴的に伴って祖先祭祀が一層重要な集団的祭儀に発達していく様子がうかがえるが、このこともまた次のような作用を通じて、社会の複雑化・階層化を促進する要因になったと考えられる。

① 出自集団の同族意識を強め、自他の差別意識を助長すること。
② 祖先との系譜的距離にもとづいて出自集団内部での分節集団の位階・序列が決まり、祭祀の管掌権と結びついて階層的な親族身分が形成されること。
③ 石造記念物の造営など祭儀を盛大におこなうことで自らのアイデンティティーを誇示する実力・経済力をもつ集団と、もたざる集団との差が、社会的地位の格差や上下関係を形成すること。
④ 儀礼祭祀を管掌する集団・家系・司祭者の社会的役割を高めること。
⑤ 儀礼祭祀に関わる古来の礼式・知識・芸能の保持が、エリート層の条件・資質になりうること。

　環状集落の空間構成に表れていたのは、集団墓（祖先）を中心にまとまる出自集団の姿であり、社会の中心と意識された祖先から等距離に位置する複数の分節集団が、環節的・平等的に連帯する集団関係であった。縄文時代後期における環状集落の解体は、中期までに発達したそのような社会構造のバランスが崩れ、儀礼祭祀を管掌する有力な家系・集団の出現など、差異化を伴ったより複雑な社会構造が現れてきたことを強く示唆している。
　首長制社会の形成につながる社会階層化は、弥生時代に稲作農耕が始まり、農耕生産や灌漑工事の指導、農耕祭祀、戦争指揮などを担う政治的首長が発生した時点から始まると説明されてきた。しかしじつは、縄文社会における祖先祭祀の深まりの中に差異・序列・階層を生み出し助長する要因がすでに胚胎していたのである。たとえ階層化や複雑性の程度は低くとも、位階や序列を正統化する原理の確立にこそ重大な歴史的意義を看取したい。環状集落の解体とい

うこの不可逆的な変化の意味を説明するためには、そのような歴史観の転換が必要である。

註
(1) 早期後半の条痕文期には、環状集落の発生につながる前兆的な変化が現れる。条痕文期の関東地方では、遺跡数の飛躍的な増加や貝塚形成の倍増などの活発な動きの中で、大形住居を中心とした拠点的な集落や多数の炉穴が環状に並ぶ環状炉穴群が出現する（高橋・谷口 2006）。それらの大規模な空間構成からは、居住集団の規模拡大とともに、社会生活の拠点となる集落が遺跡群の中に形成されてきたことがうかがえる。特定の場所に複数の家族ないし単位集団が集合し協業するような社会組織が形成された可能性が高いが、しかしこの段階では、環状集落を特徴づけている集団墓の造営はまだ開始していない。
(2) 後期中葉以後に環状集落が存続する地域もある。青森県風張(1)遺跡（八戸市教育委員会編 1991）、新潟県籠峰遺跡（中郷村教育委員会編 1996）、新潟県元屋敷遺跡（朝日村教育委員会編 1995）など東北・北陸地方に事例が多く、後期中葉に解体の動きが現れる関東・中部地方とは様相が異なっている。後期中葉以降の関東地方では、多数の竪穴住居跡が累積する中期的様相の環状集落は姿を消し、代わって環状盛土遺構が発達する。環状盛土遺構の性格については意見が分かれており、非日常的な共同祭儀場ないしモニュメントと考える説と集落跡とみる説がある。阿部芳郎は住居の壁土などの建材起源の土が長期継続的な居住の結果、テルのように堆積したものとの見解を提起している（阿部芳 1996）。
(3) 大湯環状列石の周辺における発掘調査が進められ、万座・野中堂の隣接地点ではないものの環状列石の築かれた同一台地面に住居跡が分布することが明らかとなった。阿部昭典は環状列石と集落との関係をマクロな景観の中に位置づける視点を示し、環状列石が集落から完全に分離されたものでなかったことを論じている（阿部昭 2011）。
(4) 鈴木隆雄は、石斧や棍棒での殴打によると見られる頭蓋の陥没骨折や石鏃・骨槍の貫入例などの殺傷痕を残す人骨資料17例を検討し、縄文時代にも殺傷を伴う集団的戦闘があったと推定している（鈴木隆 1999）。

第6章　石棒祭祀の性格

1．大形石棒と環状集落の脈絡

　縄文社会を秩序づけ統合化していた原理とは何か。第4章・第5章では環状集落の分節構造を手がかりに親族集団とその組織原理である出自について考察してきた。環状集落が単純な円環ではなく複数の分節単位を一つの環に統一する環節的な構造をもつのは、何らかの原理によって社会自体が分節化していたこと、そしてそれらが広場や集団墓を中核として求心的に組織化されていたことを示している。本論ではそれをリネージやシブのような分節的な出自集団の発達によるものと解釈した。環状集落が発達した前期・中期の東日本では、出自原理による親族組織が社会統合に決定的な役割をはたしていたというのが、筆者の基本的な見解である。そして環状集落に象徴されるこのような社会構造のことを「前期・中期的社会構造」と称している（谷口2005a）。

　第3章で論じたように、出自は生物学的な血縁と同義ではなく、特定の祖先からの系譜認知によって親族集団への子供の帰属や個人の社会的位置づけを決める文化規則である。社会における個人の地位・権利・義務が、系譜上の帰属と位置によって決められる仕組みである。出自集団の秩序は始祖をいただく形譜の認知にもとづいているために、「祖先祭祀」が集団の統合化にきわめて重要な役割をはたすことになる。前期・中期の社会が筆者の考えるような親族社会であったとすると、そうした儀礼・祭祀の体系が発達する必然性は十分に考えられる。現に環状集落がその中心部に集団墓を造営するのは祖霊への意識の端的な表現形と見ることができるし、廃屋葬の発達なども家屋という基本的な生活空間と結びついた強固な系譜観念を例示するものと解釈できる。

第 6 章　石棒祭祀の性格　137

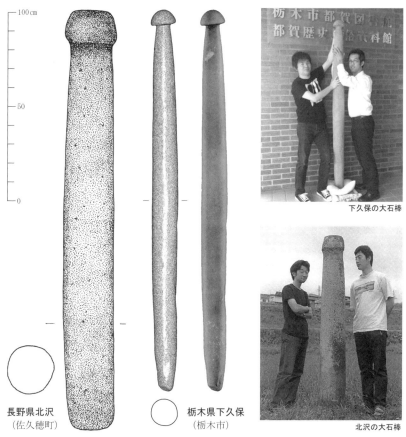

図19　中期に出現する大形石棒

　前期・中期には祖先祭祀の発達をうかがわせる数々の考古学的変化が実際に認められる。集団墓造営の開始、立石・集石を伴う祭儀場の出現、副葬の発達、墓域を囲む環状廃棄帯の出現などがそれを物語る。そして中期に俄然発達した大形石棒もまた、この時期に現れた注目すべき宗教的遺物である（図19）。前期後葉に発生し中期に至って急速な発達をみせる石棒の歴史は、環状集落の成立・発達に随伴するような過程を示しており、前期・中期的社会構造の確立と何らかの関係性を有していたという予測を強く抱かせるのである。と

りわけ祖先祭祀や葬送儀礼など、親族社会の秩序を維持する集団的祭儀と密接な関係を有していたことが考えられてくる。

石棒については長い研究史があり[1]、呪術または祭儀に関する宗教的遺物という見方は一般化しているものの、その性格について一定の歴史的評価はまだない。とくに冒頭に述べた社会秩序や文化統合原理との関係性を視野に置いた総合的な考察が不十分であるところに、大きな課題が残されている。

この章では、環状集落との歴史的脈絡を考慮しながら、大形石棒を用いた祭儀が同時期の社会・文化のなかでいかなる意味を有していたのかを考える。具体的な儀礼行為の復元に課題が残る上に、石棒の象徴的意味や祭祀体系の性格に接近するのはもとより困難な問題ではあるが、以上のような予測の可能性について、いくつかの手がかりから考えてみたい。

なお、ここでの考察の対象は、中期に発達した有頭石棒をはじめ、片手ではもてないサイズの大形石棒に限定する。後期中葉以降に発達する小形精製石棒については、石刀・石剣との分類などに根本的な課題を残しており、同じ性格の遺物と即断すべきでない。石棒のサイズの変異は連続的なものであり（大矢1977）、大形石棒と小形石棒とを截然と区分することもじつは難しいのだが、後期・晩期の小形精製品との違いを念頭に「大形石棒」と呼称を用いることにする。

2．石棒祭祀の行為とコンテクスト

(1) 大形石棒の出現時期

縄文時代遺物の中には、呪術や儀礼・祭祀に用いたと見られる宗教的遺物が少なくない。小林達雄はそれらを「第二の道具」と総称し、直接生産に関わる第一の道具とともに縄文時代人の文化・生活の維持にとって不可欠の機能をはたしたものとして位置づけている（小林達 1996）。石棒は土偶とともに第二の道具の代表格である。乳房や妊娠を表現することのある土偶と男性の性徴を石で表わす石棒は、女性的な神観念と男性的な神観念の象徴物として私たちの目

に映り、対照的・補完的な性格をうかがわせる点があるが、石棒と土偶がセットで用いられたことを示す証拠は見出せない。むしろ、この二つの宗教的遺物の出現の時期に大幅な年代差があることに注目しなければならない。

　石棒祭祀の確立を示す有頭大形石棒は中部地方の中期前葉（五領ヶ台式併行期）に出現する（図20）。長野県穴沢遺跡D１号土坑出土例（梨久保式期）が今のところ有頭大形石棒の最古例である（図20-7、穴沢遺跡発掘調査団編 1995）。中期前葉の石棒は、ほかに長野県地獄沢遺跡477号小竪穴出土例（有頭石棒頭部、岡谷市教育委員会編 1994）と長野県大石遺跡29号住居跡出土例（九兵衛尾根Ⅰ式期、長野県中央道遺跡調査団編 1976）が知られる。北陸地方では、新潟県和泉A遺跡の出土例が中期前葉に位置づけられる（図20-5・6、新潟県教育委員会編 1999）。続く中期中葉には大形石棒の出土例が増加し、北陸地方から関東・甲信地方一帯で、頭部に陽刻・印刻の文様をもつ彫刻付きのタイプが発達する（図20-2・3・4・8・9）。

　大形石棒の出現時期がどこまでさかのぼるか、その起源を突き止めることが一つの重要な検討課題となる。男性生殖器に対する信仰の起源は古く、後期旧石器時代から縄文時代早期にもそれらしい石製品があることを春成秀爾が集成している（春成 1996）。しかし、大形石棒との系統的な連続性は裏づけられない。東京都田中谷戸遺跡では縄文時代早期後葉の条痕文期の石棒とされるものが報告されているが（田中谷戸遺跡調査会編 1976）、同報告書も注記するとおり、これは自然石の可能性が強いものであり、これもまた石棒と認めることはできない。

　石棒の発生形態とみなすことができる出土例が現れるのは前期であり、特に前期後葉の諸磯式期およびその併行期になると、男性生殖器を表現した比較的小形の石棒類が目立った増加を見せる（能登 1995、松田 2004）。群馬県内の出土事例を整理した能登健によれば、荒砥上ノ坊遺跡、陣場遺跡、中棚遺跡、行田Ⅰ遺跡など8遺跡から9点が集成されているが、出土状況と共伴遺物から時期が特定できるのは諸磯b式およびc式期である。諸磯式期に出現する石棒類は、数本の刻線や彫刻によって頭部を作り出す点や、10数cmの小形品で

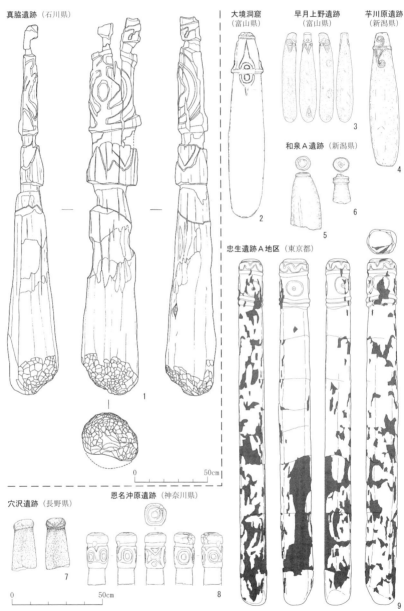

図20　出現期の大形石棒と石川県真脇遺跡出土のトーテムポール状彫刻木柱

ある点に、ほぼ共通した特徴が認められる。中期の単頭石棒の中にも頭部に2本の凹帯を刻むものが知られるから（大矢 1977）、諸磯式期のこの類の小形石棒類が中期の有頭石棒の祖形となった可能性はないとはいえない。ただし山梨県酒呑場遺跡では諸磯b式期の住居跡から同形をした土製品が出土しており（山梨県埋蔵文化財センター編 2004）、石棒としての性格がまだ固まりきっていなかった様子もうかがえる。諸磯式期に発生したこれらの石棒類が中期の大形石棒の起源となった可能性はあるが、その間を繋ぐ資料の発見を待って再検討したいところである。

　鈴木素行は、石川県真脇遺跡から出土した前期後葉の「トーテムポール状木製品」（図20-1、山田芳編 1986）と北陸地方の中期に発達する「鍔をもつ大形石棒」との類似性に着目し、男性器を象る彫刻木製品が大形石棒の祖形になった可能性があることを論じている（鈴木素 1999）。これももう一つの重要な仮説である。

　一方、東北・北海道地域でも前期後葉に石棒類が出現する。山形県押出遺跡（山形県教育委員会編 1990）、秋田県上ノ山Ⅱ遺跡（秋田県埋蔵文化財センター編 1988）、岩手県滝ノ沢遺跡（北上市教育委員会編 1983）、北海道八木A遺跡（南茅部町埋蔵文化財調査団編 1997）などの出土例が知られる。これらはいずれも明らかに男根を象った写実的な小形品であり、男根形石製品の呼称がまさに相応しい。上ノ山Ⅱ遺跡では女性器を表現したらしい盤状有孔石製品も出土しており、陰陽の組み合わせとして製作された可能性もある。これらと中期の大形石棒との関連性は今のところ明確でない。上ノ山Ⅱ遺跡（大木4・5式期）では小形の男根形石製品とともにやや粗大なものが1点出土している。頭部半面の破片となっているため全形は不明であるが、直径10cm前後の大形石棒の可能性も一応考えられる。頭部が異形な点に疑問があり、類例の発見を待って再検討したい資料である。

　このように大形石棒の発生は前期後葉にさかのぼる可能性があるものの、有頭の大形石棒の出現を示す確実な出土例は今のところ中期前葉の中部地方にある。これに対して土偶の発生は、早期初頭の撚糸文土器や大川式・神宮寺式土

器の時期に確実にさかのぼり、三重県粥見井尻遺跡（三重県埋蔵文化財センター編 1997）と滋賀県相谷熊原遺跡（滋賀県教育委員会編 2014）の出土例はさらにそれよりも古く草創期段階のものである。大形石棒の出現が中期前葉を大きくさかのぼるものでないとすると、土偶の発生の方が暦年代にして5000年以上も古いということになる(2)。仮に前期後葉の小形石棒類を石棒の発生形態として認めたとしても、石棒出現の時期は土偶の発生から見れば明らかに数千年も遅れているのである。

　近畿地方や関東地方の早期前葉に見られる発生期土偶は、抽象的かつ小形ながらも女性をイメージして作られている（原田 1997）。現在のところ最古例となる粥見井尻遺跡と相谷熊原遺跡出土の草創期の土偶にも乳房の表現があり、明らかに女性をイメージした造形である。女性だけがもつ妊娠・出産という能力に、恵みをもたらしてくれる神秘的な精霊のイメージが重ね合わされ、豊穣と多産を象徴する呪的形象として出現したものと考えるのが、やはり最も妥当な解釈であろう。土偶の発生が第二の道具の中でも最も早いのは、おそらくそれが基本的な生産や出産に関係するものだからである。基礎的な生産力を確立する過程にあった早期に、豊穣や多産への祈りが先行して現れたのは自然なことであり、そのような精霊もしくは神観念が女性のイメージと結びついて発現したことも象徴の形態としては自然であった(3)。

　それに比べて大形石棒の出現が大幅に遅れるのは、基礎的な生産に関わる女性的な神観念よりも後から発達してきた宗教的観念にそれが関係していることを意味すると考えられる。大形石棒が前期・中期的社会構造に関連し、祖先祭祀や埋葬儀礼に関係すると予測する一つの根拠は、土偶の歴史と対照させてみたときに際立ってくるこの大きな時間差である。

　ところで、土偶と石棒を女性神と男性神の象徴として対置し、石棒祭祀の性格について男性による男性神への祭祀と推定する見解がある。水野正好、桐原健、長崎元広らはそれを狩猟的要素と見て、動物供儀や豊猟祈願との関連性を想定した（水野 1969ab、桐原 1969、長崎 1973・1976）。しかし、それでは土偶よりも数千年も遅れて出現した意味が解せない。石棒と狩猟とを結びつける

ような状況証拠を挙げた上での説明ではないし、狩猟に関わる共同祭儀がなぜ住居内や墓域でおこなわれなければならなかったのかという点にも疑問が残る。逆に石棒を地母神信仰の一表現と解釈して農耕論の根拠に挙げる藤森栄一の見解があるが（藤森 1950）、これも大方の賛同は得られていない。筆者は石棒の性格をこのように生産に関係づけることには賛成できない。石棒の祭儀は生産的豊穣を希求する祈りではなく、やはり前期以降に形成されてくる新たな社会構造との関係性を考慮に入れて祭儀の性格を論じるべきである。

(2) 屋内に取り込まれた石棒祭祀

中期に体系化された石棒祭祀の性格について考える手かがりとして、竪穴住居内での出土状況に注目したい。大形石棒が家屋の中で祀られていたことを示す出土例もあり、重要な手がかりとなる。

富山県二ツ塚遺跡21号住居では、鍔をもつ大形石棒が奥壁部分に立てかけられた状態で出土している。石棒の根元には丸石が2個置かれ、男性の生殖器をリアルに表現すると同時に、石囲炉の縁に接して置かれた石皿を伴って、後述する性交隠喩の状況をそのまま留めていた（図21、富山県教育委員会編 1978）。炉と奥壁との間の儀間と推定される空間に完形石棒が樹立されていた注目すべき事例である。当住居の時期は古府式期（上山田・天神山式第Ⅳ様式）であり、住居内での完形品の出土例としては比較的古い例となる。長野県藤内遺跡7号住居では南西隅の床面に有頭石棒が樹立されていた（藤森編 1965）。こちらは井戸尻Ⅰ式期であり、住居内の樹立例としては現在知られる最古例である。

中期後葉になると住居内に石棒を樹立した例が増加する。奥壁際ないし奥壁上に石棒を樹立した出土例には、管見に触れたものだけでも次のような事例がある。長野県月見松遺跡3号住居では、奥壁部に設置された石壇から小形の石棒が出土した（伊那市教育委員会編 1969）。この石壇からも石皿が出土しており、二ツ塚遺跡21号住居との共通性が認められる。長野県増野新切遺跡B13号住居では無頭の大形石棒が住居奥壁直上に樹立されていた（長野県教育委員会

図21 竪穴住居の奥壁部に安置された大形石棒 富山県二ツ塚遺跡21号住居跡

編 1973)。長野県瑠璃寺前遺跡3号住居では、奥壁部の儀間に埋設された深鉢の中に、基部を欠く有頭石棒が樹立されていた(長野県教育委員会編 1972)。山梨県宮谷遺跡の曽利Ⅲ式期住居跡では、石囲炉と奥壁際のピットとの間の狭い空間から、完形の無頭石棒が出土した(大月市宮谷遺跡調査会編 1973)。さらに青森県富ノ沢(2)遺跡4号住居跡でも、奥壁部分に造られた祭壇状施設に両頭型式の石棒を樹立していた例が発見されている(青森県教育委員会編 1975)。山形県熊ノ前遺跡125号住居跡では、複式炉の反対側の壁際から2本の完形石棒が並んで出土している(山形県教育委員会編 1979)。中部地方のみな

らず東北地方にも同様の住居内祭儀が広がっていた可能性がある。

　また、長野県・岐阜県の唐草文系土器分布圏を中心に、石棒の頭部を石囲炉の一角または近接する位置に樹立した例が数多く分布する（神村1995）。石囲炉の石材に石棒の破片を用いる例が関東・中部地方に広く見出されるが（村上伸1995）、これにも同種の信仰がはたらいている可能性がある。

　中期末から後期初頭に発達する柄鏡形敷石住居では、住居内に石棒を樹立または遺棄した例がさらに頻出するようになる。これについては山本暉久による詳細な分析がある（山本1979・1996a）。山本は住居床面への樹立・遺棄例が中期末〜後期初頭に増加する傾向を具体的に把握し、居住時ないし住居廃絶時の祭儀がおこなわれたと推定した。完形品ばかりでなく、むしろ分断された頭部破片などの一部分であることが一般的であるが、住居内で（または廃絶時に）石棒を用いた何らかの祭儀がおこなわれたことは確かであろう。柄鏡形敷石住居における石棒の出土位置は多様であるが、奥壁部・炉周辺・張り出し部などに数多く見出される。柄鏡形住居の奥壁部からほぼ完形の石棒が横転して出土した例は、神奈川県三の丸遺跡E区J-2号住居跡（港北ニュータウン埋蔵文化財調査団編1985）、鳥居前遺跡2号住居跡（かながわ考古学財団編2002a）、群馬県西小路遺跡6号住居跡（大胡町教育委員会編1994）、群馬県久々戸遺跡（未報告）などに散見するが、それらも本来は樹立されて祀られていた可能性が高いものである。また、張り出し部に樹立または遺棄された石棒は、この空間に埋設される埋甕との密接な関係を暗示している。

　このように石棒祭祀が住居内に取り込まれるようになるのは、中期中葉の末以降、主として中期後葉である。中期中葉（勝坂式期）以前には石棒が住居内に祀られることは稀であり、戸外でおこなわれる共同祭儀としての性格がうかがえるのである（藤森編1965）。前期後葉におこなわれた立石中心の儀礼と同じく、初期の石棒祭祀も屋外でおこなわれる共同祭儀であった可能性が高い。[4]
中期後葉以降に石棒祭祀が屋内に取り込まれてくるのは、祭儀を執りおこなう主体者集団が家族単位のレベルまで分化してきたことを示唆している。この動きはまさしく、環状集落における分節構造の発達と軌を一にする変化であり、

出自集団による社会自体の分節化傾向の一つの表れと解釈することができる[5]。

　大形石棒が屋内に樹立または安置して祀られる性格をもち、家単位の祭儀を示唆している点は重要である。石棒祭祀の対象は、家族や集団の系譜を象徴する祖先の神霊であったと推定したい。そして、祖霊に対する祭祀が男性の性象徴と結びついて発現しているあり方は、大林が予測したように、父系出自を重んじる親族秩序が中期の石棒分布地域に広がっていたことを示すものではなかろうか。

　なお、中期前葉に現れた屋内の「石柱」を祖先神への祭祀と考える説がある（水野 1969ab、桐原 1983）。大林太良は「与助尾根（遺跡）において、石柱と炉材が古い家から新しい家にうつされたことは、超世代的な血縁集団の継続性の表現であると解釈できる。こうなると、単系出自集団が存在したのではないかという疑いが出てくる」と論じ、石柱を出自集団の祖先神（男性神）とみて父系制の存在を予測した（大林 1971）。石柱と石棒の関係は明確でないが、中期前葉・中葉には精製の有頭大形石棒は数が限られており、その代替として扱われていたものと筆者は推測している[6]。祖霊の依代を石柱だけに限定せず、むしろより高い位置づけの大形石棒こそがその象徴としてふさわしい。

(3) 石棒の継承と放棄

　大形石棒が遅くとも中期前葉五領ヶ台式期に出現していたことは、前述のとおり確実である。しかし全般的にいえば、中期中葉勝坂式期までの出土例は少ない。勝坂式期には、かなり大規模な集落遺跡においても石棒の出土は稀少であり、皆無の場合さえ少なくない。勝坂式期を代表する環状集落、たとえば長野県大石遺跡（長野県中央道遺跡調査団編 1976）、東京都神谷原遺跡（八王子市椚田遺跡調査会編 1982）・多摩ニュータウンNo.471遺跡（東京都埋蔵文化財センター編 1993）・同No.46遺跡（多摩ニュータウン遺跡調査会編 1969）、神奈川県南原遺跡（かながわ考古学財団編 2002b、県営南原団地内遺跡発掘調査団編 2002）などが、軒並こうした傾向を示している。

　中期中葉から後葉を通じて継続的に営まれた拠点的な環状集落においても、

石棒は必ずしも多くなく、特に勝坂式期の遺構からの出土は少ない。東京都忠生遺跡Ａ地区では、勝坂式期の67号住居跡から頭部に彫刻のある長大な石棒（全長184cm）が出土した（図20-i）。勝坂式期の彫刻付き石棒としては全形のわかる貴重な出土例であるが、多摩地域の屈指の拠点集落である同遺跡でも該期の石棒はこの１例のみである（忠生遺跡調査団編 2007）。同じく東京都多摩ニュータウンNo.72・795・796遺跡の拠点集落でも、出土した23点の石棒のうち勝坂式期は柱状節理の形をほぼそのまま残す１点のみであり、時期が把握できたその他の石棒はすべて加曽利Ｅ３式以後のものである（東京都埋蔵文化財センター編 1999a）。長野県棚畑遺跡の場合も、石棒は13点と意外に少なく、時期の把握できるものはすべて中期後葉である（棚畑遺跡発掘調査団編 1990）。神奈川県大熊仲町遺跡のように、地域最大級の環状集落でありながら石棒の出土が皆無という場合もある（横浜市ふるさと歴史財団埋蔵文化財センター編 2000）。

　石棒の出土例が増加するのは中期後葉（加曽利Ｅ式・曽利式期）のことであり、加曽利Ｅ３式期以後になると増加傾向が鮮明となる。最も著しい増加が見られるのは中期末から後期初頭にかけての一時期であり、この時期に発達する柄鏡形敷石住居で石棒の出土例が急増する（山本 1979・1996a）。また、該期には、大形石棒を多量に製作していた遺跡の存在も明らかとなっている。群馬県西野牧小山平遺跡（恩賀遺跡；山武考古学研究所編 1997a）・初鳥谷遺跡（秋池 1997）、岐阜県塩屋金精神社遺跡（林直 1992、宮川村教育委員会編 1995）が代表的である。西野牧小山平遺跡での石棒製作は中期後葉加曽利Ｅ３式期にほぼ限定されるようである。塩屋金精神社遺跡は後期初頭〜後期中葉を中心とする製作跡である。こうした多量生産遺跡の出現から見ても、石棒に対する社会的需要がそれだけ大きくなっていたことがうかがえるのである。

　石棒の製作・使用が加曽利Ｅ３式期に増加したのは事実であろう。中期後葉になって石棒が住居内に取り込まれる傾向が現れたのも、石棒祭祀の主体が家族単位のレベルまで分化してきたことを示唆していた。加曽利Ｅ３式期は、関東・中部地方の広い範囲で、環状集落が解体し集落の分散化が顕著となってい

く時期に該当しており、石棒増加の背景に、家族の自立化や小規模な集落共同体の派生的増加に伴った祭祀集団の分裂を想定するのも、あながち間違いではなかろう。ただし、単純にそうとは言い切れない難しさがこの問題にはある。石棒の多くが破壊を受けており、中期末における突出した出土数は、破壊を伴った石棒の遺棄ないし廃棄が増加したという側面をもつからである。

　五領ヶ台式期に出現した大形石棒が中期後葉まで顕著な増加を示さないのは、存在意義そのものが薄弱なためではなく、祭儀の場や保有状況に関係したあり方と考えられる。この段階には、石棒を保有するのは特定の家に限られていたか共同所有になっていたこと、そして石棒が継承されていた可能性がある。東京都下野谷遺跡（下野谷遺跡整理室編 2001）と東京都向郷遺跡（立川市向郷遺跡調査会編 1992）はともに、300基近い土壙墓が残された最大級の集団墓をもつ遺跡でありながら、石棒は稀少である。こうした事例の存在は、一見、祖先祭祀と石棒との関連性を否定するものに映るのだが、祖霊の象徴ないし依代がすべからく埋葬地に遺棄されていなければならない理由はない。むしろ祭祀の対象となる祖霊の象徴物として、「宗家」のような特定の家または祭祀集団によって大切に祀られ継承されていたと考える方が自然であろう。先述の忠生遺跡A地区67号住居跡（勝坂式期）出土の彫刻付き石棒は、住居の奥壁側の床面近くから横倒しの状態で出土したものである。周囲には焼土と炭化物が堆積し、石棒自体も被熱によって輪切り状に七つに割れていた上、約1300点の薄片・細片に爆ぜた状態であった（図22、川口 2012）。このような特異な出土状況も、貴重な石棒の継承を中断する場合には特別な儀礼行為がおこなわれたことを示唆している。

　中期の中部・西関東地方では、石囲炉の石材を住居廃絶とともに抜き去る行為が広くおこなわれたが、これは炉の火を転居とともに新たな住居に移す民族例と同様に、炉または家に祀られた神を遷移して継承する儀礼であったという説がある（大林 1971）。住居内に祀られた石棒も、おそらく特定の家族によって継承され、住居廃絶に際しては炉石と同様に持ち出される場合が多かったのではなかろうか。ちなみに小島俊彰は、新潟県寺地遺跡（晩期）の配石群から

第6章 石棒祭祀の性格 149

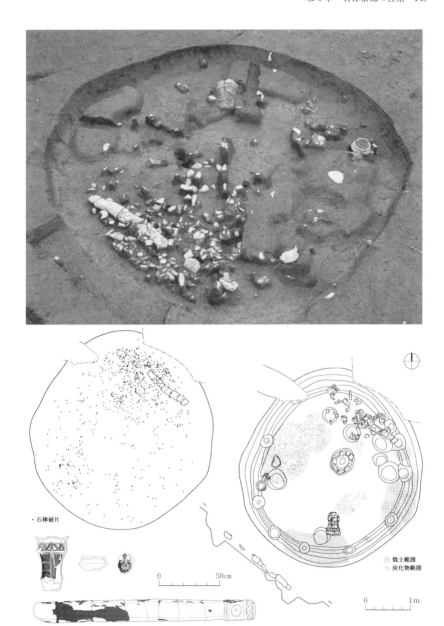

図22 東京都忠生遺跡A地区67号住居跡の大形石棒出土状況

出土した石棒の中に中期の製品が含まれていることを指摘し、同様の例として東京都田端遺跡（後期中葉～晩期）を挙げた（小島 1976）。戸田哲也も東京都田端遺跡、東京都下布田遺跡（晩期）の石棒に中期の型式が含まれていることを指摘している（戸田 1997）。こうした例を考え合わせてみても、石棒の伝世的継承は現実味がある。

　こうして見ると、中期末から後期初頭に石棒の住居内出土例が目立って増加するのは、石棒を保有する家族や集団が飛躍的に増加したことを必ずしも意味せず、むしろそうした石棒継承が中断され、故意に破壊したり火にかけて毀損させたりする祭儀がおこなわれた結果と考えられるのである。

　東京都緑川東遺跡では、完形の大形石棒 4 本が、深い掘り込みをもつ敷石遺構の中央部に向きを揃えて並列して埋設された状態で発見された（図23、株式会社ダイサン編 2014）。敷石遺構の周縁部には柱穴と推定されるピットと周溝があることから上屋をもつ建物跡と推定されるが、同遺跡で見つかっている柄鏡形敷石住居とは掘り方の深さや平面形が異なる特殊な遺構である。4 本の真下には、墓壙を彷彿とさせる細長い土坑（150×40cm）があり、それを覆って石棒と敷石が置かれている。4 本が同時に埋められた点は疑いないが、二段笠形の 3 本に対して一段笠形の 1 本は頭部形態や石材の材質が異なり、やや風化が進んでいる。製作時期や保管場所が異なるものが、最終的にここに集められて一括して埋められた可能性がある。隣接地には拠点的な環状集落として知られる向郷遺跡が位置し、同集落が衰退した直後にこの特殊な大形石棒の一括放棄がおこなわれたのは偶然ではあるまい。中期的な環状集落が解体していく社会的変動期にそれまで継承されてきた大形石棒の伝統的祭儀が中断された可能性が、この事例からもうかがえるのである。

(4) 石棒の破壊行為

　このような問題を解き明かすために、石棒破壊の実態を詳しく検討する必要がある。石棒の破壊行為にはいくつかのパターンを見出せる。大まかな分類としては、①頭部・体部など数個に割る「分割」、②細かい破片ないし剝片にな

第 6 章 石棒祭祀の性格 151

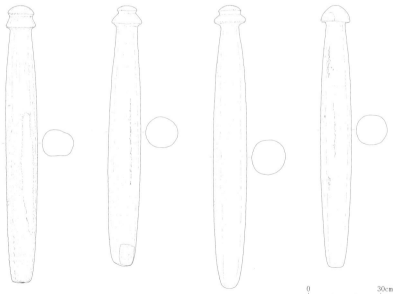

図23 東京都緑川東遺跡の敷石遺構に遺棄された大形石棒 4 本

るまで破壊する「打ち割り破砕」、③火熱により石質が脆弱化して破砕した「加熱」、④石棒破片に凹みを加えたり研磨を施す「付加変形」が区別される。①②が意図的かつ直接的な破壊行為であるのに対して、③は結果的な破壊であり、破砕を目的として加熱したかどうかまでは定かでない。④は破壊された破片を何らかの意図で使用するものであり、字義的には破壊に当たらないが、石棒を対象とした形の変形行為として、破壊行為の検討に加えた方がよい。一個の石棒にこうした行為の痕跡が複合している場合もあるので、破片の接合作業や打点・剝離面の観察をできるだけおこなって、破砕行為から最終的な遺棄に至るまでの手順を具体的に復元していかなければならない。ここでは打ち割り破砕を伴う一つの特徴的な破壊行為に着目しよう。[7]

　東京都大橋遺跡 SJ91号住居跡での石棒の破砕行為とその出土状況が興味深い。輪切り状に分割された大形石棒の胴部塊から、細かい剝片を多数打ち剝がした事例であり、床面を覆って堆積する焼土混じりの層の中からそうして打ち剝がされた細かい剝片が多量に出土し、その層の上にコアとなった塊そのものも遺棄されていた（目黒区大橋遺跡調査会編 1998）。同住居跡に残された破片は、細かい砕片も含めると360点にも上る。住居跡での何らかの祭儀に伴って、石棒の破片が持ち込まれ破砕行為がここでおこなわれたらしい。それらの破片には火熱を受けた痕跡が残されている。同じ個体の頭部が住居跡からかなり離れた別地点から出土しており、住居跡での破壊行為がおこなわれる前に、石棒の分割がおこなわれたものと推定される。分割後に打ち割り破砕がおこなわれたことがわかるが、火熱を加える行為がいつおこなわれたのかは定かでない。

　千葉県金楠台遺跡でも、大橋例に類似した出土状況が見出されている。金楠台遺跡２号住居では、石棒頭部から打ち剝がされた薄い剝片６点が床面からまとまって出土した。６点は接合するが、ここに残されたのは頭部の一部のみである。近くには加曽利Ｅ４式の深鉢がつぶれており、またこれらを直接覆って分厚い貝層が積まれていた。甕被葬を疑わせるような状況であるが、人骨は見出されていない。この住居跡の床面にも多量の焼土と木炭が残り、大橋例とともに住居跡での放火を伴った祭儀を暗示している。ほかに床面に掘られた土坑

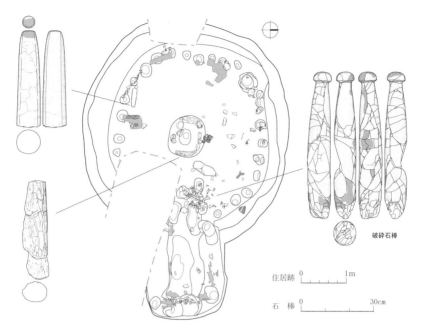

図24　大形石棒の破壊行為　東京都光明院南遺跡F地点1号住居跡の出土状況

の覆土上に頭を出すようにして、割れ面を研磨した、別個体の石棒破片が出土している（千葉県都市公社編 1974）。

東京都光明院南遺跡F地点の柄鏡形住居跡でも、大形石棒が放棄される直前の複雑な儀礼行為が捉えられている（図24、杉並区内遺跡発掘調査団編 2012）。その出土状況は一見、住居内の一角で石棒が焼かれて破砕しているようだが、じつはそう単純ではなく、被熱による破砕のほかに、基部に加えられた執拗な打ち欠き行為、破砕した破片の集積行為、一部の破片の抜き去り行為があったことが復元されている。本事例を詳細に分析した中島将太は、ほぼ同様の行為が東京都新山遺跡にも見られることを挙げて、それが石棒放棄時の儀礼的な取り扱いの一つの型ないし作法であった可能性があると考察している（中島 2015）。

東京都木曽森野遺跡では、被熱した有頭石棒の頭部側が37片以上に細かく打

ち割り破砕され、しかる後に2棟の住居跡（J5号住居跡・J3号敷石住居跡）を中心に破砕した破片を所々に散布した痕跡が見出されている（町田市木曽森野地区遺跡調査会編 1993）。住居跡で打ち割り行為をおこなったのではなく、他で打ち割られた破片のいくつかが廃棄ないし散布されたらしい。長野県増野新切遺跡でも、1個体の大形石棒を細かく破砕した後、破片を複数の竪穴住居跡に撒き散らしたかのような出土状態を示していた。18点見つかった破片のうち、半数はD22号住居跡に集中していたが、残りは5棟の住居跡と1基の土坑に分散していた（長野県教育委員会編 1973）。同遺跡では土偶も同じ取り扱いを受けており、二つの儀礼的行為に共通性があったことが示唆されている。

　北海道南西部の中期後葉にも、石棒破壊を伴った住居跡での祭儀行為の痕跡が見出されている。森町石倉2遺跡 IH-3住居跡（榎林式期）では、長さ約50cmの円柱状の石棒が131片に細かく破砕され、南側壁付近の床面直上を覆う黒褐色土内に散布されていた。その下部からは蛇紋岩製の玉（欠損品）とイシイルカの頭骨が出土している。石棒の破壊・散布を伴う祭儀の時またはその後にこの住居跡は放火されており、石棒破片や獣骨に被熱が認められた。この事例を報告した村田大は、焼失住居から石棒が出土した南茅部町安浦B遺跡H-2号住居跡や函館市豊原4遺跡 H-27号住居跡の例を引き、住居廃絶儀礼の中で石棒が使用されたものと推定している（村田 2004）。

　石棒の破壊が意図的な行為であることは間違いない。ここに挙げた事例もある種の共通した儀礼行為の存在を示唆している。山本暉久は中期末に住居廃絶儀礼の中で大形石棒を火にかける行為がおこなわれたと考察している（山本 2006）。戸田哲也は、石棒の多様な出土状態を祭儀的行為の流れとして整理し、石棒破壊を「生命力の分割と再生」という信仰にもとづくものと見て、その意味に言及した（戸田 1997）。石棒を祖霊の象徴物として仮定すると、たしかに石棒の分割は祖霊の力の分割とも解釈できる。より細かい破砕行為にもその力を撒き散らす意味があったという説明が可能であろう。火熱を加える行為についても、一つの解釈として浄火によってその力を高めようとするものではないかと推測される。[8]

ただ、中期末にそれが極度にエスカレートせざるをえなかったのには、何らかの深刻な特殊事情が関係していたと推測されるのである。中期末に至ってひときわ極端な形を取るこうした石棒破壊のあり方は、伝統的祭儀の継承を中断し、浄火や破壊を伴って極限的な高ぶりを演出せざるをえないような、何らかの社会不安が出来したことを暗示している。この現象が環状集落の解体とともに現れ出た点が重要な意味をもち、前期・中期的社会構造に何らかの大きな動揺が起ったことを暗示している。

(5) 性交の隠喩と生殖力の意識

富山県を中心とする北陸地方と飛騨地方の中期中葉〜後葉には、頭部に鍔を付けたような独特な形態の大形石棒が分布する。この「鍔をもつ大形石棒」について資料集成と分類をおこなった小島俊彰は、きわめて興味深い見解を提起している。鍔をもつ大形石棒には、頭部に作り出された鍔に接して、玉抱き三叉文または三叉文が彫刻される特徴があるが（図25）、小島はこれを女性器の表現とみなし、石棒頭部に女性器を表現することで男女の性交を表わすものと

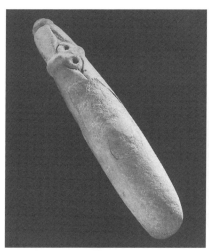

図25　玉抱き三叉文を彫刻した鍔付大形石棒　富山県大境洞窟出土（長さ95cm）

解釈した（小島 1976）。鍔付き大形石棒の彫刻を女陰（ヨニ）とみた最初は石黒松吉であるが（石黒 1936）、小島はこれを石棒上に女性器を置くことで性交という行為自体を象徴的に表現したものと考えるのである。東北地方の大形石棒の中にも、頭部の直下に縦の短い凹溝を彫刻する類がある。この凹溝については、武藤一郎が割礼痕とみる見解を示していたが（武藤一 1924）、小島はこの類も男女の性徴を一体として表現したものと捉えて、鍔付き大形石棒の彫刻と同じく性交の象徴と解釈している（小島 1986）。

　また、中期の東北地方北部から北海道渡島半島には、円柱状の独特な形態をもつ大形石棒が分布する。このタイプの石棒にも、両端に同心円状の凹みや皿状の丸い凹みを彫刻したものが多く、「端部彫刻石棒」と類型化されている（阿部昭 2012）。青森県富ノ沢(2)遺跡（青森県埋蔵文化財センター編 1992）、北海道石倉2遺跡（北海道埋蔵文化財センター編 2004）などが典型的である。これらの彫刻も女性器を表現していた可能性がある。

　玉抱き三叉文や三叉文が生殖器を強くイメージした隠喩的・象徴的な文様であるという見方は首肯できる。後期・晩期に発達するファロス付注口土器の注口部を三叉文で包み込む構図が散見されることや（坂口隆 2013）、勝坂系土偶の大きく誇張された腰に玉抱き三叉文が付けられること、出産を表現する勝坂式土器の文様において産道から生まれ出ようとする顔面を三叉文が囲む事例など、生殖器や出産そのものの隠喩的表現として理解しうる例を数多く指摘できるからである。

　鍔をもつ大形石棒が男女の性交を表現しているという小島の説は、後述する「死の通過儀礼」との関連において注目すべき意味があり、石棒祭祀の本質を言い当てている可能性がある。死と生殖をめぐる人類学的研究については後述することにして、石棒に象徴化された生殖イメージを具体的に示す他の事例についてもう少し検討することにしよう。

　山梨県海道前C遺跡67号土坑では、中期中葉勝坂式の顔面把手付き土器と深鉢・浅鉢とともに有頭大形石棒の頭部が出土した（山梨県埋蔵文化財センター 2000）。土坑の下部に底部を欠いた顔面把手付き土器を逆さにして入れた

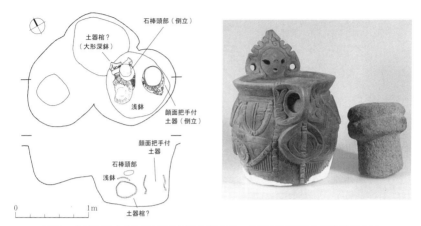

図26　大形石棒と顔面把手付土器の埋納例　山梨県海道前C遺跡67号土坑

後、覆土上部に石棒を逆位に入れていた事例である（図26）。埋納された土器は勝坂系土偶と同じ顔面表現をもち、胴部が大きく膨らんだ形態をしている。土器全体が妊娠した土偶もしくは女性の出産能力をイメージして作られたことは、より直截な造形で出産を表現した類例が実在することからも首肯せられる点である。底部を欠く顔面把手付き土器と石棒を同じ方向に一緒に埋納したのは、女性と男性の交合を隠喩的に表現したものではなかろうか。

　石棒と石皿を対置して性交を隠喩的に表現する場合もある。住居内に残された事例としては、先述した富山県二ツ塚遺跡21号住居跡がその好例である（図21）。長野県穴場遺跡18号住居跡（井戸尻Ⅲ式期）にもほぼ同じ構図の出土状況が見られる（図27、穴場遺跡調査団編 1983）。焼失した竪穴住居の壁際床面から無頭大形石棒の半損品、石皿、精巧に作られた完形の釣手土器、石製の碗などがまとまって出土し、祭儀の状況がよく保存されていた例であるが、ここでも石棒と石皿の凹みが向き合う形で置かれ、男女の性交が隠喩的に表現されている。東京都大石山遺跡でも、柄鏡形敷石住居の張り出し部に石棒と大形の石皿が接して据え置かれていた（後藤ほか 1959）。群馬県天神原遺跡で発見された石棒祭祀遺構においても、大形石棒と大形石皿とを用いた象徴的な性交が

図27　大形石棒と石皿による性交の隠喩表現　長野県穴場遺跡18号住居跡

表現されている（後述）。鈴木保彦は配石遺構や配石墓から石皿が出土する場合が少なくないことを多くの事例で示し、「第二の道具」としての性格があることを論じているが（鈴木保 1991）、このような石棒との組み合わせ例から見て、女性器の象徴物としての性格を有していたのだろう。

　中期末〜後期初頭の柄鏡形敷石住居では、床面や周礫からかなりの頻度で石棒が発見されるが、その中の最も特徴的な出土位置として、張り出し部に埋設された埋甕を意識した樹立例が挙げられる（山本 1996a）。これも男女一対の関係を強く意識した行為のパターンといえる。

　栃木県御城田遺跡 SI70号住居跡における石棒の出土状態も興味深い（栃木県文化振興事業団編 1987）。住居中央の床面に大形石棒の頭部が置かれ、その向かう先に細長い偏円形の口縁をした注口土器が置かれていたもので、渡辺誠は性交を隠喩表現する祭儀の場面として解釈している（渡辺誠 1989）。また、茨城県西方貝塚１号住居跡では、主柱穴の一つから、北陸の「鍔をもつ大形石棒」によく似た彫刻付き大形石棒の頭部が出土した（鈴木素 1999）。廃絶された住居の柱を抜き、少し掘り広げて石棒を埋納したらしい。鈴木素行は、鍔を

もつ大形石棒の彫刻を女性器とみなす小島説を支持しつつ、これも性交を象徴する儀礼行為の一つであろうと解釈している（鈴木素 1999）。こうした行為の後にこの住居跡は埋め戻されており、覆土中には火入れを伴った何らかの行為がおこなわれた痕跡も見られた。上述の事例などとも考え合わせてみれば、渡辺と鈴木の見解は決して穿ちすぎた解釈とはいえない。

石棒は単に男性器を象るのみならず、その力強い生殖力を強くイメージした象徴物であったと考えられる。晩期の石冠の中に男女の交接をより鮮明に表現したものがあることも、おそらく同じイメージの表現であろう。問題は、それが単に人間の生殖・繁栄を願う素朴な祈りだったのかどうかという点である。子供が無事に生まれ育つことへの祈りは人間として自然で普遍的なものであるが、そのような祈りが中期に至って突然、大形石棒を生むという理由は解せない。強い生殖力の意識は、社会を存続させ再生産させる父祖の観念を表すものではなかろうか。父系出自の観念の強まりとともに、祭祀の対象となる祖霊観念が大形石棒に象徴的に物質化され、出自集団や家族の統合と永続性のシンボルになったと考えるならば、環状集落とともに中期に大形石棒が突如発達することになった必然性を合理的に説明することができるのである。

(6) 埋葬と石棒祭祀との結びつき

石棒祭祀の性格をうかがい知るもう一つの重要な手がかりは、埋葬との関連性である。埋葬儀礼の中で大形石棒が使用されたことを示唆する、いくつかの事例に注目したい。

石棒と埋葬との関連性をうかがわせる事例は、実は大形石棒の発生段階からすでに存在する。群馬県大下原遺跡では諸磯 b 式期の土壙墓が密集する墓域が発掘されたが、その中の一つ D146号土坑には、長さ約65cm、径約16cm の無頭石棒が、墓標のような状態で覆土上部に樹立されていた（安中市教育委員会編 1993）。有頭石棒の成立期にあたる中期前葉〜中葉においても、土壙墓と推定される遺構から石棒が出土したケースが少なくない。長野県穴沢遺跡 D 1 号土坑（穴沢遺跡発掘調査団編 1995）・地獄沢遺跡447号小竪穴（岡谷市教育

図28　焼人骨と石棒・石皿が出土した土壙　長野県梨久保遺跡 P289土壙墓

委員会編 1994)・大石遺跡896号土壙出土例（長野県中央道遺跡調査団編 1976）などがそれである。

　土壙墓からの石棒出土例は、中期〜後期を通じて点々と発見されている。埋葬人骨に共伴した確実な出土例として、中期では長野県梨久保遺跡 G 地点土壙墓群の小竪穴 P289が挙げられる（図28、梨久保遺跡調査団編 1986）。出土した人骨は頭骨・脊椎骨・肋骨・肩甲骨・橈骨・膝蓋骨・指骨・大腿骨・脛骨などを含んでいるが、いずれも炭混じりの細片となっており、骨を焼いた後に土壙内に集積した状態を示していた（西沢 1986）。遺体を直接埋葬したものではなく、焼骨を伴った再葬がおこなわれた可能性が高い。土壙内からはこの人骨とともに、火熱を受けた大形石棒の分割破片と、石皿・凹石・打製石斧・磨製石斧・土器片・鹿角片が出土している。また、同遺跡小竪穴 P636では、土壙墓上に完形の無頭石棒が樹立されていた。また、加曽利 E 3 式期から加曽利 B 式期にかけての土壙墓469基が見つかった長野県北村遺跡においても、7 基の墓において埋葬人骨と石棒の共伴が見られた（長野県埋蔵文化財センター編 1993）。墓群全体から見れば小さい比率でしかないが、石棒の出土位置として

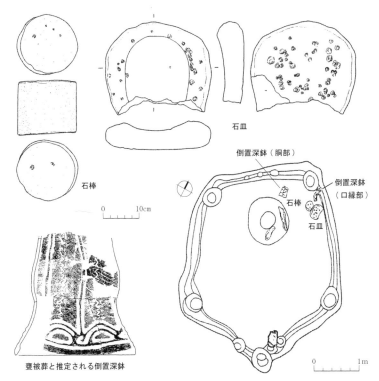

図29　山梨県石之坪遺跡38号住居跡における石棒・石皿・倒置深鉢の出土状態

は最多を占め、人骨の残らない土壙墓や墓群に関連した配石遺構の出土分を含めると、半数以上が墓に関連した取り扱いを示していることに注目したい。

　竪穴住居跡において倒置深鉢とともに石棒が出土した例も、廃屋葬との関連性を示唆している。倒置深鉢が住居跡への埋葬（廃屋葬）に伴うものであるとすると（山本 1976a）、それに近接して出土した石棒も遺骸に添えられていた可能性が高いことになる。長野県与助尾根遺跡 4 号住居跡では奥壁側の柱間から、曽利Ⅲ式の倒置深鉢と並んで有頭大形石棒の頭部が出土した（宮坂 1957）。石棒と倒置深鉢との共伴例は、山梨県郷蔵地遺跡 1 号住居（加曽利 E 4 式期）にも見られる（山梨県埋蔵文化財センター編 1987）。三角壔形土製

品と丸石を伴っていたことも偶然ではあるまい。山梨県石之坪遺跡38号住居跡では、奥壁部の床面から大形石棒の胴部・石皿とともに曽利IV式深鉢の大破片が口縁を下にして出土した（韮崎市教育委員会編 2001）。これも倒置深鉢と同じく甕被葬の疑いが濃厚であり、遺骸に添えて石棒と石皿が一対で置かれたものと推測される（図29）。埋葬儀礼における性交隠喩については後述するが、これはその意味で注目すべき事例である。

　後期中葉以降になると、墓域に複合する配石遺構や環状列石の中に大形石棒が取り込まれ、石棒と埋葬との関係が一層密接なものとなる。石棒出土状況の時期的変遷を検討した山本暉久は、後期後半以後に屋外配石遺構からの出土例が増加することを指摘し、共同祭祀の場における祭祀の対象物として設置されたと推定した（山本 1979）。

　群馬県天神原遺跡で見つかった石棒祭祀遺構は、後期後半から晩期前半に墓域でおこなわれた祭儀行為の痕跡を留める好資料である（図30、安中市教育委員会編 1994、大工原・林 1995）。天神原遺跡の中心部分には、後期中葉加曽利B2式期から晩期前半天神原式期にかけて造営された配石墓群と、それを覆って晩期前半に構築された環状列石および周溝・周堤があるが、問題の遺構はこの墓域に隣接する周溝から検出された。径約4mの範囲に石棒・石皿・球石など656点の遺物が集中しており、それらを囲うように柱穴が円形に巡っていた。遺構の中心には長さ約48cmの有頭大形石棒と大形石皿（いずれも完形）、大形丸石があり、裏返しに置かれた大形石皿の下に石棒の頭部を挿入するように斜めに樹立した状態を留めていた。その周囲には、石棒・石剣・棒状礫・磨製石斧などの棒状の石器が集中し、放射状の配置も一部に見られた。さらに球状礫・磨石・凹石など、球形・円形をしている石が187点も集められていた。中心部分に置かれた大形石棒と石皿の状態は、前述した二ツ塚遺跡・穴場遺跡例とも共通し、男女の交合を模して生殖を象徴するものであったことはほぼ間違いない。つまり墓域に隣接した祭儀の場で、生殖を象徴的に表現する儀礼行為が演じられているのである。

　東京都田端遺跡（町田市教育委員会編 1969）でも、環状積石遺構の一角に

第6章 石棒祭祀の性格 163

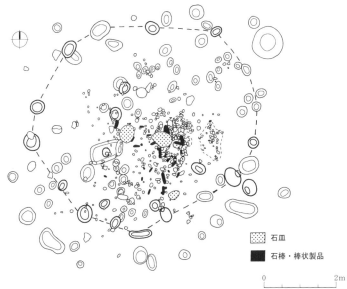

図30 群馬県天神原遺跡の石棒祭祀遺構

大小12本の石棒と3個の石皿を集めた遺構がある（戸田 1971）。山梨県金生遺跡1号配石（山梨県埋蔵文化財センター編 1989）の場合も、墓域に造営された配石の内部から数多くの大形石棒・立石・丸石が発見されている。天神原遺跡と同じ性格の祭儀が、後期後半から晩期前半に広くおこなわれていたことがうかがえる。

　大形石棒と埋葬儀礼あるいは墓地でおこなわれる祭儀との間に密接な関係があることは、こうした事例からも察知できる。では、生殖力を象徴する石棒が、死や祖先をめぐる信仰や祭儀と結びついていた事実を、どのように読み解くべきなのか。次節ではこれまでに指摘してきた論点を集束しつつ、私見を述べてみたい。

3. 祖霊の力を象徴する石棒

(1) 通過儀礼としての埋葬

　「死」はすべての社会が避けることのできない重たい問題である。死は不可避であり、個人の死は家族や共同体の生きた生活の秩序や人間関係のバランスを失わせる。また、死への恐怖や肉親を失った遺族の悲しみを克服してやることも、安寧な社会生活の維持にとって大切な問題である。脳死や尊厳死、延命医療のあり方などをめぐる昨今の議論を聞いていると、科学の時代でも死の捉え方をめぐり倫理的・医学的な見解は必ずしも一定でなく、かえって混迷しているようにも見える。問題は生物としての死やその定義ではない。社会が容認する死の観念は文化の一部であり、とりわけ葬儀にはその思想が凝縮されて表現されるのである。文化の求心力となる信仰をほとんど捨ててしまった現代日本人の私たちでさえ、葬儀には宗教的な威厳を何となく求めてしまうところがあるのも、社会的に容認された死の意味づけや形式を辛うじて保とうとするからなのであろう。

　第8章で詳しく取り上げるが、死をめぐる民族学的研究には、考古学者も傾聴すべき点が多い。死と埋葬に関する先駆的研究として、R.エルツによる二

次埋葬（再葬）の研究がある（エルツ 1980：原書 1907）。エルツが注目したのは、多くの民族が死を瞬間的なものと考えず、長時間を要する移行期間とみなしていることの意味であった。エルツが「間の期間」と呼ぶ、死から本葬までの期間とは、生の状態から死の状態へ移行するために必ず経過しなければならない社会的過程であり、これが済まないかぎり死は完了しない。エルツが取り上げたインドネシアの諸社会では、死者の遺体はまず仮の場所に安置される。彼らの死生観では、死者の魂はすぐには死後の世界に行けず、この世で死への過程をさまよっており、遺族は喪に服しながらその過程を共に過ごす。死体の腐敗が終わり、死の完了を見届けた時にはじめて、骨を洗い清め、本葬（納骨または埋葬）をおこなう。そのとき葬儀が盛大におこなわれるのは、死者が死後の世界に新たな場所を獲得したことを祝福して送り出す意味がある。

　死の意味を通過儀礼一般に敷衍したのが A. ファン＝ヘネップであった。ファン＝ヘネップは、各地の民族がそれぞれにおこなっている儀礼（妊娠・出生・加入礼・結婚・葬式など）の中に、①分離、②過渡、③統合という三つの共通する過程があることを見出し、これを通過儀礼という概念に体系化した（ファン＝ヘネップ 1977：原書 1909）。人は生まれ、成人し、結婚し、成熟し、やがて死ぬ。このように常に変化する個々の人間を、文化的に規定された地位や役割の中に位置づけ、社会として編成することが通過儀礼の本質である。ファン＝ヘネップは、死をめぐる儀礼にもそれが当てはまることを見抜いた。というよりも、多くの人生儀礼に見られる分離－過渡－統合という過程が、「死－過渡－再生」という劇的な形式を取ることに気づき、死と再生というテーマが通過儀礼そのものといかに強く結びついているかを論じている。死は生物的な死によって終わるのではなく、生の世界からの分離、生死の境界にある過渡期、死者の世界への統合という過程を経てはじめて完結する。彼はこのように進められる埋葬儀礼を、死者に改めて社会的な位置づけを与えるための通過儀礼として理解したのである。

　死の通過儀礼において、最も複雑で重要視されているのは、多くの場合、「過渡期」であることをファン＝ヘネップは指摘している。また、それを経た

死者世界への統合にも、多くの象徴的儀礼が伴っている。これは、死が簡単ではなく、死者と遺族の双方にとってそれだけ困難な過程として位置づけられていることの表れである。死の通過儀礼に、生命力や再生力、生殖、性交といった象徴が結びつくことがあるのは、危険で困難な「死の過渡期」を通過するために、再生・成長の力が付与されなければならないからなのだろう。

P.メトカーフとR.ハンティントンが考察したマダガスカル・バラ族の埋葬儀礼などは、性交と出産の隠喩表現によってそれがきわめて鮮烈な形式を取る端的な一例である。バラ族の埋葬儀礼のテーマは、生命力を過剰な形で表現することに集中しており、葬儀の間、陶酔の中で近親相姦を含めた非日常的な性交さえおこなわれる。埋葬そのものも性交の隠喩表現となっており、取りすがる女たちを振り切って男たちによって埋葬地に運ばれた棺は頭から墓穴の中に挿入される。これは祖先の世界への難産を助け、死んだ血族を祖先の国へと無事に妊娠させ、再生させてやるための性的象徴だという。死によって失われた生命維持の秩序は、過剰な生命力の付加によって補充され回復されなければならない。こうした思想が埋葬儀礼の背景となっているのである（メトカーフ＆ハンティントン 1985）。

(2) **祖霊観念の象徴的表現**

縄文人の死生観を読み解く手がかりが埋葬に関する儀礼行為の中に残されている。そして、大形石棒の祭儀もまた、さまざまな接点で縄文時代における「死」の文化との関連性を示唆している。埋葬儀礼の本質的な意味を、死者を他界のしかるべき社会的位置に再統合するための通過儀礼として捉え直すと、死者に生命力を付与するという不可思議な儀礼行為の意味が、きわめて自然な思想として了解できるようになる。ここに、強い生殖力の象徴である石棒と埋葬とのあるべき関係が見出せよう。

環状集落の最も重要な特徴は、中央広場に集団墓を造営することにある。集落の中心に集団墓を造営し祭儀をおこなうのは、祖霊観念の発達を前提としたものと考えてよい。少なくとも縄文時代人が死者を忌まわしいもの、あるいは

穢れたものとして遠ざけ、畏怖していた形跡はそこにはうかがえない。集落内墓のあり方からは、むしろ祖先を敬い祖先たちとの関係を大切に維持しようとしている様子が読み取れるのである。

　こうした親族秩序の中では、埋葬は単なる死体の埋葬処理などではありえず、きわめて神聖な祭儀であったに違いない。それはやはり、生の世界から離脱した死者をしかるべき位置へと安置し、祖先を頂点とする社会秩序の中に再統合するための、通過儀礼としての意味を帯びていたのではなかろうか。そして、男性の生殖力や活力を強くイメージした石棒が墓地での祭儀に盛んに用いられたのは、それが死者を死後の世界に再生させることのできる力として信じられていたからだと解釈できる。親族秩序の中核にある祖霊観念とは、おそらくこうした永遠なる生殖力の主あるいは行為者であり、石棒とはまさしくこのような祖霊観念の象徴的表現であったと考えたい。

(3) 石棒祭祀の社会背景

　中期前葉に出現した大形石棒が中部・関東地方に広まり隆盛をきわめた中期は、環状集落が最盛期を迎えたまさにその時期にあたる。また、中期の有頭大形石棒が分布する地域は、環状集落の発達が見られる地域とほぼ一致している。さらには、中期の環状集落が解体した中期末に数多くの大形石棒が破壊され放棄されたことも偶然とは考えられない。大形石棒とその祭儀が、環状集落とその背後にある社会組織と不可分の関連を有していたことは、このような状況からみて間違いないところである。本論ではこのような見通しの下に、遺跡に残る行為とコンテクストを手がかりとして、石棒祭祀の性格をやや大胆に推論した。

　石棒祭祀を生みだしたのは親族秩序を重んじる社会であり、その中核にある神観念とは、強い生殖力で人間を生み出し、死者を他界に再生させる祖霊であったと考えられる。そのような祖霊観念の象徴的表現がほかならぬ大形石棒であった。石棒祭祀の性格とは、家族と出自集団の統合のシンボルとなる祖霊を大切に祀るとともに、出生から死に至る個人の通過儀礼を通じて、親族社会

を秩序づけることにあったと解釈することができる。

　環状集落に体現された前期・中期的社会構造の維持にとって、祖霊に対する祭祀は最も中核的・求心的な祭祀体系であり、大形石棒とその祭儀はその中できわめて重要な象徴的意味をもっていたと考えられる。そして、祖霊に対する祭儀の象徴が男性的観念と結びついて物質化されているあり方は、父系出自を重んじる親族秩序が大形石棒の文化を共有する諸地域に広がっていたことを暗示しているのである。

註
(1) 石棒の研究史については小島俊彰（小島 1976）、大矢昌彦（大矢 1977）、山本暉久（山本 1987）、春成秀爾（春成 1996）、後藤信祐（後藤信 1999）、鈴木素行（鈴木素 2004）による詳細な解題と整理がある。
(2) ^{14}C 年代測定値のキャリブレーション（暦年較正）にもとづく暦年推定によると、早期の開始が約9250calBC、中期の開始が約3600calBC である（谷口 2001）。早期前葉における土偶の発生から中期前葉における大形石棒の出現までに、暦年にして少なくとも5000年程度が経過していることになる。
(3) 女性をイメージした抽象的で小形の土偶は、中期以降に具象的な造形をもつ立像形土偶が出現・発達した後にも、造形上の省略形式を保持したまま独自の発達を遂げていく。永峯光一はこれらを「省略形土偶」として系統的に把握するとともに、土偶の最も原型的・中核的なイメージを表わす基本的造形として重視している（永峯 1977）。
(4) 前期後葉の諸磯式期に立石群を伴った集団墓内での儀礼行為が見られる。長野県上原遺跡の立石群は、17本ほどの長大な棒状礫を2カ所の小環状に立て並べたものである（上原遺跡調査会編 1957）。長野県阿久遺跡の諸磯式期の土壙墓群の中心付近にも2列の列石があり、その一端にひときわ長大な棒状礫が樹立されていた（長野県中央道遺跡調査団編 1982a）。群馬県中野谷松原遺跡では、土壙墓上に墓標のように樹立した棒状の大形自然石が24本出土している（安中市教育委員会編 1998）。
(5) 桐原健は、石棒祭祀が中期後葉に住居内に取り込まれた変化に注目し、血縁共同体的な勝坂式期の社会が解体し、加曽利E式期に単婚家族の独立性が増したことの表れと解釈している（桐原 1964）。
(6) 長野県大石遺跡では狢沢式期に石柱を有する住居があり、新道式期にも継承されたことが確認されている（長野県中央道遺跡調査団編 1976）。山梨県釈迦堂遺跡三

口神平地区でも、石柱を有する住居跡が新道式期にすでに見られ、以後の各期にも連続している（末木 1989）。大形石棒が増加する中期後葉以前には、前期の立石に共通するこうした形の石柱（自然石棒）が、大形石棒の代替物として屋内祭儀の対象となっていた可能性がある。

(7) 千葉県高谷津遺跡11号住居跡出土の石棒を観察した渡辺新は、奥壁出土の胴部について①加熱、②破壊、③割れ面研磨・凹穴穿孔という過程を明らかにしている（渡辺新 1995）。加熱後の破壊が捉えられたことは、祭儀から遺棄に至る過程を知る上で注目される。戸田哲也も、東京都武蔵台遺跡J22号住居跡と東京都上布田遺跡4号敷石住居で床面から被熱した完形石棒が出土したことに触れ、石棒の加熱が破砕を目的としたものでないとの見方を示している（戸田 1997）。これらの例は、石棒に火熱を加える行為が分割や打ち割り破砕に先立っておこなわれた可能性を示すものである。ただし、破壊後の加熱を示す事例もある。茨城県西方貝塚1号住居出土の彫刻付き石棒を観察した鈴木素行は、①折断、②破断面研磨、③加熱、④住居柱穴への埋納という過程を明らかにしている（鈴木素 1999）。板橋区文殊院所蔵資料の調査で筆者も、頭部を破壊した後に火熱を加えた事例を確認している（板橋区史編さん調査会編 1995）。

(8) N.マンローによれば、アイヌの祖霊観念では、カムイ-フチすなわち火の女神（姥神）はすべての先祖の霊を代表する神と考えられており、また先祖の霊はアペーラ-ウン-カムイすなわち囲炉裏のすぐ下に住む神々と呼ばれることが多く、両者の間に密接な関係があること、そして炉またはその周りに供えられた儀礼食がカムイ-フチの力を介して祖先の霊に届けられると信じられている（マンロー 2002）。縄文時代における石棒と炉（火）との強い結びつきも、アイヌの信仰と同一ではないにせよ、石棒と炉に関わる二つの神観念が融和的なものであり、石棒の力が炉や火の神の力によって高められるという信仰があったことを示唆している。

第7章　竪穴家屋にみる空間分節とシンボリズム

1. 文化景観としての家屋

　近代科学の知識とは無縁であった縄文時代の人びとが、世界や宇宙、時間や生死をどのように考えていたのかは興味深い問題である。人の認知能力や事物の分類、象徴化の能力、哲学的思考は、いったいどのように発達してきたのか。縄文人の思考を知ることは、現代考古学が探求するこうした大きな問題の解明にも寄与するはずである。

　無限の星空の中に星座を認知し名前と意味を付与したように、人間は自らを取り巻く一つ一つのものに意味づけをして世界全体を主体的に捉えようとする。それを体系化し世界の根本的な成り立ちや事物の起源を説明しているものが「神話」にほかならず、生活空間や事物に意味と秩序を与えている。多くの古代社会が神話的な宇宙論をもっていたことはよく知られているが（ブラッカー＆ローウェ編 1976など）、縄文人もまた固有の世界観や宇宙論をもち、そのような観念的世界の中に生きていたにちがいない。

　小林達雄は、縄文人が方位の観念や二至二分と太陽の運行との関係について詳しい知識をもち、その上に構成された自らの世界観を環状列石などの大規模記念物の設計に取り込み可視化していたことを力説している。そして、縄文人の心象景観が具現化されたものを「縄文ランドスケープ」という概念で捉え、観念的に構成された世界のことを「縄文論理空間」と呼ぶのである（小林達 2005・2009）。縄文人の観念的世界に根ざす文化景観を「縄文ランドスケープ」と広義に捉えるならば、それは特別な大規模記念物に限らず生活空間や遺構・遺物の中にもさまざまな形で表現されていると考えられる。

最も基本的な生活空間である家屋の構造や間取りもまた、文化に固有の観念形態（イデオロギー）と無関係ではない。「世界の諸民族は、いろいろな形で宇宙の構造を考え、また事物を分類している。伝統的な社会においては、家屋はこのような世界観ないし世界像の体系と無関係でないばかりか、しばしばそれの明瞭な表現でさえある」（大林 1975：13）。家屋の成り立ちを「文化景観」として見る視点が必要とされる所以であり、そこに織り込まれた象徴的意味を注意深く読み解かなくてはならない。

たとえばアイヌの家屋チセ（図31）では、炉（アペオイ）や東窓（ロルンプヤㇻ）、東北隅の宝壇（ソパ）はアイヌの生活とさまざまな神（カムイ）との重要な接点として特別な意味を有していた（鷹部屋 1943、知里 1950）。炉はアイヌが最も大切に敬う火の神アペフチカムイ（火の媼神）の鎮座するところであり、炉とその周り、とくに東側の空間は、火の神やさまざまな神への祈り（カムイノミ）がおこなわれる重要な儀礼空間でもあった。火の神の仲介によって神々を招き入れ交流することができるという観念がその背景にある（山田孝 1994）。シンヌラッパと呼ぶ祖先祭を火の神の仲介のもとにおこなっていたところもある（久保寺 1969、マンロー 2002）。炉の東側の両隅には、イヌンペサウㇱペと呼ぶ樹皮のついたままの木杭が打ち込まれ炉の縁よりやや高く出て

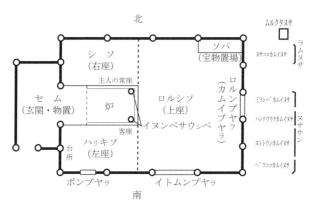

図31　アイヌの家屋チセにみられる象徴性

いる。イナウ（木幣）や彫刻の削り台として使われるものであるが、これも火の神につながる特別な意味を有していた（高倉 1968）。また神々の出入口とされたのがロルンプヤｧと呼ばれる東窓（神窓）であり、人の出入口とは反対のこちらの小さな窓がチセの表玄関と観念されていた。「この窓が表玄関であればこそ、炉の北側が右座と呼ばれ、南側が左座と呼ばれるのである」（知里 1950：77）。そのため人がこの神聖な窓を通して外からチセの中を覗くことは不敬とされ、忌み嫌われた。ソパはチセの守護神チセコロカムイを祀りイナウと神器を置くべき場所とされている。チセの家屋構造や間取りは実用的な機能性だけで決まっているのではなく、むしろその設計そのものがアイヌの宗教的生活と不可分の関係にあることがわかる。アイヌ文化固有の神観念や世界像を知らなければ、このような屋内空間の構造や意味を理解できない。このように、居住者たちのイデオロギーは生活空間にさまざまな意味づけをし、論理的な秩序を与えているのである。

　家屋の構造や間取りは「文化景観」としての本質をもち、文化固有のイデオロギーやコスモロジーを表現する「観念としての景観」としての象徴性を有する。遺跡に残された竪穴家屋や集落の姿も、過去の文化の観念・思考が物質化されたものであり、その意味で「景観の考古学」の重要な研究対象となるのである。文化景観を形づくる基本的な文化要素には「生態・機能」「社会構造」「イデオロギー」の三領野に跨る[1]が、宗教的観念や世界像などのイデオロギーとそれに根ざすシンボリズムは、文化に固有の象徴と意味の体系であって、部外者による容易な解釈を許さない。遺跡として残された景観から過去の人びとの観念・思考を読み解くことは難しく、集落論と呼ばれる分野においてもこの方面の研究が最も立ち遅れているといわざるをえない。

　この章では、縄文時代の竪穴家屋にも象徴的な空間分節やシンボリズムが実際にあることを例示する[2]。縄文論理空間を構成していた観念とシンボリズムについての本格的な研究はこれからであるが、最も身近な生活空間の中にみられる象徴表現を通して、彼らが認知していた世界のあり方と文化景観の構成論理について考えてみたい。

2. 中期の竪穴家屋にみる空間分節とシンボリズム

(1) 主軸の重要性

　竪穴家屋の平面形をほぼ相似形に二分できる中軸線を「主軸」と呼ぶ（橋本1976）。竪穴家屋の型式分類のための基礎的研究をおこなった橋本正は、大多数の竪穴家屋に共有された特徴としてこの主軸に注目し、主軸を中心に柱穴が規則的に配置されることから、主軸上に棟木が投影されるものとした。主軸はたしかに上屋の構造上の必要から生じてきたものと考えられるが、しかしそれだけではない。縄文時代、とくに中期以後の竪穴家屋において主軸が特別な意味をもっていたことは、奥壁部－炉－出入口を通る主軸上に石壇・石柱・埋甕などの特殊な施設がしばしば設置されることや、大形石棒の出土位置が主軸上に集中するあり方からも察知することができる（山本1994・1996ab・1997）。

　前期までの竪穴家屋には、主軸に特別な意味が付与されていたことを示すはっきりとした特徴はまだほとんど確認できない。円筒下層d式期の楕円形住居に現れる主軸端部の特殊土坑が祭壇状の施設であったとすれば、これなどが最も早い時期の例となろう。竪穴家屋の主軸が特別なものとして意識されるようになるのは中期以後のことであり、主軸に関係したシンボリズムや空間分節が中部・関東地方の集落遺跡の中に顕在化してくる。それはちょうど、中期に発達した環状集落において住居群や墓壙群を複数のセクションに区分する「分節構造」が発現するのとほぼ同時であり、社会構造と密接に関わる象徴的な空間分節が集落空間と屋内空間の双方に表現されるようになったものと考えてよいであろう。その延長上に成立するものこそ、中期末から後期前葉に盛行した「柄鏡形敷石住居」であり、主軸を強く意識した構造となっている。柄鏡形敷石住居の基本的構造は、主体部の平面形や柱穴配置、出入口部および前庭部の構造などを変形させつつ、後期中葉以降の家屋にも継承されていく[3]。

　主軸が意識化されるようになることと、屋内空間に象徴的な区分や約束事が発露してくることとの間には、明らかに関連がある。竪穴家屋の主軸には、縄

文人の観念的世界が端的に表現されていたという見通しが立てられるのである。縄文人の観念世界と論理空間を探る一つの重要な手掛かりとして、竪穴家屋の主軸とそれに関係した空間分節、シンボリズムを検討する必要がある。

以下、主に中部・関東地方の中期前葉から後期初頭にかけての事例を取り上げながら、どのような表現型が実際にあるのかを検討する。

(2) **左右の空間分節**

主軸を境に屋内空間が左右に分割され各々に意味が付与されていたことを示唆する事例がある。

長野県棚畑遺跡100号住居址（中期中葉井戸尻式期）では、立石（自然石棒）と石皿が屋内の左右の壁際に対置された形で残されていた（棚畑遺跡発掘調査団編 1990）。立石は長さ約60cmの自然石を用い、北東の壁際に掘られた大きな掘り込みを埋め戻して樹立されていた。周囲が硬い貼り床になっていることから、居住空間内に樹立されていたものとみてよい。そしてそれとちょうど反対側の壁際には、深い凹みを上にして1個の完形の石皿が置かれていた（図32-a）。立石と石皿を左右の空間に対置した同様の出土状況は17号住居址と20号住居址にもみられ、対の関係を意識して配置されたことは明らかである。石棒と石皿を対にして生殖行為を隠喩的に表現した儀礼行為の痕跡が中期から晩期にかけて広く確認されているが（谷口 2006）、この事例も男性・女性を象徴的に表したとみるのが自然である。そのように解釈してよければ、入口側からみて右側が男性的空間、左側が女性的空間として意識されていたことになる。屋内空間が性的原理によって象徴二元論的に区分されていた様子がうかがえる。主軸を境にした屋内空間の左右の区分を男女の場・間取りと推測する研究はこれまでにもあったが（水野 1969b、田中信 1985）、男女の居場所や座と断定するのはどうだろうか。むしろ、観念的世界を構成していた根源的な象徴的二元論が、男女の性的区分と結びつく形で表出したものと理解すべきではなかろうか。

屋内空間の左右の象徴的区分は、中期後葉の竪穴家屋にも認められる。櫛原

功一は、長野県地域の中期の竪穴家屋において左右の空間に残された石棒・丸石などの性象徴遺物の出土位置を検討した結果、曽利I式期以降に左側を男性区分、右側を女性区分とする二区分が明確化することを論じている（櫛原2009）。櫛原が想定する左－男、右－女の空間分節が広域に共有された共通文化であったかどうかはさらに網羅的に調べなければわからないが、左右の空間分節が複数の遺跡・遺構で繰り返し表現されている点に重要な意味がある。

一方、小川岳人は、加曽利E式期の竪穴家屋にみられる床の硬化面を観察した結果、住居の主軸と炉のある中央部を避けるように入口から左右に分かれる硬化面の特徴を見出した（小川2001）。炉を囲んで座が設けられていたという常識的な見方があるが、そのような生活光景を単純に想像するのは間違いかもしれない（図32-b）。炉の周囲に板材が敷かれていた長野県北村遺跡SB555（後期中葉、長野県埋蔵文化財センター編1993）のように、何らかの敷物によって炉の周りだけ床面硬化が進まなかったという疑いもないわけではないが、出入口から柱に沿って円周的に形づくられた硬化面のあり方からもまた、

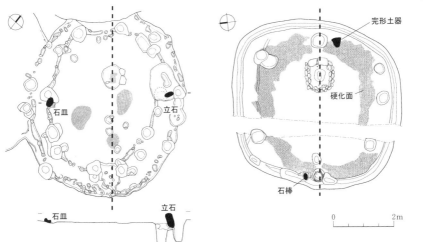

図32　竪穴家屋内の左右の空間分節を示す例

家屋の主軸と左右の空間分節が強く意識され、屋内での行動にも何らかの導線や規制があったことがうかがえるのである。

(3) 炉の象徴性と家屋の区分

橋本正はさまざまな竪穴家屋の型式にかかわらず炉が必ず主軸上にあるという重要な特徴を指摘した（橋本 1976）。屋内炉には採暖・照明・調理・火種保存・燻蒸・乾燥などの実用機能が備わっていただろうが、炉がふつう主軸上の中心付近に位置づけられるのは、やはりそこが家屋の中心として意識され、上述したアイヌのチセと同様に、何らかの象徴的な意味が認められていたからであろう。

炉に関連したシンボリズムや儀礼行為は、やはり中期以降、数多く確認されるようになる（金井 1997）。炉の象徴性を物語るものに、性象徴との結びつきがある。たとえば中期後葉の中部地方では、石囲炉の一角または近傍に大形石棒を樹立した例が広く確認される（神村 1995）。また、石囲炉の用材の中に大形石棒の断片や石皿を取り入れた例も中部・関東一帯でかなり高い頻度で見出される（嶋崎 2008）。下野谷遺跡20号住居址（中期後葉、保谷市遺跡調査会編 1999）、東京都大橋遺跡 SI 2（中期後葉、東京都埋蔵文化財センター編 2003）

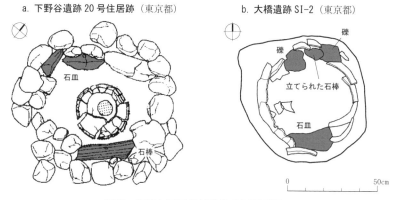

図33　石棒と石皿を対置させた石囲炉

などでは、石囲炉の対向位置に立石または石棒と石皿を配置した例が共通してみられるが(図33)、石棒と石皿を一対に用いて性交を隠喩的に表現することは、中期から晩期に広く確認される儀礼行為のパターンであり(谷口 2006)、これらの事例でも石棒と石皿が男性と女性の象徴として観念されていたことはほぼ確実である。

炉の象徴性を認めてよければ、炉の区別や型式の違いもまた何らかの象徴的区分の表現と解釈することができよう。こうした見方の妥当性を例証する事例が実際にある。

大形住居(ロングハウス)の最初の発見として著名な富山県不動堂遺跡2号住居跡(中期前葉)には、長軸上に4基の炉が並んでいるが、方形石囲炉と円形石囲炉の2種を含み、方・方・円・円の順に配列されている(富山県教育委員会編 1974)。中心側の方形石囲炉と円形石囲炉にはそれぞれ埋甕が隣接して埋設されており、左右の空間の線対称構造を浮かび上がらせている。この家屋は単なる細長い空間ではなく、方形炉と円形炉の二項対立によって屋内空間がはっきりと二分されているのである(図34)。丹羽佑一は、同一住居内に方形

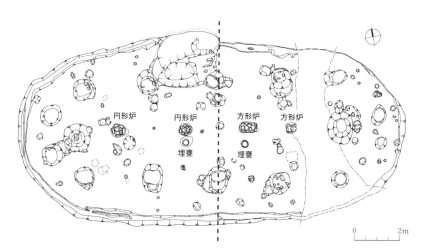

図34　方形石囲炉と円形石囲炉に象徴される屋内空間の二分割
　　　富山県不動堂遺跡2号住居跡

と円形の対立する炉を有する事例がほかにもあることに注目し、一住居構成員を越えて背後に存在する二集団の関係を表わすシンボリズムの一つと解した(丹羽 1982)。方形炉と円形炉の区別が性的原理によるものであったという確証はないが、炉の象徴的区分によって居住空間に二項対立的な区分を作り出している点は、前述した左右の空間分節と共通している。

中部・関東地方の中期中葉、勝坂式土器文化では、屋内炉がきわめて多種に分化しており、同一集落の同一時期においても家屋によって炉に違いがあることが知られている(小薬 1997)。これらの勝坂式期の炉にも象徴性があるらしく、集落を構成する家屋の中に埋甕炉と石囲炉による二項対立的な区別が設けられている場合がある。東京都神谷原遺跡の勝坂2式期集落はこの構図が明瞭であり、炉に石を用いた家屋と土器を用いた家屋の、近接する二棟単位が複数集合して環状集落を構成している状態が看取される(図35、八王子市椚田遺跡調査会編 1982)。この対の関係に着目した嶋崎弘之は、これを「男の家」「女の家」と解釈している(嶋崎 1985)。石囲炉と埋甕炉または石囲埋甕炉によって区別された類似の二棟単位ないし家屋群は、長野県居沢尾根遺跡の井戸尻Ⅲ

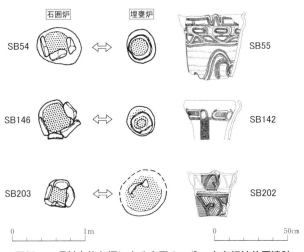

図35　二項対立的な炉による家屋の二分　東京都神谷原遺跡

第7章　竪穴家屋にみる空間分節とシンボリズム　179

式期（長野県中央道遺跡調査団編 1981）、長野県俎原遺跡の井戸尻式期（俎原遺跡発掘調査団編 1986）、東京都宇津木台遺跡 D 地区の勝坂2・3式期（八王子市宇津木台地区遺跡調査会編 1989）、東京都滑坂遺跡の勝坂3式期（八王子市南部地区遺跡調査会編 1988）などにも見出せる。

　炉の区別が、家屋ないし居住者の社会的位置づけや帰属を象徴的に表示していることは十分にありうることである。方形と円形、石囲と土器埋設などの形で表現されたこの区分を、性的原理によるものと解してよいのかどうかは、なお慎重に見極めなければならないが、二項対立的な炉による屋内空間あるいは家屋そのものの区別は確かに存在する。そこにもやはり二元論的な象徴区分が読み取れるのである。

(4)　聖的空間の創出

　主軸上の最も奥まった部分が聖的な儀礼空間として意識されていたことを示す事例がある。竪穴家屋内の間取りを論じた水野正好が「儀間」（水野 1969b）と捉えたこの空間には、たしかに特別な意味づけがなされていたようである。

　中期後葉の中部地方と関東地方の一部では、「石壇・石柱」と称する祭壇状の施設を設けた竪穴家屋がみられる。この石壇・石柱が設置されるのは、主軸上の奥壁部分ないし炉に接した奥側が通例である（山本 1994）。石壇・石柱の定義は研究者・報告書によって区々な面があり、範疇が明確でない点に問題が残るが、樹立した石柱と石囲いをもつ典型的な祭壇状遺構の位置は、奥壁と炉の間にほぼ限定される（図36）。主軸を内外空間をつなぐ通路と捉えると、外界からいちばん離れたところに位置づけられていることになる。神霊の宿る聖的な空間として観念されていた可能性が高く、「石壇・石柱」はまさしくそれへの祭壇であったと推測される。

　奥壁部分に大形石棒を樹立した事例も同様の意識を映し出している。富山県二ツ塚遺跡21号住居では、炉と奥壁との間の空間に鍔をもつ完形の大形石棒が立てられていた（富山県教育委員会編 1978）。当該住居の時期は古府式ないし

マツバリ遺跡13号住居跡（長野県）

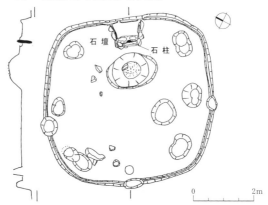

図36　奥壁部に石壇・石柱を設置した住居

古串田新式期であり、比較的古い例となる。中部高地の中期後葉にも、長野県増野新切遺跡B13号住居（長野県教育委員会編 1973）、瑠璃寺前遺跡3号住居（長野県教育委員会編 1972）などのように、奥壁部分に大形石棒を埋設して樹立した事例が散見される。こうした事例の広がりからも、主軸奥を聖的空間とする観念が確立していく様子がうかがえる。

　屋内の一隅に石柱を樹立する習俗は、中期中葉の勝坂式期にすでにみられるが、この段階の石柱の設置場所にはまだ奥壁を意識した規則性は認められない。ところが中期後葉になると、主軸上の奥壁部分を強く意識した形で石壇・石柱や石棒樹立例が顕在化してくるのである。これは次に述べる内外の空間結界とも密接に関係した変化であり、内外の結界が強く意識されるようになると同時に、主軸上の奥部に聖的な空間が作り出されたことがうかがえる。

　石壇・石柱の発達がみられる中期後葉の中部地方では、石壇・石柱の有無に関わらず炉の位置が奥壁側に偏る傾向がはっきり現れる。そこにもまた、聖的な空間を炉（火）の力で守護する、あるいは神聖な炉（火）を外界からできるだけ遠ざけようとする意識が読み取れるのである。なお、中期後葉の甲信地方には、石壇・石柱が位置づけられるのと同じ場所に一本の木柱を配した5本柱

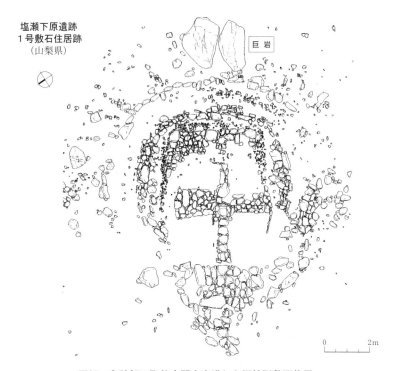

図37　奥壁部の聖的空間を意識した柄鏡形敷石住居

型式の竪穴家屋が広く分布しているが、炉が奥まって位置する分、炉と奥壁の間は狭く、人の座すことを許さない空間という見解が早くからあった（桐原1969）。炉の奥のこの木柱にも、聖的な意味が付与されていた可能性が高く、そのような観点からの精査が必要である。

　中期末に出現した柄鏡形敷石住居においても奥壁部分が一種神聖な空間として意識されていたことを示す例がある。柄鏡形敷石住居では大形石棒が出土するケースが多いが、完形ないし略完形の石棒は奥壁部分からの出土が目立つ（山本1996a）。神奈川県三の丸遺跡EJ-2号住居（港北ニュータウン埋蔵文化財調査団編1985）、鳥居前遺跡J2号住居（かながわ考古学財団編2002a）、群馬県西小路遺跡6号住居跡（大胡町教育委員会編1994）、久々戸遺跡（未報

告)、山梨県郷蔵地遺跡 1 号住居（山梨県埋蔵文化財センター編 1987）などが好例である。また、東京都伊皿子貝塚 4 号住居址（後期初頭称名寺式期）では奥壁部分が石列によって区画されている（港区伊皿子貝塚遺跡調査団編 1981）。山梨県塩瀬下原遺跡 1 号敷石住居（後期前葉堀之内 1 式期、山梨県埋蔵文化財センター編 2001）の場合は、奥壁部分の背後に天然の巨岩が位置し、さらに石積みを築いて家屋の背後を念入りに固めている（図37）。このような事例からも、主軸奥の神聖な空間を守護しようとする強い意識が如実に読み取れるのである。

(5) **内外の結界と境界儀礼**

中期末〜後期前葉の中部・関東地方一帯で、出入口部分が細長く延びた形の柄鏡形敷石住居が発達したことは周知のとおりである。その特殊な出入口は単なる通路ではなく、主軸上に屋内空間と外界との境界を作り出す性格を備えていた。柄鏡形敷石住居の張出部から炉に至る直線部分[4]が通路として意識されていたことは、この部分への敷石行為が最も高頻度であることや敷石構築の入念さからうかがい知ることができる（図38）。屋内と屋外とを行き来する通路として実際に機能していたことは間違いないが、同時にそこは主軸上の内外の境界として強く意識された空間でもあり、境界部分の結界ならびに儀礼行為の痕跡が高い頻度で見出される。

内外の結界に関係した最も重要な構造が「埋甕」と呼ばれる埋設土器である。柄鏡形敷石住居における埋甕の埋設位置には強い規則性があり、住居主体部と張出部との接続部、張出部先端、およびその両方の事例が圧倒的に多い事実がこれまでの研究ですでに明確となっている（川名 1985、山本 1996b・1997）。そこは内側空間と外側空間とを接続する空間的な変換点にあたる（図39-a）。川名広文は柄鏡形敷石住居における埋甕の埋設位置の規則性を明らかにするとともに、その埋設姿勢にも一つの有意な傾向があることを指摘し、主体部の中心方向（炉の方向）に向けて傾斜させた斜位埋設に重要な意味があると考えた。川名の解釈はこうである。「中心方向に平行に傾斜、照射する対の

第 7 章 竪穴家屋にみる空間分節とシンボリズム 183

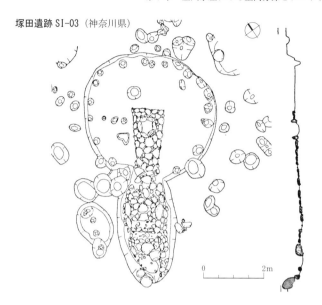

図38 炉から張出部への敷石を入念に造作した柄鏡形住居の例

埋甕は、まさに三次元の空間ベクトルとして、住居空間を同心円的な円錐状に分割するランドマーク（境界標）であると言え、換言すれば「周縁」／「中心」という空間分割を表象するシンボルとみなすことができよう」（川名1985：83-84）。川名は、張出部の意味を住居内空間と外界との間の過渡的、両義的空間と捉え、だからこそ境界を意識させる埋甕とそこでの儀礼行為が必要であったと解釈した。中期後葉に発達する埋甕の性格については、死産児・嬰児埋葬説、胎盤収納説などの諸説があって決着していないが、埋設位置・埋設姿勢の強い規則性から判断すると、埋葬や収納の機能を推定するよりも、やはり境界標もしくは結界としての象徴的な意味を考える方が妥当である。川名が指摘するとおり、該期の埋甕の口縁部がしばしば床面から突出しているのも、それを意識的に跨ぐべきものであったからであろう。山本暉久は柄鏡形敷石住居の発生について、中期後葉の竪穴家屋の出入口に設置された埋甕部分が拡張したものとの見解を早くから提起していたが（山本1976b）、一見飛躍的なこ

184 第Ⅱ部 縄文時代の親族組織と儀礼祭祀

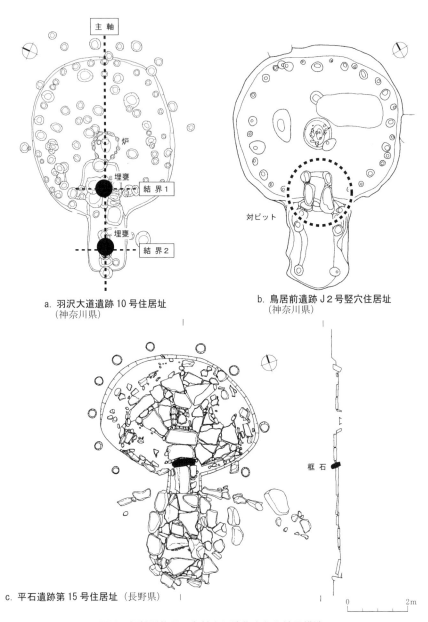

a. 羽沢大道遺跡10号住居址（神奈川県）

b. 鳥居前遺跡J2号竪穴住居址（神奈川県）

c. 平石遺跡第15号住居址（長野県）

図39 柄鏡形住居の主軸上に造作された結界構造

の変化もそう考えてこそ合理的に納得がいくのである。

　内外の境界に対する意識の強さは、次のような事例の存在からも読み取ることができる。張出部および主体部との接続部には、埋甕以外にも箱状石囲施設・框石など結界標と考えられる不可思議な構造物がさまざまな形で作り出されている。長野県三原田遺跡群7号・18号住居跡、岩下遺跡43号住居跡、郷土遺跡3号・124号住居跡など、佐久盆地の中期末〜後期初頭の柄鏡形敷石住居には、主体部と張出部の接続部もしくは張出部先端に大形の軽石製石鉢を設置した例が散見される（長野県埋蔵文化財センター編2000）。長野県平石遺跡15号住居址（後期前葉堀之内1式期、望月町教育委員会編1989）では、主体部と張出部の境界に平板な河原石を横向きに立てた框石が埋め込まれている（図39-c）。群馬県小室遺跡例（後期初頭称名寺式期、群馬県史編さん委員会編1988）では、主体部との境から約97cmの長さにわたって張出部の敷石が一段高くなっており、その高台を上り下りしなければ通過できないようになっている。村田文夫も、柄鏡形敷石住居の張出部にはこのような結界装置がしばしば見られることに注目し、その象徴的意味を論じている（村田2006）。

　主体部と張出部の接続部に設けられるいわゆる「対ピット」も、結界を強く意識した構造となっている（図39-b）。川名は、対ピットが主体部の中心に向かってハの字状に狭まり掘り方が深くなる特徴をもつことを指摘し、故意に狭間を作り出しているものと解釈した（川名前掲）。村田も対ピットの間隔が40〜50cmで大人が辛うじて通過できる狭さである点を同様に解釈している（村田前掲）。

　柄鏡形敷石住居の主体部－張出部接続部や張出部では、埋甕以外に大形石棒や石皿の出土もとくに目立っており、これらも結界に関連する強固な観念とさまざまな儀礼行為の痕跡と考えてよいであろう。内外の区別と境界の意識がここまで過剰になっていた理由が知りたい。中期中葉〜後葉に発達した拠点的な環状集落が解体し小規模な居住単位に分散化した中期末・後期初頭の社会変動の原因と、それは密接な関連を有していたはずである。

3．イデオロギー強化とその社会背景

(1) 家屋のシンボリズムと儀礼行為の変質

　中期になると竪穴家屋の内部において象徴的な空間分節やそれに関わる儀礼行為が顕著に認められるようになる。この変化は、大形石棒や土偶の顕著な増加、物語性文様の発達といった事象とも軌を一にしたものであり、象徴的・神話的世界像の体系化を背景とした大きな変化の一部と考えることができよう。縄文家屋のシンボリズムについての本格的な研究はこれからであるが、以上の事例整理から気づく問題とその意義について考えてみたい。筆者が注目するのは、第一に屋内空間のシンボリズムに認められる時期的な変容であり、第二に中期末以降、過剰なまでに発達した屋内儀礼行為に映し出されたイデオロギー強化とその背景である。

　中期の竪穴家屋にみられる空間分節の表現を時期的に通観してみると、中期前葉〜中葉と中期後葉以降とでは主軸に対する意識や空間分節のあり方が異なっており、観念上の変化が認められる。

　中期前葉〜中葉にまず顕著に現れるのは、対照的な二者を区分する二項対立的な空間分節である。主軸を境とした左右の空間分節、石囲炉と埋甕炉を象徴とする家屋の区別などの形でそれが表現されている。男女の性的原理とも結びついた二元論的な象徴的区分が、該期のシンボリズムの基調となっているようにみえる。

　それに対して、中期後葉から末葉になると、左右の空間分節がなくなるわけではないが、主軸に対する意識が一層強まるとともに、むしろ内外の境界が強く意識化されるようになり、屋内主体部においても外界から最も遠い位置に聖的空間が創り出されるようになる。おそらく主軸は内／外、中心／周縁、聖／俗の異質な領域を貫く世界の基軸のように観念されており、各領域の境界に対する意識が過敏になっているところに、該期のシンボリズムの特徴が見出せる。二元論的な並列的・対向的な空間分節よりも、異界の境界や移行に対する

意識が非常に強まっている点が看取されるのである。その延長上に成立した柄鏡形敷石住居は、こうした観念を具現化する小宇宙であったともいえる。

そこに看取される、並立的・対向的な関係表現から移行的・境界的な区分への意識上の変化は、同時に進行した集落の歴史的動向を考え合わせてみるとき、きわめて興味深い問題をあぶり出すものとなるのである。中期中葉から後葉に著しい発達をみせる環状集落では、家屋群や墓壙群を複数のセクションに区分する分節構造が際立った形で発現しており、なかでも全体を直径的に二分する二大群の構造が最も特徴的なものとなっている。分節構造の発達は、出自・系譜観念の強まりにもとづく親族組織の分節化を表すものと筆者は理解しているが（谷口 2005a）、居住空間の直線的区分は、端的にいえば、そのような分節的部族社会の社会構造に根ざした観念形態でありシンボリズムと考えることができる。中期中葉の家屋に象徴二元論的な空間分節がまず顕著に現れたのも、こうした社会構造を反映したものと考えられる。

しかし、中部・関東地方の広い範囲で環状集落がほぼ一様に解体していく中期末葉になると、屋内空間のシンボリズムにも、既述のような質的な変化が生じてくるのである。内外の結果、聖的空間の創出という形での屋内シンボリズムの強化は、中期末～後期初頭に出来した社会的変動に何らかの形で関連していたと予想され、内と外、身内と他者、生と死などの根本概念を含め世界像と秩序を再編ないし強化しようとする意識が感じられる。

まさにその時期、関東・中部地方では葬制にも大きな変化が起こった。土器棺再葬墓の出現がそれであり、群馬県板倉遺跡（加曾利Ｅ３式期）、長野県中原遺跡（曽利Ⅲ式期）、埼玉県坂東山遺跡（称名寺式期）などに、成人骨が残る確実な事例が知られている（設楽 1993、長沢 2008）。また、人骨を焼き土器や土壙に埋納する儀礼的行為も見られ（石川 1988、設楽 1993、花輪 2003）、これも一種の再葬制と考えられる。第８章で考察するように、再葬制は生と死の境界・過渡・移行に対する強い意識がその思想的背景にある。そのように考えると、再葬の始まりもまた、屋内空間における結界と境界儀礼と同じ観念に発したイデオロギー強化の一つの発露とみることができる。

柄鏡形敷石住居とは、いわばこうした観念変化を物質化、可視化するものであったと理解することができよう。聖的空間を創出し、炉の機能を強化し、特殊な出入口を作り出して外界との境界儀礼を強化するそのあり方からは、家系や家族を守護しようとする強烈な意識が伝わってくる。

　柄鏡形敷石住居内に残る祭儀行為の痕跡はそれ以前の段階に比べて明らかに高い頻度で見出され、それは個々の家族ないし世帯が葬儀や儀礼祭祀を個別におこなうまでに社会単位としての自立性を強めていた様子を映し出している。後期前葉になると、張出部に接続する前庭部に配石や柱列を施設する例や墓群を造営する例が現れ、柄鏡形敷石住居に伴う祭儀行為はさらに拡大の様相をみせる。そして後期中葉になると、こうした動きの中から、儀礼祭祀に特別な役割を担うやや特殊な家屋が析出してくるのである。「核家屋」（石井 1994）、「環礫方形配石遺構」（鈴木保 1976）、「大形住居」（吉野 2007）などと呼ばれる特殊な家屋群がそれであり（図40）、儀礼祭祀を管掌する特定個人ないし特殊

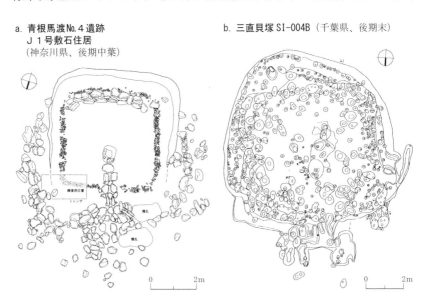

a. 青根馬渡No.4遺跡
　J1号敷石住居
　（神奈川県、後期中葉）

b. 三直貝塚SI-004B（千葉県、後期末）

図40　柄鏡形住居の形態を継承する特殊家屋

階層が出現したことを示唆している。それらがいずれも柄鏡形敷石住居の特徴であった出入口の構造を継承している事実は、後期に進行した社会の複雑化が、屋内空間のシンボリズムに表出したイデオロギー面の強化・再編と密接不離に関係していたことを暗示しているのである。

(2) 展　望

　家屋の構造や間取りは「文化景観」としての本質をもち、文化固有のイデオロギーやコスモロジーを表現する「観念としての景観」としての象徴性をもつ。考古学の研究対象である竪穴家屋の姿も、過去の文化の観念・思考を物質化する側面をもち、「景観の考古学」の重要な研究対象となる。以上を立論の前提として、本論では縄文時代の竪穴家屋にみられる象徴的な空間分節やシンボリズムを例示し、空間認知のパターンとその変化を検討した。

　竪穴家屋にみられる空間分節は、中期中葉以前と中期後葉以後とで主軸に対する意識や表現型が異なっている。中期中葉までは男女の性的原理と結びついた二元論的な空間分節が顕著であり、左右の空間分節、炉の区別による家屋の区分などに表現される。中期後葉以後は、奥壁部に聖的空間が創出されるとともに内外の境界が強く意識されるようになり、その結果成立した柄鏡形敷石住居では、主軸上や出入口での空間結界と儀礼が過剰なまでに発達した。中期末に出来した社会変動に対応して、イデオロギーの強化・再編がおこなわれたことが、家屋景観の一連の変化から読み取れる。

　縄文時代の家屋や集落の空間構成には、縄文人の観念的世界に根ざすシンボリズムやコスモロジーがさまざまな形で表現されている。縄文人と文化を共有できない現代の私たちが彼らの世界観・宇宙論の全体を復原することは無理であっても、論理的に正しい秩序ある生活空間を縄文人たちが主体的に創り出していた様子を読み取ることはできる。景観の考古学が目指すのは、そこに縄文人の思考や認知のパターンを紐解く手がかりを見つけ出すとともに、社会化された文化景観の構成原理を読み解くことである。

註

(1) 家屋や集落などの生活空間は、居住集団の生態や経済生活、社会組織や社会制度、文化習俗と信仰などの多様な文化要因から析出されてきた「文化景観」を備えている。考古学の研究対象である住居跡や集落跡の姿もまさしく文化景観の印影、残像と理解すべきものである。文化生態的な機能性を強調すれば「機能としての景観」、社会構造の反映という側面を強調すれば「社会構造としての景観」、象徴的な意味の表現とみるなら「観念としての景観」となる。文化景観のコンテクストは、こうした複眼的な視点をあわせもち、あらゆる要素の体系的な関連と脈絡を知ってはじめて理解することができる（谷口 2009）。

(2) 「竪穴住居」という一般的な用語に代えて、本論では文化景観復原という研究目的により適した「家屋」の語を用いたい。「住居」は人のすみか、すまいを意味するのに対して、「家屋」は建物を指す言葉である。「竪穴住居」の家屋としての構造や住まい方が詳しく解明されていない現状からすれば、「竪穴建物跡」または「竪穴家屋跡」と表現する方がより適切である。ただし、「柄鏡形住居」などの定着した学術用語や報告書に記載された固有の遺構名称まで変えるわけにはいかないので、混用はやむをえない。

(3) 林謙作は、後期・晩期に盛行する環状列石や環状巨木柱列の空間構成と柄鏡形敷石住居の類似点を指摘し、共通する思考観念が大規模記念物の設計・築造にも取り込まれていた可能性を論じている（林謙 1997）。

(4) 柄鏡形住居の主体部から突出した出入り口の細長い通路の名称は「張出部」と「柄部」の二つが主に用いられており、統一的用語となっていない。同構造の起源や発生系統の理解の違いがその背景にある。ここでは山本暉久の用法（山本 1976b）に従い「張出部」を用いる。

(5) 長野県岩下遺跡（長野県埋蔵文化財センター編 2000）、長野県北村遺跡（長野県埋蔵文化財センター編 1993）、群馬県行田梅木平遺跡（山武考古学研究所編 1997b）、神奈川県三ノ宮・下谷戸遺跡（かながわ考古学財団編 2000）、神奈川県曽谷吹上遺跡（曽谷吹上遺跡発掘調査団編 2002、山本 2010）など。

第8章　再葬の論理
――死と再生の観念――

1．縄文時代の再葬制

　死をめぐる儀礼の中でも、とりわけ複雑な儀礼的プロセスを踏んでおこなわれるのが「再葬」である。再葬とは、死者の遺体を埋葬した時点で葬送儀礼を終わりとせず、一定期間の後に遺体・遺骨に二次的に儀礼的処置を施して本埋葬する葬制である。「複葬」ともいう。インドネシア・メラネシアや華南・台湾・琉球など、東アジアの伝統的社会が近年までおこなってきた実例が知られ、さらに世界各地にもその習俗の広がりが認められる（大林 1965）。

　縄文時代後半期から弥生時代初頭の東日本地域では、再葬制がおこなわれていた事実が知られている（石川 1987、春成 1993、設楽 1993・1994）。再葬制は葬送儀礼の長期化と複雑化を意味しており、その背景には「死」「他界」「祖霊」といった観念の強まりがうかがえる。それは何を表しているのだろうか。

　縄文時代における再葬制は中期にはすでに始まっており、後期・晩期へと次第に儀礼行為をエスカレートさせて発達の度を深めた。各時期・各地域の葬法は一見多様だが、遺骨を焼く儀礼的行為、すなわち「焼人骨」が脈々と受け継がれていた点が注目される。

　ここであらためて問題としたいのは、縄文時代後半期に再葬制が発達したことの社会背景である。それは配石遺構の発達や祭儀の盛行とも軌を一にした動向であり、中期以降の社会変化と密接に関連していた可能性が高い。縄文時代から弥生時代への移行期に再葬制がとくにエスカレートしたことも、それが文化・社会の大きな変動を背景とした現象であったことを物語っている。

　再葬発達の歴史的意義について、社会変動の中での意味機能を重視する説明

がこれまでにも提起されている。山田康弘は、後期初頭に発達する多遺体合葬土坑の意義について、中期末に分散化した集団が再び結集して大規模な集落を形成するにあたり、他地点に埋葬されていた祖先の遺体を1カ所に集め、祖霊崇拝のためのモニュメントにしたものと解し、そこに集団的結合の象徴機能を推定している（山田康 1995）。設楽博己も社会変動期に再葬が発達する因果関係を捉え、寒冷化による環境悪化を受けて分散化した集団が、祖先祭祀を中核として紐帯関係を維持する意味があったと説明している（設楽 2004・2007b）。東日本地域の縄文−弥生移行期に発達した壺棺再葬墓も、環境変化に加え稲作農耕文化との接触によって生じた社会的動揺を背景にもつ動きと説明されている。春成秀爾は、縄文時代晩期末から弥生時代初頭に発達する特異な「人歯・骨装」の意義に注目し、特定の死者が生前にもっていた社会的地位や権利義務を遺族が相続・継承する儀礼的行為と解釈している。財産や権利の継承に過敏になっていた社会状況の中で、複雑な再葬制が発達することになったと解釈する（春成 1993）。

　これらの諸説は、再葬の意義を社会的な機能の側面から説明しようとするものであり、社会関係が不安定化する中で祖霊観念を精神的支柱として同族の紐帯関係を強化する装置が求められたことが論じられている。再葬制に社会的紐帯・統合を強化する機能があった点は筆者も同意見である。しかしここで考えなければならないのは、その根本論理である。再葬制が社会統合を強化する儀礼たりえたのは、社会構成員の全体に「死」や「他界」に関する宗教的観念が共有されていたからであろう。再葬をおこなう社会は、死に対する独特の論理をもち、それは「再生観念」と密接に結びついていることが論じられてきた。

　この章では、まず縄文時代後半期から弥生時代初頭にかけて推移した、再葬制の発達から終焉にいたる歴史的過程をトレースする。とくに縄文時代後半期の再葬制を特徴づけている「焼人骨」という儀礼行為に注目し、再葬制が長期にわたって継承され発達してきた系譜をたどる。次に、死と再生をめぐる長い学説史を振り返り、再葬の論理を再吟味することによって、あらためて再葬制が発達したことの社会的意味について考察することとする。

2. 再葬制の発達と終焉

(1) 縄文時代の再葬制

　縄文時代の再葬制には複数の系譜があり、各地に独特な葬制が知られている。東北北部の後期初頭～前葉には、蛍沢式期・十腰内Ⅰ式期を中心に、一次埋葬用と考えられる石棺墓と再葬用の土器棺墓の発達が見られる（葛西2002）。大型の深鉢または壺を棺に用い、全身の主要な骨を土器棺内に収める特徴がある。土器棺内に再葬された成人骨が当時の状態で残っていた青森県薬師前遺跡例では、被葬者は壮年の女性で、左手首に7個のベンケイガイ製貝輪を装着し、イノシシ牙製の首飾り一連12点が棺内に納められていた（図41、市川編 1998）。

　柄鏡形敷石住居の発達が見られる中期後葉から後期初頭の関東・甲信地方でも、成人用の土器棺再葬墓が出現する（設楽 1993、長沢 2008）。群馬県板倉遺跡（加曽利E3式期）、長野県東部町中原遺跡（曽利Ⅲ式期）、埼玉県入間市坂東山遺跡（図44-a、称名寺式期）などに、成人骨が残る確実な事例が知られている。

　後期前葉～中葉の常総地方では、土壙内に多数の死者の遺骨を集積した「多遺体埋葬土坑」と称する特異な墓制が発達した（図42）。茨城県中妻貝塚（中妻貝塚発掘調査団編 1995）、千葉県権現原貝塚（渡辺新 2001）・下太田貝塚（総南文化財センター編 2003）・祇園原貝塚（市原市文化財センター編 1999）・宮本台遺跡（宮本台遺跡発掘調査団編 1974）などに典型的な事例が知られている（表2）。中妻貝塚A土壙の事例は、直径約2m、深さ約1.2mの円形の土壙の中に、96体以上の人骨が集積されたものである（図5）。関節がつながった正常な位置関係を保つ個体がほとんどなく、バラバラとなった骨が土壙内に隙間なく詰め込まれている状況や、頭骨が不自然に少ない点などから判断すると、別の場所に埋葬された遺体が二次的に改葬された可能性が高い。高橋龍三郎は土壙墓に一次埋葬された遺体を掘り返して二次埋葬したものと推

194　第Ⅱ部　縄文時代の親族組織と儀礼祭祀

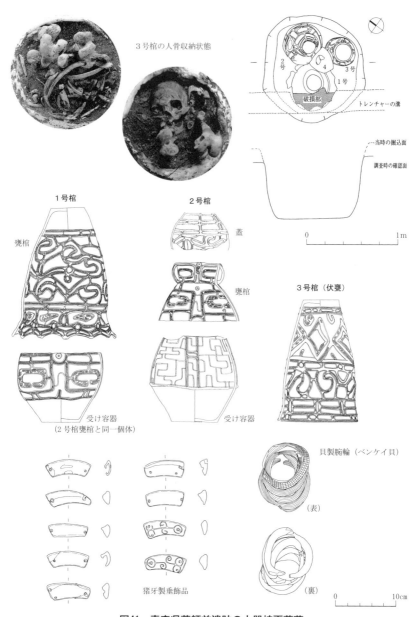

図41　青森県薬師前遺跡の土器棺再葬墓

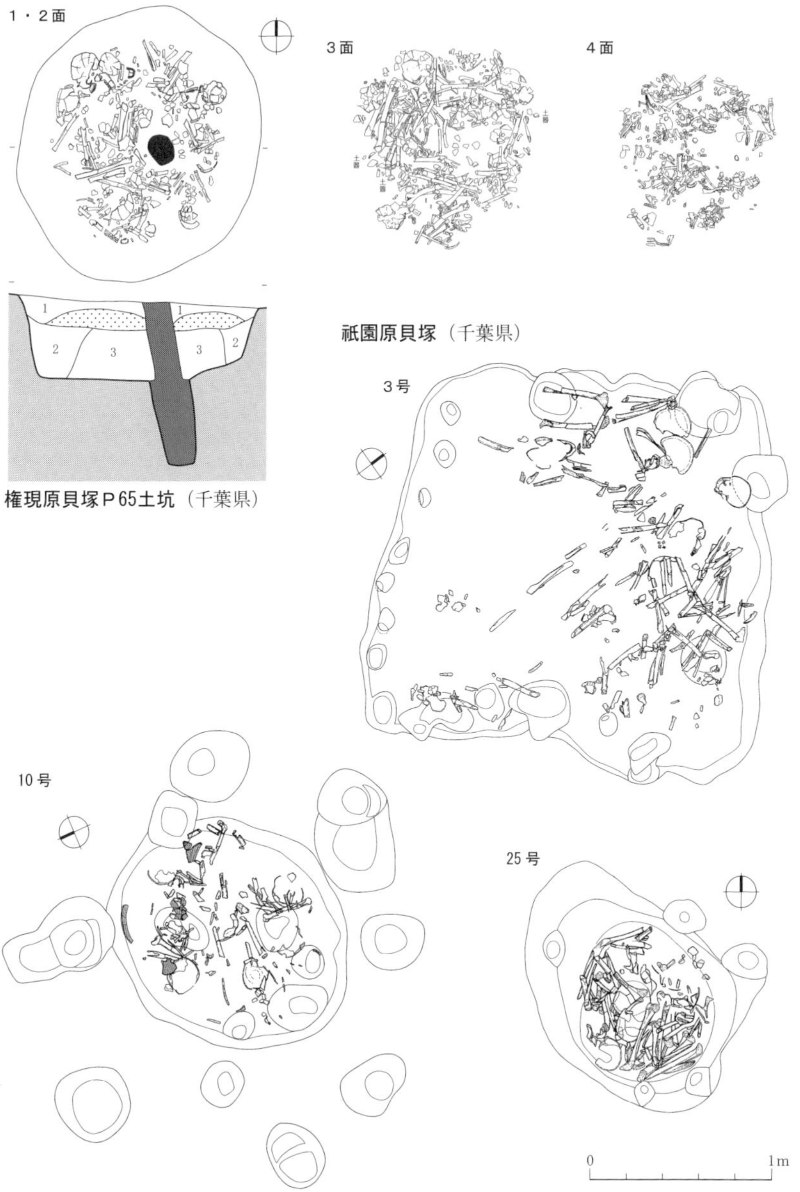

第 8 章　再葬の論理　195

1・2面　　　　　　3面　　　　　4面

権現原貝塚P65土坑（千葉県）

祇園原貝塚（千葉県）

3号

10号

25号

0　　　　　　　1m

図42　後期の多遺体埋葬土坑

表2　後期の多遺体埋葬土坑

遺跡名	所在地	遺構名	遺体数	単葬／再葬	時期	文献
中妻貝塚	取手市	A土坑	100体以上	再葬	堀之内式	中妻貝塚発掘調査団編1995
牧之内遺跡	松戸市	SK13	3体	再葬	後期前半	地域文化財研究所編2013
権現原貝塚	市川市	P65土坑	18体	再葬	後期初頭	市川市教育委員会編1987
古作貝塚	船橋市	人骨集積（西）	14体以上	再葬	堀之内式	岡崎編1982
		人骨集積（東）	3体	再葬	堀之内式	岡崎編1983
宮本台貝塚	船橋市	第2号土壙	15体以上	追葬	堀之内2式	宮本台遺跡調査団編1974
誉田高田貝塚	千葉市	第V発掘区	28体以上	再葬	加曽利B式	島津ほか1955 千葉県文化財センター編1991
武士遺跡	市原市	645土坑墓	不明	不明	称名寺式	千葉県文化財センター編1998
祇園原貝塚	市原市	43号土坑墓	6〜7体	追葬	堀之内式	市原市文化財センター編1999
		94号土坑墓	6体以上	再葬	堀之内式	
		152号土坑墓	5体以上	再葬	堀之内式	
下太田貝塚	茂原市	A土坑	32体	再葬	後期中葉	総南文化財センター編2003
		B土坑	5体	再葬	後期中葉	
		C土坑	10体	再葬	後期中葉	

定し、これを「多遺体再葬」と称している（高橋龍2002）。菅谷通保は、数世代にわたって追葬がおこなわれる特定の墓所から、ある時点に遺体を集めて改葬する行為があったと想定している（菅谷2007）。後期末から晩期には、東北地方や東海地方でも同様の多遺体埋葬例がみられる。

　晩期前半の東海地方にも固有の再葬制が見られ、四肢骨を方形に組み、その中に残りの骨を集積した「盤状集積葬」が発達した。愛知県保美貝塚（渥美町教育委員会編 1966）・伊川津貝塚（伊川津貝塚発掘調査団編 1988）・吉胡貝塚（文化財保護委員会編 1952）・枯木宮貝塚（西尾市教育委員会編 1981）などに典型的な調査例がある（図43）。保美貝塚の盤状集積葬2例を再検討した水嶋らによると、1号集積には14個体以上（成人男性4体、成人女性6体、成人性別不明1体、幼若年3体）、B集積には6個体以上（成人男性3体、成人女性2体、幼若年1体）の人骨が含まれている。骨の構成は下肢主要長骨に偏っており、骨の意図的な再発掘と選別をおこなう再葬制によるものと推定されている（水嶋・坂上・諏訪 2004）。そして、縄文時代晩期終末から弥生時代への文化の移行期には、関東・中部地方から東北南部にまたがる広い地域に、特徴的な土器棺再葬墓が発達し、再葬制はその絶頂ともいえる段階を迎えることになる。

図43　愛知県保美貝塚の盤状集積葬

(2) 焼人骨葬の系譜

　縄文時代の再葬制に伴う儀礼行為の一つに、人の遺骨を焼く行為、または焼いて砕く行為がある。強い火熱で骨が白色化し、その多くが亀裂により細かく破砕している状態から、皮膚や筋肉がなくなった状態の遺骨を焼いたものと判断される。死者の遺体を燃やす火葬とは区別される、再葬の儀礼的過程である。「焼人骨」(石川 1988) あるいは「焼人骨葬」(設楽 1993) と呼ばれる。そしてこの特殊な儀礼行為は、縄文晩期終末～弥生時代初頭の壺棺再葬墓にも継承されたことが知られている。

　焼人骨葬の起源は明確でないが、前期後半に約780基もの土壙からなる大規模な墓域が造営された長野県阿久遺跡に、その可能性を示唆する調査所見がある (長野県中央道遺跡調査団編 1982a)。墓域の中心には立石と板状礫を立て並べた列石があり、火を使った何らかの儀礼行為の痕跡が周囲に点在するほか、立石自体にも被熱が見られた。土壙のサイズも、成人の遺体を直接埋葬するには小さすぎる、やや小振りなものが多い。調査者の笹沢浩は、土壙の中に

再葬墓が含まれる可能性に触れ、一般的な集落ではなく同族集団による祖霊崇拝の祭場としての機能を想定している（笹沢 1983）。

　中期になると焼人骨の確実な事例が現れる。長野県梨久保遺跡 G 地点土壙墓群の小竪穴 P289（中期中葉～後葉）では、頭骨・脊椎骨・肋骨・肩甲骨・橈骨・膝蓋骨・指骨・大腿骨・脛骨などを含む人骨が、炭混じりの細片の状態で出土しており、骨を焼いた後に土壙内に集積した状態を示していた（西沢 1986）。土壙内からはこれらの焼人骨とともに火熱を受けた大形石棒破片と、石皿・打製石斧・磨製石斧・鹿角片が出土している。群馬県東平遺跡（中期中葉～後葉）では、頭蓋骨・下顎骨・歯・頸椎・鎖骨・肋骨・上腕骨・橈骨・大腿骨・距骨などを含むほぼ全身の骨が焼かれて灰白色の細片となった状態で深鉢形土器に入れられ、別個体の土器で蓋をする形で土壙内に埋められていた（嬬恋村教育委員会編 2013）。長野県幅田遺跡でも、中期後葉に築造された環状列石の下部にある土壙から、強い火熱を受けた成人の頭蓋骨片が11点出土しており、別の場所で焼かれた人骨が収められたものと報じられている（金子・米山・森嶋 1965）。

　後期になると、再葬と焼人骨の事例が増加するとともに、人骨の儀礼的処置に関連した特殊な遺構が出現する。後期初頭～前葉の関東地方では、人骨を焼いた後、土壙内に二次的に埋葬した例が散見されるようになる。神奈川県小丸遺跡40号土壙（横浜市ふるさと歴史財団編 1999）、長野県北村遺跡 SH522（長野県埋蔵文化財センター編 1993）、長野県滝沢遺跡 D30号土坑（御代田町教育委員会編 1997）が代表的である。北村遺跡では、469基の土壙墓・配石墓と190個体以上（推定300体）の埋葬人骨群が発見されているが、焼人骨を土器に収納して土壙に埋納した遺構は、ただ1基だけである（図44-b）。小丸遺跡の状況もよく似ている。小丸遺跡では、集落の輪郭部分に竪穴住居群が配置され、その内側に、土壙墓が集中する場所が2カ所ある。そのうち最も多くの土壙墓が密集する場所の中央付近から、改葬された人骨が収められた土壙が1基だけ確認されている（図13）。後期初頭称名寺式期の埼玉県坂東山遺跡でも、成人の骨を倒置した深鉢に収納し土壙内に埋設した土器棺再葬墓が出土してい

第8章　再葬の論理　199

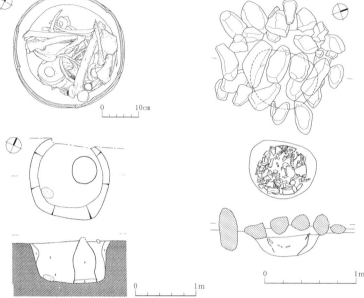

図44　後期の再葬土器棺墓と焼人骨葬

るが、これも多数の土壙墓がある中で唯一のものである（図44-a、埼玉県教育委員会編 1973）。多くの遺体が埋葬された集団墓の中で、特定の死者だけを対象にこうした儀礼的行為が加えられたことは、焼人骨の社会的意味を考える上できわめて示唆的である。ちなみに、北村遺跡 SH522例の被葬者は高齢の男性で推定1個体（笠原 1993）、小丸遺跡40号土壙例は成人男性1個体（平田 1999）、坂東山遺跡例も熟年期の男性1個体（小片 1973）と鑑定されている。いずれも壮年・熟年の男性である点で共通している。

　後期中葉の群馬県深沢遺跡C区では、加曽利B1式〜B3式期に造営された石棺墓群と配石遺構群が検出されているが、一般的な石棺墓とは規模・構造が明らかに異なる大形の石囲敷石遺構が3基発見されている。そのうち最大規模の20号配石（図45）は3.85×3.22mの規模をもち、内部から石棒の頭部とと

200 第Ⅱ部 縄文時代の親族組織と儀礼祭祀

20号配石

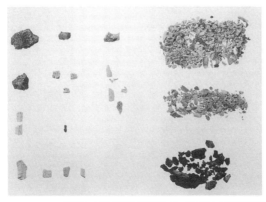

出土した焼人骨

図45　群馬県深沢遺跡C区の焼人骨葬関連遺構

第8章 再葬の論理 201

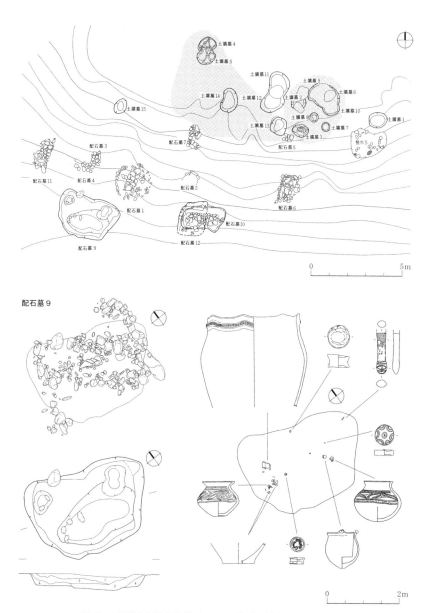

図46 長野県中村中平遺跡の配石墓群と焼人骨葬関連遺構

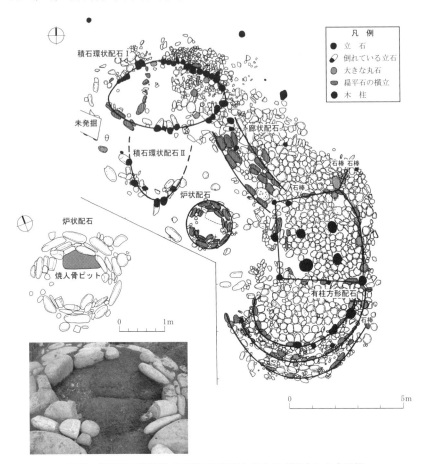

図47　新潟県寺地遺跡の特殊配石遺構と焼人骨が出土した大形炉

もに多量の焼けた人骨と垂飾・硬玉小玉・メノウ小玉の装身具類が出土した。焼人骨は1592点以上の細片になっていたが、頭骨・歯根・腓骨・指骨・四肢骨が確認されている（宮崎 1987）。石棺墓に一次埋葬された遺骸を掘り出し、ここで人骨を焼く行為、あるいは焼いて砕く行為がおこなわれたものと想定される。一般的な石棺墓ではなく再葬に関わる特別な施設と見た方がよい。遺構が一度大きく改修されていることも、その傍証となろう。これに類似する大形の

石囲敷石遺構が、群馬県天神原遺跡（大工原・林 1995）、長野県保地遺跡（関孝 1966、坂城町教育委員会編 2002）、長野県大明神遺跡（大桑村教育委員会編 1988）、山梨県金生遺跡（山梨県埋蔵文化財センター編 1989）など、後期後半から晩期の配石遺構の中にも散見され、これらについても焼人骨葬ないし再葬に関連した機能を想定できる。

　晩期には焼人骨を伴った再葬がさらに拡大する。長野県中村中平遺跡（飯田市教育委員会編 1994）・野口遺跡（林・本田 1962、林茂 1983）・大明神遺跡（大桑村教育委員会編 1988）・御社宮司遺跡（長野県中央道遺跡調査団編 1982b）、新潟県寺地遺跡（寺村編 1987）、山梨県金生遺跡（山梨県埋蔵文化財センター編 1989）など、甲信越地方一帯で焼人骨葬が一段と発達し、配石墓などに一次埋葬された人骨を焼き、細片の状態にして配石遺構や土坑、土器の中に再埋葬する儀礼行為が確認されている（馬場 1994、設楽 2007a）。

　長野県中村中平遺跡では、一次葬用と見られる長方形の石棺墓と二次葬用と考えられる特殊施設が密集して発見されたが、二次葬用施設と考えられる9号配石墓からは細片化した焼人骨が約32kgも出土している（図46、飯田市教育委員会編 1994）。新潟県寺地遺跡では、クリの巨木を4本、正方形に立て並べた遺構を中心に、石敷きや列石が集中する特殊な配石遺構が築造されており、それに隣接する位置に、直径約2mの大形の炉が残されている（図47）。この炉の内側の一角に掘られたピットからは、多量の焼土とともに約60kgの焼けた人骨片が出土した（寺村編 1987）。人骨を焼く儀礼行為をおこなった施設と考えて間違いなかろう。この大形炉を含めて、寺地遺跡の特殊配石遺構の全体が、おそらく再葬制の一連の儀礼行為に関わる葬送の場になっていたものと推定される。

(3)　縄文－弥生移行期の土器棺再葬墓

　東日本地域の縄文晩期終末期から弥生時代初頭に、再葬制が著しく発達したことは周知のとおりである（石川 1987、設楽 1994）。二次葬に至るまでの儀礼過程はそれまでにも増して複雑化しており、遺体を解体する、遺体を煮る・

焼く、歯や指骨を抜き取り装身具に加工する、選骨して土器棺に納める、残りの骨を焼く、などのさまざまな儀礼行為のパターンが復元されている（春成1993）。

なかでも選び出した骨を納める骨蔵器として大型の壺を用いる点に際立った特徴があり、「土器棺再葬墓」または「壺棺再葬墓」と呼ばれる。これには土坑内に単独で埋められた単数型と、複数の土器棺を一括して埋納した複数型があり、東海地方では前者の単数型が多く、関東地方北部から東北地方南部一帯では後者の複数型が顕著に見られる（設楽 1994）。複数埋納例は2個から最大14個に及ぶ土器棺を土坑内に同時に埋納しているが、土器棺の型式が微妙に異なる場合や遺存状態が不揃いな例が見られることから、別の場所に安置されていた土器棺を、ある時点で土坑内に一括して埋めた可能性が高い。土器棺は初現期には凸帯文系・条痕文系・大洞系などの多様な系統の壺・甕が用いられたが、弥生時代中期には独自の壺が各地で生み出された。また、群馬県岩櫃山鷹[1]の巣岩陰（杉原 1967）、八束脛洞窟（外山・宮崎・飯島 1989）など、非常に険しい岩山の岩陰や洞窟に再葬に関連した葬送儀礼の場が残されていることも特筆される点であり、死の儀礼の演出が異常に昂ぶっていた状況を如実に物語る。新しい要素を取り入れつつ、非常に複雑な儀礼体系に作り上げられたものであったことがわかる。

この特徴的な再葬制は、凸帯文系・遠賀川系・条痕文系の壺を棺に用いた例などに西日本系ないし東海系の要素が認められるものの、弥生系の葬制とは見なせない。重要視されるのはむしろ、この葬制が縄文時代中期から晩期にみられた焼人骨を継承している点であり、本質的には縄文時代の再葬制を継承する形で成立した点である。福島県根古屋遺跡では、25基以上の再葬土器棺埋納土坑とともに細片化・灰化した焼人骨の堆積層が形成されており、土器棺に納めた骨を含め出土した全ての骨が焼骨であった（梅宮・大竹編 1986）。群馬県沖Ⅱ遺跡では、再葬土器棺埋納土坑に混じって石敷きのあるやや大形の土坑が発見され、内部から焼けた人歯骨と獣骨が出土している（藤岡市教育委員会編 1986）。これも前述の深沢遺跡例など縄文時代後・晩期に見られた石囲石敷施

設の系譜を受け継ぐものと推定される。

　一方、集団墓と結びついた石造モニュメントの造営は、弥生時代には継続しない。配石遺構の築造が著しく発達した中部・関東地方でも、晩期後半になるとごく限られた数の遺跡に減退していく。たとえば群馬県天神原遺跡では、縄文後期中葉から晩期前半にかけて造営された配石墓群を覆って、晩期前半に環状列石および周溝・周堤が構築され、大形石棒などを用いた儀礼がおこなわれたが、晩期後半にはここでの宗教的儀礼は一切途絶えてしまっている（大工原・林 1995）。

　中部・関東地方における縄文時代晩期終末から弥生時代前期末・中期初頭の遺跡は、いずれも小規模な居住地跡もしくは再葬墓であり、それ以前からの大規模な集団墓や配石遺構が継続的に営まれた例はない。土器棺再葬墓が集中する栃木県出流原遺跡（杉原 1981）、群馬県沖II遺跡（藤岡市教育委員会編 1986）、福島県根古屋遺跡（梅宮・大竹編 1986）などでは、いくつかの再葬土器棺埋納土坑が群を構成している状態が見られる。春成秀爾は個々の土坑を世帯、複数の土坑からなる小群を小集落単位と考え、祖先を同じくするいくつかの小集落が共同墓地を形成したものと解釈している（春成 1993）。群を構成する世帯的な単位が存在し、それらが血縁的紐帯による同族関係を維持していたことがうかがえる。しかし、そこにはかつての環状墓群や環状列石に見られた、あの強い規則的配置は見られない。根古屋遺跡の再葬墓群を検討した設楽博己は、あらかじめ埋葬する区画を定め、全体が環状または弧状になるように墓地を設計する点が、縄文時代の環状墓群や環状列石に特徴的な墓の造営方法に共通すると指摘している（設楽 2005）。こうした例に環状集落の残像が認められるとしても、中期の環状集落や後期の環状列石に典型的に見られた求心性・継続性の強い集団墓はすでに解体しており、むしろ世帯的な小単位に墓地が分散していく傾向が強まっている。

　それでも祖先祭祀そのものが解消したわけではない。群馬県内では、険しい山の岩陰や洞窟から再葬に関連した遺跡が点々と発見されている。岩櫃山（795m、東吾妻町）の山頂直下に位置する鷹の巣岩陰遺跡では、19基の土器棺

図48　群馬県岩櫃山鷹ノ巣岩陰遺跡の景観

再葬墓が発見されている（杉原 1967）。屹立する岩山として独特の景観・雰囲気を備えており、その険しい山頂付近にまで土器棺や遺体を運びあげていたことに驚かされる（図48）。有笠山（884m、中之条町）でも、南側の岩壁に開口する小規模な洞窟（有笠山2号洞窟遺跡）から多量の焼人骨と穿孔された人の指骨4点などが発見されている（中之条町教育委員会編 1997）。八束脛洞窟遺

跡（月夜野町）も、直立する岩壁に開口した洞窟に形成された遺跡であり、多量の焼人骨と穿孔した人の歯・骨が、管玉・オオツタノハ製貝輪・猪牙製玉などの装身具類とともに発見されている（外山・宮崎・飯島 1989）。このような険しい岩山を葬送儀礼の場としたのは、ある種の霊山思想にもとづくものとも推測され、祖先祭祀がより高次の祭祀体系にまで高められていた状況を示唆している。

(4) 再葬制の終焉

　関東地方で稲作農耕が本格化し始める弥生時代中期中葉には、葬制も大きく変化する。方形周溝墓の出現が最も象徴的であり、これは愛知県東部以東の東海地方と軌を一にした動きである（石川 1999）。埼玉県小敷田遺跡では、南北二群に分かれた居住単位のそれぞれに方形周溝墓群が付帯している（埼玉県埋蔵文化財調査事業団編 1991）。方形周溝墓 SX 1 では、3 辺の周溝内から細頸壺が出土しており、再葬制が存続していた可能性が指摘されている（春成 1993）。それが事実であれば、土器棺再葬墓を保持していた集団が自ら主体的に方形周溝墓を受容したことになる。関東地方における初期の本格的な農耕集落として知られる神奈川県中里遺跡でも、方形周溝墓が採用されている。竪穴住居が群集する居住域と方形周溝墓群が造営された墓域とは明らかに分離しており、次の宮ノ台式期に顕在化する環濠集落の空間構成がすでに兆している（玉川文化財研究所編 2015）。方形周溝墓は周溝の四隅に切れ目がある東海地方と共通のタイプであり、また出土した土器群の中に近畿系の型式が多数含まれるなど、弥生文化の先進地であった近畿地方や東海地方から集団移住があったことが想定されている（設楽 2005）。

　稲作農耕が定着した中期後半の宮ノ台式期には、東京湾を取り巻く地域を中心に環濠集落が出現するとともに、世帯墓と考えられる方形周溝墓が一般化する。宮ノ台式期の環濠集落には一群ないし数群の方形周溝墓群が付帯する場合が多いが、神奈川県大塚遺跡・歳勝土遺跡に例示されるように、墓域が位置づけられるのは原則として居住区の外側である。集団墓を集落空間の中心に位置

づける空間構成は、宮ノ台式期の環濠集落には見られず、集落の中央に墓域を抱き込んだ縄文時代の環状集落とは対照的である。墓域と居住域との分離は、弥生時代の環濠集落の一般的な特徴である（酒井 1990、秋山 2007）。

　宮ノ台式期の方形周溝墓群には、列状に並ぶ直列的単位や溝を共有して連続する造成法が特徴的に見られる。直列的に継起する造墓行為からは造営単位の世代的な継承関係がうかがえるだけであり、集落全体を統合するような求心的な空間構成はそこには認められない。方形周溝墓の築造が継起し直列状に展開していくあり方からは、社会構成単位としての世帯の力と系譜がそれ以前に比べて伸長し始めていた状態を読み取ることができる。方形周溝墓を舞台とした祭儀もまた、おそらく世帯がおこなう性格の祭祀となっており、同族集団や集落全体のための集団的な祖先祭祀ではなくなっていたのではなかろうか。

　壺棺再葬墓から方形周溝墓への葬制の転換は、外来文化の影響・模倣といった説明では片付けられない問題である。再葬制の終焉は、縄文的な死生観や再生観念そのものの放棄を意味し、信仰体系の大きな転換を示唆しているからである。

3．再葬のイデオロギーと歴史的意義

(1) 再葬の論理

　再葬をおこなう社会に、近代社会とは異なる死の観念があることを見出したのは、R. エルツ（1980、原典 1907）であった。エルツが取り上げたインドネシアの諸社会——ダヤグ族、オロ・ガジュ族、オロ・マアニアン族など——では、死は瞬間的な出来事とは捉えられておらず、長い過程と考えられていた。死者の魂はすぐには死後の世界に行けず、この世で死への過程をさまよっていると信じられており、遺族は喪に服しながらその過程をともに過ごす。死体の腐敗が終わり、死の完了を見届けた時にはじめて、骨を洗い清め、いよいよ本葬をおこなう。そのときには、死者が死後の世界に新たな場所を獲得したことを祝福して葬儀が盛大におこなわれる。エルツが「間の期間」と呼ぶ、生物死

から本葬までの期間とは、生の状態から死の状態へ移行するための社会的過程であり、これが済まないかぎり死が完了しないし、残された遺族の生活秩序も回復しない。再葬とはまさしくそうした死の観念によるものであるとエルツは論じている。

この論理を通過儀礼全体に一般化したのが、A.ファン゠ヘネップである（ファン゠ヘネップ 1977、原典 1907）。通過儀礼とは、人生のある段階から次の段階へ、ある地位から別の地位への移行に際して、修練者に課される儀礼的過程であり、それは常に成長し変化する個々の人間を、文化的に規定された地位や役割の中に位置づけ、社会として編成するためのものである。ファン゠ヘネップは、多くの通過儀礼が「死‐再生」という劇的な形式を取ることに注目し、それが、①ある状態からの分離、②どちらでもない過渡の状態、③新たな状態への統合を象徴するものであることを論じた。死の儀礼も同じ意味をもち、死者に改めて祖先（祖霊）という社会的な位置づけを与えるための通過儀礼として理解することができる。そこでは死は生物的な死によって終わるのではなく、生の世界からの分離、生死の境界にある過渡期、死者の世界への再統合という過程を経てはじめて完結することになるのである。

この論理の中では、死は一切の終わりではなく、むしろ再生につながる肯定的な意味をもつ。M.エリアーデは、イニシエーションで常に「死」が演じられるのは、死がより高い存在様式への誕生・再生としての意味をもち、儀礼的な死の力によって加入させる人間の宗教的、社会的地位を決定的に変更するものだと論じている（エリアーデ 1971）。

死がなぜ再生に変わるのか。この論理を贈与交換論の文脈において見事に説明してみせたのが J.ボードリヤールであった。象徴交換によって社会の秩序が保たれている未開社会では、誕生や死さえも生物学的な生の事実とは捉えられておらず、象徴交換を通じて社会化される。通過儀礼において死と再生が常にテーマとなるのは、生きる者と死んだ祖先たちとの間に贈与・返礼と同質の象徴交換を設定するもの、つまり死と生との互酬性であると解釈するのである。つまり、死を死者の世界へと間違いなく贈ることによって、逆に死者の世

界からの生の返礼を期待するという論理である。こうして彼らは、自然的・偶発的・不可逆的な死を「解決可能な社会関係」へと変えてしまうというのである（ボードリヤール 1982）。

再生観念と一体をなすこの死の論理は、「供犠」でも同じである。膨大で貴重な供犠を捧げることは、地上の物と財産の真の所有者である神や祖霊への贈与である（モース 1973）。祖霊への贈り物は、死者の魂が旅するのと同じ回路でのみ移行可能であり、それゆえ贈物の形而上学的実体を肉体から分離するためにそれを殺害しなければならない（リーチ 1974）。つまり供犠とは、死の力の奢侈・浪費という手段を利用して、生や豊穣を我がものにしようとする儀礼行為ということができる（モラン 1973）。このように贈与交換論の論理では、「死」や「供犠」は神霊との間の贈与交換として意味づけられ、「生」や「豊穣」の返礼を期待できる力に転化するのである（伊藤 1995）。

再葬が本質的に通過儀礼としての意味をもつことは、春成秀爾や設楽博己が論じたとおりであろう。春成は再葬の意味を解して「死者を骨にして祖霊に返すと、祖霊はまた新たに人を再生させるという思考が存在する」と述べ、顔面をつけて祖霊を表わした壺棺についても、土偶＝母胎のシンボルとしての壺が再生のための装置として必要であったと説明している（春成 1993）。設楽も複雑化した再葬が通過儀礼としての意味をもっていたことを論じ、「再葬は、子孫が近い祖先に対して行った祖先祭祀の性格をもつ死者儀礼であり、焼骨葬はそれを経ることによって死を確認し、死者を祖先の仲間入りさせるため、あるいは再生を果たすための、死後の通過儀礼であった」との見解を述べている（設楽 2005：126）。自然環境の悪化や異質な農耕文化との接触によって増大した社会的な動揺と葛藤が儀礼強化を生み出したという説明には、十分に説得力がある。

(2) **縄文的死生観・他界観と祖先祭祀**

再葬をおこなう社会が「死の儀礼」を非常に大切に考えたのは、祖霊崇拝の表れであると同時に、特有の再生観念にもとづくものである。そこでは「死」

は一切の終わりではなく、むしろ祖霊世界との贈与交換・互酬的関係を通じて「再生」への重要な契機となるものと肯定的に受け止められていた。人間自身の生命も、食料となる動植物も、神霊世界との間の贈与交換によって再生されるという信仰が、彼らの世界像の基底にあったのではなかろうか。再葬とは、儀礼の力によって死者を祖霊に昇華させ、死を克服しようとするものであり、また祖霊との互酬的関係を通じて再生や豊穣を祈るものであったと解釈することができる。

　再葬制を発達させた縄文時代後半期から弥生時代初頭までの社会には、そのような死の論理と再生観念があり、それが社会統合の重要なイデオロギーになっていたものと考えられる。そのような信仰にもとづく祖霊崇拝・祖先祭祀こそが、この段階の儀礼体系の本質であったと理解したい。

　弥生中期後半の宮ノ台式期に、壺棺再葬墓が放棄され、西日本弥生文化の墓制である方形周溝墓が普及して葬制が一変したことは、縄文的な死生観や再生観念そのものの放棄という意味において、根本的なイデオロギー転換を象徴する変化であったと推測される。体系的な稲作農耕文化の受容とともに、それに関わる新たな生産神や穀霊といった神観念が登場し、豊穣祈願や収穫感謝の祭りが開始したことによって、それまでの縄文的な再生観念は放棄され、儀礼祭祀の体系が改変されたものと考えざるをえない。縄文的な祖先祭祀・再生祈願から、稲作農耕文化に整合した豊穣祈願へと、儀礼・祭祀の体系が転換したものと想定されるのである。弥生文化の定着とともに出現した卜骨や鳥形木製品は、そうした新たな儀礼体系の遺物にちがいない。

　そのように考えると、東日本地域における縄文文化の終焉は、再葬制が終焉を迎え、イデオロギー転換が決定的なものとなった弥生時代中期後半に認める方がより妥当に思える。東日本における稲作開始が前期段階にさかのぼることが事実であろうとも、その事実だけで農耕文化への転換がはたされたと短絡的に評価すべきではなく、むしろ社会の統合原理や基本的な価値体系の変化を重視しなければなるまい。

　逆に方形周溝墓を受容しなかった関東地方北部や東北地方の地域社会では、

212　第Ⅱ部　縄文時代の親族組織と儀礼祭祀

縄文的な祖霊観念や再生観念が維持されていた可能性はまったくないのだろうか。春成秀爾は神奈川県大浦山洞穴の弥生後期の再葬人骨や古墳時代の再葬例を重視し、関東地方では方形周溝墓の採用以後にも再葬が存続していた可能性を指摘している（春成 1993）。また、茨城県域を中心とした北関東の地域社会も、複雑な縄文を発達させた十王台式土器や土器棺を用いる独自の葬制をもち、方形周溝墓を受容しない点で、宮ノ台式土器を文化指標とする南関東の弥生文化とは異質な様相を示している[(4)]。福島県一ノ堰Ｂ遺跡の群集する土壙墓（福島県文化センター編 1988）や同じく福島県天神原遺跡の群集する土器棺墓・土壙墓（馬目編 1982）などもまた、同族集団を結束統合させる縄文的な集団墓と祖先祭祀をいかにも髣髴とさせるのである。

註
(1) 群馬県川原湯勝沼遺跡で発見された関東最古期の土器棺再葬墓では、1基の土坑内に浮線網状文系の甕と凸帯文系の壺が埋納されていた（群馬県埋蔵文化財調査事業団編 2005）。弥生前期末〜中期初頭の群馬県沖Ⅱ遺跡でも、棺に使用された土器の中に条痕文系の壺と工字文系・浮線網状文系の甕・壺が混在した（藤岡市教育委員会編 1986）。
(2) 関東地方南部の方形周溝墓では、周溝内から壺が出土する場合があり、小児用の土器棺と考えられている（坂口滋 1992、坂本 1996）。群馬県新保遺跡・有馬遺跡では、方形周溝墓内の壺棺から人骨が出土したが、いずれも胎児骨または幼児の歯である。方形周溝墓に伴う土器棺再葬の確実な事例は知られていない。新保遺跡の後期の周溝墓の主体部から焼人骨が発見された事例があるから、かつての再葬の要素が方形周溝墓の中に残存した可能性は皆無ではないが、方形周溝墓が普及した宮ノ台式期に再葬制が衰退していた事実は否定しがたい。
(3) 方形周溝墓の造営主体は世帯と考えられている。都出比呂志によれば、1基の方形周溝墓が竪穴住居1棟に対応する家族墓、連続する3基前後の方形周溝墓のユニットが一世帯の2〜3世代分の累世的墓域、それらが数個集まった支群が世帯共同体に対応するものと説明されている（都出 1984）。方形周溝墓の被葬者像については区々で、世帯共同体のリーダーである家長ないし家長世帯の墓と想定する解釈（寺沢 1990）がある一方、主体部・溝内を合わせて集落の全成員が埋葬されたと想定する見解もある（安藤 2003）。ただし、家長墓または世帯墓と見る一般的な解釈に対して反論がないわけではない。大村直は、主体部に未成年者を埋葬した事例の存在や周溝内埋葬の疑問点を指摘して、方形周溝墓が必ずしも家長墓・家族墓とは

見なせないと論じている（大村直 1991・1996）。宮ノ台式期に多くの環濠集落が開村した事実はあるが、村と耕地の経営にまだ継続性はなく、耕地や家産を代々相続するような家族や氏族的系譜はまだ存在しなかったのではないかというのがその論点である。

(4) 茨城県地域では、土器棺再葬墓が終息した弥生時代中期後半以降にも、土器棺を用いる独自の葬制が発達した。鈴木素行によると、中期後半に見られる土壙墓への土器棺埋設や土器供献は主に新生児・幼児・小児の埋葬に伴うもので、前代の再葬制を継承するものではない。また、後期には住居跡への埋葬をおこなう「屋内葬」があり、これにも土器棺を伴った多くの事例がある（鈴木素 2010）。縄文葬制の系譜を引く土器棺再葬墓が中期後半以降にも温存されたとは単純に考えられないようではあるが、方形周溝墓を受容せず、独自の地域文化を形成した点は葬制上から明らかである。石川日出志は、西日本からの方形周溝墓の波及だけでなく、仙台平野に共通する土壙墓・木棺墓が関東北部から東北南部に南下する動きが一方にあり、そのような中で壺棺再葬墓が終焉を迎えたことを論じている（石川 2009）。

第Ⅲ部　先史時代の社会複雑化

第9章　ブリテン新石器文化と縄文文化の比較考古学

1．先史社会の比較考古学

(1) 比較考古学の有効性

　グレート・ブリテン島を中心とするイギリス諸島には、ヨーロッパ大陸とは様相のかなり異なる、特色ある新石器時代文化の発達が見られる。その際立った特徴となっているのが、エイヴベリーやストーンヘンジに代表される壮大なモニュメントである。住居跡や土器など日常生活の遺構・遺物が地味で質素な様相を見せる半面で、石室もつ大規模な墳丘墓や、大土木工事で人工景観を創り出した巨大なヘンジ、巨石を立て並べたストーンサークルなど、モニュメントの築造に想像を絶するほどの社会的エネルギーを傾注している点に、イギリスの新石器文化の際立った特徴がある。農耕・牧畜という経済的基礎だけでなく、社会の複雑化を示す葬墓やモニュメントの発達に顕著な特徴が認められるのである。

　筆者は2012年から13年にかけて、國學院大學の国外派遣研究員としてロンドン大学考古学研究所に留学し、イギリス・アイルランド・北フランスを中心とした新石器時代の遺跡群を踏査してきた。数々の遺跡を探訪し、さまざまなモニュメントに実際に立ってみて、その築造に傾注された社会的エネルギーの大きさに圧倒される思いを何度となく経験した。その経験を通して、縄文文化の特性を再認識した面もある。私たちが見慣れている当たり前のモノや光景が、決して普遍的なものでないこともよくわかった。地域的には遠くかけ離れているものの年代的には併行する、この二つの先史文化――ブリテン新石器文化と縄文文化――の比較を通して、互いの文化を相対化してみることが、きわめて

有効な研究視点になることを肌身で感じとることができたのは、この留学の最も貴重な収穫であった。

　ブリテン新石器文化と縄文文化の間には、著しい相違点も確かにあるが、その半面、社会複雑化の過程に起こった文化現象には興味深い共通点も見出せる。この章では、ブリテン新石器文化と縄文文化との通文化的な比較対照を試み、あらためてモニュメント築造という社会的行為の意味に焦点を当てて、先史社会の複雑化について考察してみたい。

　これまでの日本の考古学研究でも、ブリテンおよび周辺地域の新石器文化との比較研究がおこなわれてきた。近藤義郎らがおこなったアイルランド・ロッホクルーの積石塚墳墓群の調査研究が本格的な比較研究の先駆けである（近藤・ロッホクルー墳丘墓群調査団編 2011）。また近年では、日本の古墳との比較研究を目的としてブリテン新石器時代の石室墳の様相を検討する研究がいくつか発表されている。都出比呂志は、世界各地の墳丘墓との比較によって、複数の墳丘型式が併存する日本の前方後円墳体制の特質を明らかにしようとする研究視点を提示し、その中でイギリスの長方形墳（後述の長形墳）やアイルランドの円形墳の特徴を整理している（都出 1999）。松木武彦もまた比較考古学の視点を継承し、イングランド南西部からウェールズを中心に分布するコッツウォルド・セヴァーン・グループの長形墳の諸特徴を検討・整理している（松木 2006・2007a）。同時に、日本とイギリスの考古学研究の問題関心の在り処や理論的立場の違いにも触れ、石室や墳丘の緻密な形態研究から主に古墳時代の政治的側面を考察しようとしてきた日本の古墳時代研究と比較するには、整理すべき課題が多いとも指摘している。

　日本の古墳との比較研究に向けたこうした意欲的な論考に対して、年代的に並行する縄文時代との比較を試みた研究は少ない。藤尾慎一郎が「死の考古学」という切り口で日英の研究史を対比した論考があるが（藤尾 1996）、墓制やそれに関わる遺構群の具体的な比較研究はこれまで十分におこなわれてこなかった。先史社会の複雑化や社会進化への一般的な問題関心からみると、ブリテン新石器文化と縄文文化との比較研究には有効性があるが、そのような発想

は成熟していないのが現状である。ここでは、ブリテン新石器文化に顕著なモニュメント築造という社会的行為に注目し、縄文社会史との比較を通して、二つの社会の共通点と相違点を探りたい。

なお、表題にある「ブリテン新石器文化」とは、グレート・ブリテン島を中心にマン島やオークニー諸島などの島嶼部を含むイギリス諸島の新石器文化を総称するものである。先行研究での語を踏襲し、ここでもその意味で用いる。また、隣接するアイルランドの遺跡事例も適宜参照することとする。

(2) イギリスの新石器時代

ブリテン新石器文化は、ヨーロッパ大陸から農耕・牧畜の技術と磨製石器・土器などの生活技術がパッケージとして伝播して開始したと説明されている。その年代は BC4000年頃から BC2200年頃にかけての約1800年間と推定されている（Whittle 1999）。新石器時代の時期区分については、前期・後期の二期区分と前・中・後期の三期区分が併存しているが、ここでは前者の表記法に従うこととする。

新石器時代の開始年代や中石器時代から新石器時代への移行については、議論が続いている。イギリス諸島への農耕伝播の経由地と推定されるデンマーク・ベルギー・オランダ・北フランスにおける農耕の起源は BC5500年頃にさかのぼることが確実であり、北アイルランドのバリーナギリー遺跡の調査でも約4700BC にすでに農耕が開始していた可能性が指摘されるなど、従来説を再検討させる発見も報じられている[1]。ブリテン新石器文化の開始年代は従来説より古くさかのぼる可能性が高いが、ここではイギリスにおける新石器時代が2000年弱の長さの時代である点をまず確認しておきたい。これは縄文時代の長さに対比すると比較的短い時代であり、年代的には前期中葉から後期初頭の頃に併行することになる。関東地方の縄文土器編年に対比するなら、おおよそ黒浜式期から称名寺式期の頃となる。

ブリテン新石器文化の経済基盤は農耕・牧畜であり、主に小麦・大麦の穀類栽培と、ウシ・ブタ・ヒツジ・ヤギの牧畜をおこなっている。魚貝食の利用は

副次的であり、貝塚遺跡はほとんど見られない。農耕の開始とともに耕地の開拓が進み、ニレ属などの落葉広葉樹林のクリアランスが進んだことが、花粉分析から明らかにされている。また農耕技術も進歩し、鍬耕作から牛耕へ移行していった。定住化も進んだが、多数の建物跡が累積する集落遺跡はほとんど発見されておらず、牧畜に伴う季節的移動や数年周期の耕地移転がおこなわれたと考えられている。日常生活に伴う道具は土器と磨製石器を中心としたもので、物質文化は全体に質素である。

 特記すべき文化要素として、社会の複雑化を示す葬制の発達や大規模なモニュメント築造の盛行が挙げられる。また、出土人骨の頭蓋骨に残る殺傷痕から闘争の存在も指摘されている（Schulting 2012）。これも社会の複雑化に伴って出来した現象の一つと考えられる。

 農耕・牧畜の生産技術や土器文化はヨーロッパ大陸から伝播した要素であり、大陸新石器文化との共通要素である。一方、巨石モニュメントは大西洋沿岸とスカンジナビア半島を中心とした北西ヨーロッパに顕著な文化要素であり、中央・南東ヨーロッパでは稀である。ブリテン新石器文化の成立と発展は、大陸からの単純な植民とは考えられない独自の文化変化の軌跡を示しており、急速な社会の複雑化が認められる点が注目される。

2．ブリテン新石器文化のモニュメント

 ブリテン新石器文化を特徴づけているさまざまなモニュメントについて概観し、その築造の社会的意味に関する論説を整理する。新石器時代のモニュメントに関する論考は数多く、管見に触れた関連文献も多数に上る。ここでは主に2000年代以降に出版されたブリテン新石器時代の総説を参照した（Bradley 2007、Cummings 2008、Darvill 2010、Malone 2001、Noble 2006、Pollard 2008、Scarre 2007）。コースウェイド・エンクロージャーについてはA.フィトルらによる年代研究プロジェクトの報告書（Whittle, Healy & Bayliss eds., 2011）、およびR.マーサーとF.ヘリーらによるハンブルドン・ヒル遺跡の発

掘調査報告書（Mercer & Healy eds. 2008）に最新の研究成果がまとめられており、参考になる。長形墳についてはT.ダーヴィルとD.フィールドの著書（Darvill 2004、Field 2006）に研究成果がまとめられている。また、カーサスについてはA.バークレイとJ.ハーディングの編集による論文集（Barclay & Harding eds. 1999）、ヘンジに関してはG.ウェインライトの研究（Wainwright 1989）が参考になる。著名なモニュメントが集中するエイブベリーについてはJ.ポラードとA.レイノルズの総説（Pollard & Reynolds 2010）、同じくオークニー諸島のモニュメント群についてはC.レンフリューらの論文集（Renfrew ed. 1985）およびT.ガーナムの研究（Garnham 2004）が参考となる。また、アイルランドの墳丘墓についてはスタウトらによるニューグレンジ墳丘墓の研究（Stout & Stout 2008）がある。

(1) **コースウェイド・エンクロージャー**（causewayed enclosure）

コースウェイド・エンクロージャーとは、1万〜数万 m^2 に及ぶ広大な範囲を、途切れ途切れの溝と盛り土で区画した遺構である。新石器時代の前期にイングランド南部を中心に盛行した代表的なモニュメントである。区画の平面形は円形・楕円形状の事例が多いが、個々に地形的な制約も受けており、定型的ではない。また、単一の溝で囲繞する場合と、最終的な形状が多重になっている場合がある。ウィルトシャーのウインドミル・ヒル遺跡、ドーセットのハンブルドン・ヒル遺跡、サセックス東部のホワイトホーク・キャンプ遺跡などが最も典型的な事例として知られ、ブリテン島の南部を中心に70例以上が知られている（Whittle, Healy & Bayliss eds. 2011）。

コースウェイド・エンクロージャーは防御を目的とした環濠集落の類ではなく、儀礼の場としての性格をもち、溝を埋戻す行為や再掘削行為が高い頻度で見られ、長期継続的に場の利用が繰り返される特徴がある。また、成人・子供を含む人骨の埋葬や、ウシ・ヒツジ・ブタなどの家畜の骨が溝の中に集積していた事例もあることから、儀礼や祝宴の場と考えられている（Thomas 1999、トーマス 2004）。

第9章 ブリテン新石器文化と縄文文化の比較考古学　221

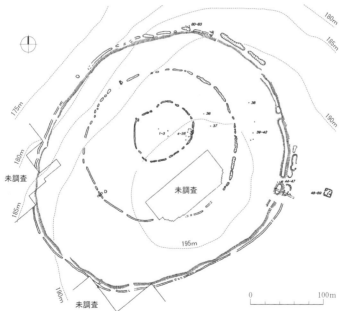

図49　ウィンドミル・ヒルのコースウェイド・エンクロージャー
（イングランド・ウィルトシャー）

最大級の遺構として著名なウインドミル・ヒルのコースウェイド・エンクロージャー（図49）は、後述するとおりエイブベリー遺跡群を構成する初期のモニュメントの一つであり、エイブベリーヘンジの北西約2kmに位置する。丘の頂部から緩斜面にかけて三重の溝で楕円形に囲まれた形態となっている。外周の溝の直径は最大で360m、総面積は約84500m²に及ぶ。最新の年代測定研究によれば、外周の溝が造られたのが3685-3610 cal BC、二番目の溝が3655-3605 cal BC、最も内側の溝が3685-3635 cal BCと推定され、最初に内側の区画が掘られ、次に外周の区画の掘削が続き、最後に中間の区画が造られた可能性が高いといわれている。溝の内部からは、乳幼児を中心とした人骨の埋葬や、土器・フリント・家畜の骨などの集積が発見されている（Whittle, Healy & Bayliss eds. 2011）。

(2) **長形墳**（long barrow）

ブリテン新石器文化の前半期、BC4000〜3200年頃に盛行した、長方形・台形・楔形を呈する一種の墳墓で、長さ20〜125m、高さは現状で2〜5m、高いもので7m以上の規模をもつ。ブリテン島全域で300基以上が確認されている。とくにイングランド南部に約230基が密集しており、イングランド北部のヨークシャーやリンカーンシャーにも50基以上が分布する。スコットランドにはケルン（積み石）で築造されたタイプが分布し、アイルランド島の北部にもケルンを伴うタイプが分布している。盛り土や積み石だけで造られた一群と、石室を伴う一群がある。後者はコッツウォルド・サヴァーン、クライド、ウェセックスなどの地域的伝統であり、中でもイングランド南西部に集中するコッツウォルド・サヴァーン・グループに顕著な構造的特徴となっている。長形の墳丘の端部に石室をもつタイプ（図50）と、墳丘側面に石室を設けたタイプ（図52）があり、後者の好例であるベラスナップ長形墳では墳丘端部に偽の入口が造作されている（図52）。

特定個人のための墳墓ではなく、男性・女性・子供を含む数十体の遺骨が集積されている例が多いことから、集団墓・共同墓の性格をもつとされる。石室

第9章 ブリテン新石器文化と縄文文化の比較考古学 223

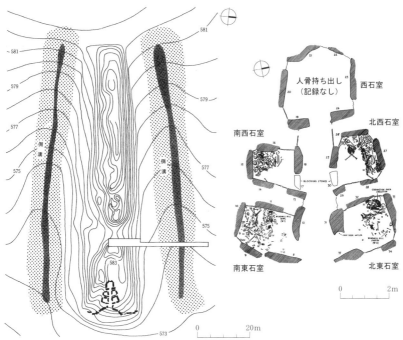

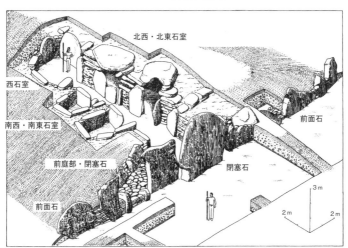

図50 ウェスト・ケネット長形墳と石室内に集積された人骨
（イングランド・ウィルトシャー）

図51　ウェスト・ケネット長形墳

第 9 章　ブリテン新石器文化と縄文文化の比較考古学　225

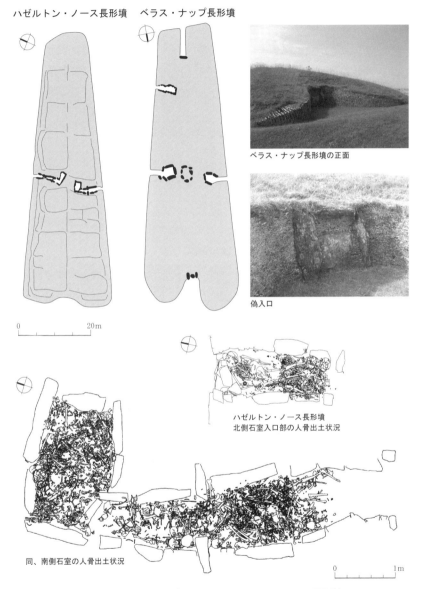

図52　ベラス・ナップ長形墳とハゼルトン・ノース長形墳
（イングランド・グロスターシャー）

内に人骨が残されていたコッツウォルド・サヴァーン・グループの33例を分析したT. ダーヴィルによると、個体数は5体以下から60体以上まで、かなりバラツキがあるが、正確な発掘調査記録がある事例では40体前後が普通とされている（Darvill 2010）。特殊な副葬品をもつ個人のような、特殊階層の存在は認められず、むしろ大勢の死者の骨を収めた集団の共同墓地ないし祖先たちの霊廟のような性格が認められる。

 ただし、それらの人骨群は遺体を次々と追葬した結果ではなく、関節のつながっていない骨がほとんどであることから、多くの死者の遺骨を二次的に集積する行為があったと見てよい。しかも、運び込まれたのは全身の骨とは限らず、ある種の選別がなされた可能性がある。ウェスト・ケネット長形墳（図50・51）では、5つの石室から少なくとも60個体分の人骨が集積された状態で出土しており、最奥の石室に成人男性、次の2室には男女を含む成人、入り口近くの2室には若年者・子供・老人の骨が納められ、年齢とジェンダーによる区別があったことを示している。しかし、全身骨格が揃って残る個体はなく、とくに頭骨が少ない点が指摘されている。ウェスト・ケネット長形墳から約4.5kmに位置する前述のウィンドミル・ヒルでは、それとは対照的に子供の骨が多数を占め、頭骨も数多く出土している。

 ウェセックス・グループの研究でも、コースウェイド・エンクロージャーと長形墳に残る人骨群は傾向が異なり、前者では頭骨と長骨が全体の70％前後をを占めその他の骨が少ないのに対して、後者では頭骨の比率が8％程度しかないという研究例がある（Thorpe 1984）。コースウェイド・エンクロージャーと長形墳に残された人骨群は、年齢や部位に傾向の違いを示しており、長形墳に運び込まれる人骨が何らかの基準で選別されたとする推論の根拠となっている（Malone 2001、Parker Peason 2003）。

 また、長形墳について一つの興味深い築造パターンが明らかとなっている。長形墳の築造以前にすでに存在していた墳墓などの遺構を完全覆ってその上に築造する行為、あるいは最初の遺構を改造してより大規模な墳墓に造り直す行為が顕著に見られる（図53）。マルチ・フェイズ・コンストラクション、多時

第9章　ブリテン新石器文化と縄文文化の比較考古学　227

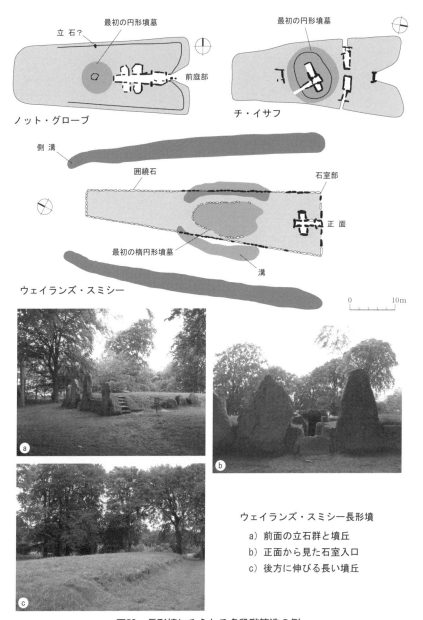

図53　長形墳にみられる多段階築造の例

ウェイランズ・スミシー長形墳
a) 前面の立石群と墳丘
b) 正面から見た石室入口
c) 後方に伸びる長い墳丘

期・多段階築造ともいうべき行為である（Darvill 2004・2010、Noble 2006）。たとえばウェールズ・グイネッド のダイフリン・アーダッドウイーでは、箱形のドルメンをもつ石室墳を覆って長形墳が築造され、新たな石室が造られている。グロスターシャーのノット・グローブでは円形墳を覆って大規模な長形墳が築造されている。アバディーンシャーのダラディーズ、ウィルトシャーのフッセルズ・ロッジ、ハンプシャーのナットベインでは、木造の葬儀用の家を覆って大規模な長形墳が造られ、新たな石室が築かれている。オックスフォードシャーのウェイランズ・スミシー（図53）では、BC3460-3400年頃に造られた楕円形の墳墓を覆って、その30-40年後に長形墳が築造され、十字形の石室とその前面の巨岩の立石が築かれている。個々に違いはあるものの、これらの多時期・多段階築造が最初の埋葬遺構を強く意識しておこなわれたことは明白である。最初の墓ないし被葬者を記憶する人びとが、その場所を覆って集団墓を造営する行為が、そこから復元されるのである。

　後述するカーサスと複合するケースが少なくない点も注目される。純然たる墓地というより、儀礼祭祀空間としてのランドスケープの中に位置づけられたモニュメントないし儀礼の場として機能していたものと推測される。

(3)　石室墓・羨道墓 (chambered tomb / passage grave)

　巨石を用いて造られた石室、およびそこに至る細長い通路に特徴のある墳墓である。新石器時代の前半にすでに出現し、約3600-3300BC以降に発達する。石室のプランや墳丘の形態・築造法は多様で、さまざまなタイプに分類できる（図54〜図56）。石室には単体のものと複数のセル（小部屋）を造作したものがある。墳丘の作り方には地域差がみられ、スコットランドやウェールズではケルン（積み石）が特徴的である。一般的に通用している確定した和訳語はないが、ここでは chambered tomb を「石室墓」、passage grave を「羨道墓」と称することとする。

　この種の墳墓も、前述の長形墳と同様、特定個人のための墳墓ではなく、集団墓・共同墓の性格をもっている。[4] 埋葬施設である石室内に多量の人骨が集積

第 9 章　ブリテン新石器文化と縄文文化の比較考古学　229

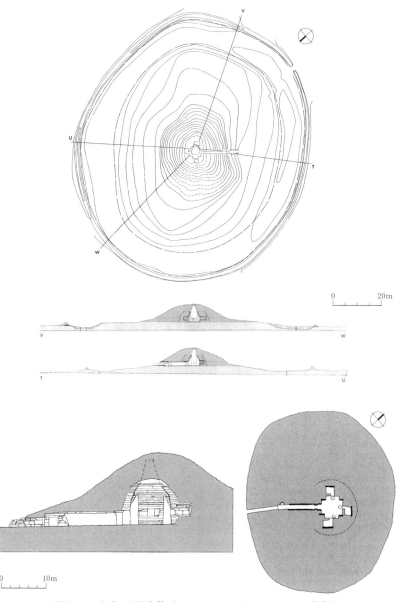

図54　メイズハウ石室墓（スコットランド・オークニー諸島）

230　第Ⅲ部　先史時代の社会複雑化

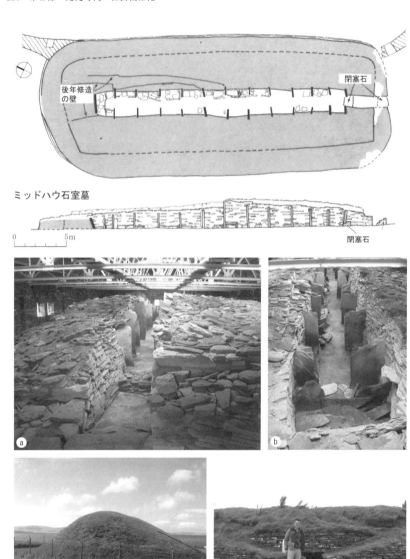

a・b：ミッドハウ石室墓　　c：アンスタン石室墓　　d：イーグル石室墓

図55　オークニー諸島の積石石室墓

第 9 章 ブリテン新石器文化と縄文文化の比較考古学　231

a〜c：ブリン・ケスリー・ディー羨道墓　　d：ペントラ・イファン石室
e：キャレッグ・サムソン石室　　f：フォークノックス石室

図56　ウェールズとアイルランドの石室墓

している事例が数多く存在し、別の場所に埋葬され白骨化した骨が運び込まれた可能性が高い。たとえば、オークニー諸島のカンターネス遺跡（BC3000～2400年頃）では、157体以上の人骨が出土しており、本来400体分が埋葬されていた可能性があると推定されている。また、この種の石室墓・羨道墓でも、長形墳に見られたのと同様の多段階築造や改修が認められる。

　最も著名な二つの事例を紹介し、それが単に遺体を埋葬するための墳墓ではなく、葬送儀礼の場や霊廟の性格を兼ねたモニュメントとしての機能をもっていた点を明確にしたい。

　オークニー諸島にあるメイズハウ遺跡が初期の石室墓として著名である（図54）。直径35m、高さ7mの円形のマウンドをもち、10mの細長い通路を通ってドーム形の石室に至る構造となっている。石室は長さ4.7m、高さ（現状）4.5mの規模で、板状の石材を丁寧に積み重ね、上部は持ち送り工法によりドーム形の天井を造り上げている。最も特徴的な構造は、方形の石室の左右の壁面と奥壁の中央の、腰ほどの高さに造られた三つのセル（小部屋）であり、ここに死者たちの骨を運び込んだものと考えられている。さらに注目されるのは、その設計と冬至との関連性である。冬至とその前後の数日だけに、日没時の太陽光線が10mの通路を通り、石室の奥壁を明るく照らすことが判明している。冬至を強く意識して設計された可能性が高く、このモニュメントの性格の一端が示唆されている。

　アイルランドのボイン川流域には石室墓・羨道墓の密集する古墳群が分布し、なかでもニューグレンジ、ナウス、ダウスなどの大規模な墳墓がとくに著名である。ニューグレンジ石室墓は、直径約95m、高さ約9mのマウンドをもつ、西北ヨーロッパの新石器時代でも最大級の墳丘墓として知られている（図67）。墳丘の裾には彫刻付きのものを主体として95個の巨石が巡らせてあり、側壁は白色の美しい石英岩の積み石で装飾されている。墳丘内部には、三つの側室をもつ十字形の石室と、そこに通じる約17mの著しく細長い羨道がある。ドーム型の石室に造られた三つの側室には、巨大な石臼が置かれている。北東と南西の側室からは、焼かれたものと焼かれていないものを含む人骨が出土し[5]

ており、それらは本来、石臼を用いた何らかの儀礼的処理を受けたものと推定されている（Stout & Stout 2008）。さらに興味深いのは、前述のメイズハウ遺跡と同様、ここでも冬至との関連性が指摘されていることである。冬至の日の出の時だけに、入口の上に造られた特殊な小窓から入った太陽光が長さ17mの著しく細長い羨道を通って石室内に届き、奥の部屋に置かれた石臼を照射する構造となっているのである（図68）。羨道に傾斜と蛇行があること、また出入口の上部に特殊な小窓が造られていることを考えれば、偶然とは到底考えられない。

(4) **カーサス**（cursus）

カーサスも新石器時代前半期に盛行する特徴的なモニュメントの一つである。長さ50～10000m、幅100m程度の長大な遺構であり、溝と内側の盛り土で構成されている。内部には平坦な空間があるが、遺構はほとんど残されていない。ブリテン島南部・中部を中心に現在100例以上が確認されている。二つないし三つが近接して造られた例が散見されるほか、長形墳などの他のモニュメントと複合して一体的なコンプレックスを形成している事例も数多く確認されている（Barclay & Harding eds. 1999）。

放射性炭素年代測定値の集成・分析にもとづいてカーサスの盛行した年代を検討したA.バークレイとA.ベイリスによると、カーサスの築造年代は3640-3380 cal BCから3260-2920 cal BCの年代域と推定され、200年から650年ほどの期間にわたり各地で造営されたと考えられている（Barclay & Bayliss 1999）。オックスフォードシャーのドレイトン・カーサス（BC3600～3400年頃）が初期の一例であり、コースウェイド・エンクロージャーや初期の長形墳とほぼ同時期に出現したことを示している。

最も著名な事例は、ドーセット・クランボーンチェイスのチョークの丘を縦断して造られたドーセット・カーサスである（図57）。約10kmにわたって高さ2m前後のチョークの盛り土と溝が続き、著しく細長い遺構が造り出されている。中間付近に長軸がわずかに屈折する場所があり、ここを境に2時期に

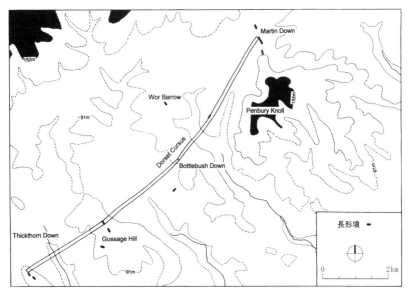

図57 ドーセット・カーサス（イングランド・ドーセット）

わたって築造されたものと推定される。屈折点から南西方向に延びる最初の5.8kmの直線部分は、盛り土と溝が91mの間隔で平行して築かれ、中ほどの最高地点には、ガセッジ・カウ・ダウン長形墳がカーサスの長軸に直交して築かれている。屈折点から北東方向に延びる4.2kmが次に築造され、その東端にも4基の長形墳が位置している（Johnston 1999）。

また、ストーンヘンジの近傍にも二つのカーサスが残されており、そのうちのグレーターカーサスでは約3kmにわたって盛り土と溝が続き、その東端付近に長形墳が築かれている。

カーサスの性格や機能について定説はないが、一つには大勢の参列者による行進を伴った儀礼が想定されている（Johnston 1999）。そして、北西-南東、または北東-南西の方向に造られた事例の存在から、冬至・夏至の日出没を強く意識して設計、築造された可能性も推測されている。前述のドーセット・カーサスでも、最初に築造された南西部分約5.8kmの軸線は冬至の日没方向

と一致することが指摘されており（Penny & Wood 1973)、冬至の日に何らかの儀礼がおこなわれた可能性がある。また、長形墳との関連性も、注目すべき要素である。

(5) ヘンジ（henge）

　新石器時代後半、前三千年紀を中心に盛行する独特なモニュメントの一つにヘンジがある。ヘンジの一般的特徴は円形の溝と土手であり、その規模は直径10m から最大で500m にも達する。通常は外側に土手がめぐり、その内側に沿って溝が掘られた形態をとり、入口と考えられる部分的な切れ目がある。直径350m の壮大な規模を誇るエイヴベリーのそれが圧巻であり、ストーンヘンジの北東約2.8km に築かれたデュリントン・ウォールズ（図61）も直径約500m の最大級のヘンジとして知られる。そのほか、ダービーシャーのアーバー・ロウ遺跡（図59-ef）、北ユークシャーのソーンボロー遺跡（図58）、ドーセットのマウント・プレサント遺跡、オークニー本島のリング・オブ・ブロガー遺跡およびストーンズ・オブ・ステンネス遺跡などが有名である。ストーンヘンジもその最初の段階には、現在の遺構群の外周をなす円形の溝と内側の土手がまず作られており、ヘンジの築造から出発したことが明らかとなっている。また、イングランド北西部にあるメイバラ遺跡（図59-b）のように、盛り土以外に石積みで築かれた事例も知られている。

　ヘンジの内部の構造や残された遺構はさまざまである。ストーンヘンジの第1段階（Stage 1：約3000-2920BC）のケースでは、円形土手の内周に沿って56カ所の穴がめぐる構造となっている（図60）。この穴の存在は17世紀にジョン・オーブリーによって発見されたもので、彼の名に因んでオーブリー・ホールと呼ばれている。環状の木柱列があったと推測されているが、2008年に行なわれたオーブリーホールNo.7 の発掘調査では、約60人分と推定される焼けた人骨が穴の下部から出土し、埋葬に関係した遺構である可能性が強まった（Parker Pearson & Stonehenge Riverside Project 2012)。ヘンジの中心部にはこの段階には石造の構造物はまだなく、多数の木柱があったことを示すピッ

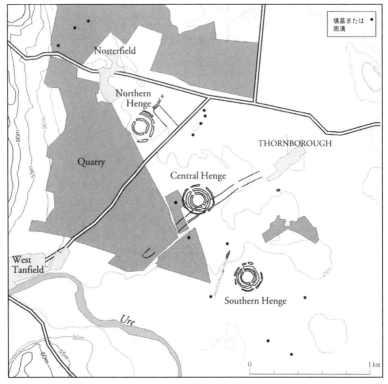

図58　ソーンボローのヘンジ群（イングランド・ヨークシャー）

ト群だけが残されている。

　ストーンヘンジの東方に位置するウッドヘンジや、マウント・プレサント遺跡では、ヘンジの内部に多重木柱列が発見されており、木造の大型円形建物があったものと推定されている。また、エイヴベリーの巨大ヘンジの場合は、幅約20m、深さ約9mの溝の内側に沿って98個のサーセン石の巨石群が環状に廻らされ、ヘンジの中央部に二つの環状列石が造られた構造となっている（図63）。リング・オブ・ブロッガー遺跡やアーバー・ロウ遺跡（図59-ef）でも、溝の内側に沿って柱状の巨岩を立て並べた環状立石群がある。

第9章　ブリテン新石器文化と縄文文化の比較考古学　237

「キングアーサーの円卓」(イングランド・カンブリア)

メイバラ遺跡 (同)

ノールトン遺跡 (イングランド・ドーセット)

ノールトン遺跡 (同)

アーバー・ロウ遺跡 (イングランド・ダービーシャー)

アーバー・ロウ遺跡 (同)

図59　ヘンジの諸形態

238 第Ⅲ部 先史時代の社会複雑化

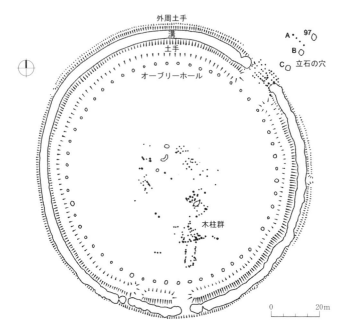

図60 ストーンヘンジのステージ１の構造（約3000-2920 BC）

(6) その他のモニュメント

　ストーンヘンジ遺跡群の一角を占めるウッドヘンジとデュリントン・ウォールズ、エイヴベリー遺跡群の一角にあるサンクチュアリ、ドーセットのマウント・プレサント、などでは、大形の柱穴を多重の円形に配列した環状木柱列（timber circle）が知られている（図61）。大規模な上屋をもつ特殊な建造物と考える説が有力であり、複数回の建て替えと拡張が想定されている（Wainwright 1989）。マウント・プレサントのそれは、径320～350mのヘンジ・エンクロージャーの内部に築造されており、遺構自体は直径49m、深さ２mの円形の溝で区画され、内部に直径38mから12.5mまでの５重の環状柱穴群が残る。外周の溝が１カ所で途切れており、入口と推定されている。年代測定値からBC2300年頃、新石器時代終末期の遺構と考えられている。デュリントン・ウォールズとウッドヘンジのケースも遺構の構造と規模はマウント・

第9章　ブリテン新石器文化と縄文文化の比較考古学　239

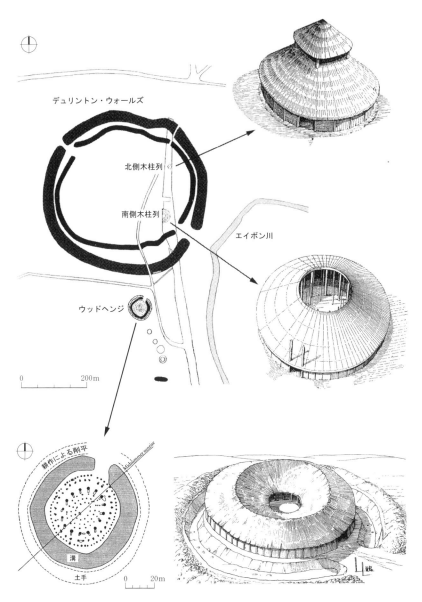

図61　ウッドヘンジとデュリントン・ウォールズの多重木柱列

図62　スウィンサイド・ストーンサークル（イングランド・湖水地方）

プレサントの例に酷似しており、デュリントン・ウォールズのケースは直径約500mのヘンジ・エンクロージャーの内部に造られた点も同じである（図61）。

環状列石（stone circle）は、新石器時代後期を中心に盛んに築造された遺構であり、イングランド南西部・北部、スコットランド、ウェールズの高地などに600例以上が知られている。図62に原形がよく残る好例として、イングランド・湖水地方のスウィンサイド・ストーンサークルを示す。

エイヴベリーの巨大ヘンジから南へ約2kmには、高さ36mの巨大なマウンドが築かれている。これがシルベリー・ヒルであり、埋葬施設を伴わない特殊なモニュメントである（Leary 2010）。少なくとも3時期にわたって築造されたもので、最後の工期はBC2500〜2400年頃と推定されている。同様の巨大マウンドは、ウィルトシャーのマールボローやマウント・プレサント遺跡の近傍にも存在する。

(7) モニュメントの意味機能

　ブリテン新石器文化の数あるモニュメント群の中でも屈指の規模と内容を誇るエイヴベリー・ヘンジ（図63）と周囲に展開するモニュメント群（図64）を例に、各種の遺構の築造行為が一定の地域内で繰り返された結果、特別な文化景観が形成されていく過程を見てみたい。エイヴベリー遺跡群を構成する主な遺構とその築造順序および年代は、おおよそ次のような段階に整理されている（Pollard & Reynolds 2010）。

　1期　BC3700年頃、ウインドミル・ヒルの丘の頂上付近に最大径360mにも達する大規模なコースウェイド・エンクロージャーの造営が始まる（図49）。ほぼ同じ頃、地域全体を見渡す南西の丘陵上に、ウェスト・ケネット長形墳が築造される（図50・51）。その際、石室と前面の衝立の石材として遠方のコッツウォルズ地方から石灰岩の巨石が運搬される。

　2期　BC3200年頃からBC2600年頃にかけて、エイヴベリーに直径約350m、面積約11ha、溝幅約20m・深さ約9mの巨大ヘンジが築造される（図63・65）。さらにヘンジの内側に沿って巨石列が立てられ、中央部に二つの巨大な環状列石が築造される。

　3期　BC2400年頃、直径約140m、高さ約36mの巨大マウンドであるシルベリー・ヒルの築造が開始される（図66）。BC2500～2000年頃には、サンクチュアリに多重木柱列として残る大型木造建築が造られ、その後に二つの環状列石が造られる。また、サンクチュアリからエイヴベリー・ヘンジの南側の入口まで2.6kmにわたって両側に巨石を立て並べたアヴェニューが築造される。

　このように新石器時代の前半期から終末期まで、さらに後続する青銅器時代にも継続して、約1700年以上もの長期間にわたって、巨大なモニュメントの築造・改修が継続的におこなわれ、特殊な文化景観が長い時間をかけて創り出されていたことがわかる。

　各種モニュメントの構造や性格はさまざまだが、多大な労働量を投入して大規模でビジュアルな記念物を築造する行為の産物である点はすべてに共通している。多くの人員ないし集団がその築造行為に組織的に関与していたことは間

242 第Ⅲ部 先史時代の社会複雑化

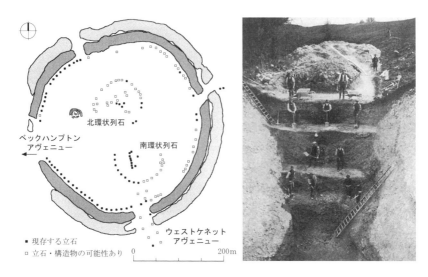

図63 エイヴベリーの巨大ヘンジ（イングランド・ウィルトシャー）
写真：1920年代の発掘調査

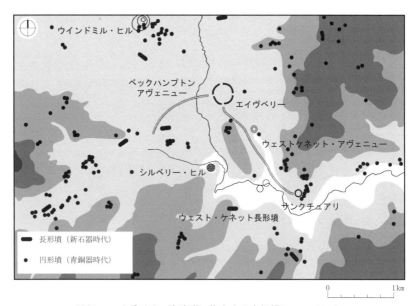

図64 エイヴベリー遺跡群に集中する大規模モニュメント

第9章　ブリテン新石器文化と縄文文化の比較考古学　243

図65　エイヴベリー・ヘンジとアヴェニューの景観

244 第Ⅲ部 先史時代の社会複雑化

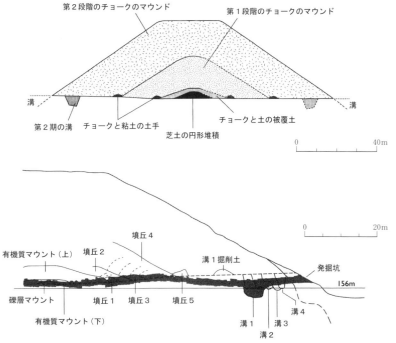

図66 シルベリー・ヒルの巨大マウンド

違いない。また、モニュメントの築造が一度限りの記念事業のようなものではなく、遺構の修造や付加、拡張などの行為が長期間にわたって持続的におこなわれていた点や、見る者を圧倒する荘厳な人工景観が長い年月をかけて累積的に形成される点も、モニュメント築造行為の社会的意味や場の機能・性格を考察する上で重要な事実である。

また、ウェスト・ケネット長形墳やウインドミル・ヒルのコースウェイド・エンクロージャーがそうであるように、大規模な長形墳や石室墓・羨道墓が耕地や牧草地の中の小高く目立つ場所に造られている事実も、それらが開拓地の領有に関わる地域社会のランドマークとしての意味を有していた可能性を示唆している。

3．ブリテン新石器文化と縄文文化の相対化

ブリテンの新石器時代には、先行する中石器時代にはまったく存在しなかった大規模な墳墓や多様なモニュメントが盛んに築かれ、急速に進展した社会の複雑化を如実に示している。ブリテン新石器文化と縄文文化の間には直接的な接触や系統的関係はないが、イギリスの新石器時代に顕在化したその動きには縄文時代後半期に進んだ文化変化との共通点が見出せる。ここでは、ブリテン新石器文化と縄文文化との比較検討を通して、二つの先史社会の複雑化過程を相対化してみたい。

(1) 相違点

ブリテン新石器文化と縄文文化との相違点としては、次のような点が指摘される。

① 社会変化の速度

イギリスにおける中石器時代から新石器時代への文化変化は劇的と表現しても過言ではないものであり、社会複雑化の急速さが表れている。農耕・牧畜の開始から数百年後には、コースウェイド・エンクロージャーや長形墳の築造と

そこでの集団的祭儀が始まっていた。それも局地的な動きではなく、イングランド南部から北海のオークニー諸島まで、同様の社会現象が急速に広がった。縄文社会の場合は、更新世から完新世への移行に伴う環境変化を背景として、早期以後に定住化や生業技術が徐々に発展し、早期末から前期の海進期に人口密度が高揚して、環状集落や集団墓の成立を見た。つまり、完新世に入り縄文文化の生業的・技術的基礎が確立した縄文早期以降、社会複雑化につながる変化が、4000年以上をかけてゆっくりと進行したことになる。

② **モニュメント築造の労働量**

モニュメント築造に投下された労働量の違いも明白である。長形墳や巨大ヘンジの築造にかかる土木量は、縄文の比ではなく、むしろ大型前方後円墳の築造にも匹敵するものである。この労働量の違いは、基礎的な生産力や人口規模の違いに起因していると考えられる。農耕・牧畜を基盤とした生産力は高く、穀類やミルクを主食とする食文化の違いが、ヒトの体格の違いにも端的に表れている[7]。また、イングランド南部のチョーク地帯を中心に、大規模なフリント採掘跡が主要なものだけでも12カ所確認されており、BC3000〜2000年頃に操業したグライムズ・グレイブス遺跡（ノーフォーク）では、500以上の深いシャフトが残り、採掘量は優に4000t以上と推計されている（Barber, Field & Topping 1999）。縄文時代の黒曜石採掘とはまったく桁違いである。経済的活動の規模においても、大きな懸隔を認めないわけにはいかない。

③ **金属製品の保有**

技術史的には新石器段階でありながら、金・銅などの特殊な威信財（prestige goods）が保有されていることにも注意したい。イギリスでは新石器時代後期のBC2500年頃には、ビーカー土器とともに金や銅製品が輸入品として入り始め、まもなくウェールズやイングランド西部、スコットランド北部で、イヤリング・管状ビーズ・ボタンカバーなどの装身具類の製作が開始される（Darvill 2010）。BC2000年以前にさかのぼる銅の採掘跡も各地に残されている。生産用具の種類や土器の装飾などの面では縄文文化の方がむしろ複雑であるが、ブリテン新石器文化の場合は、シンプルな生活用具とは対照的に威信財の需要が高

く、希少価値の高い威信財が入手されている。新石器時代前期には、ヒスイ製の磨製石斧が主要な威信財であったが、後期から終末期になると、より希少で価値の高い金や銅がそれに取って代わる。これもまた社会階層化の傾向が縄文文化よりも強かったことを示している。

(2) 共通点

以上のような相違点が見られる一方で、ブリテン新石器文化と縄文文化との間には興味深い共通点も少なくない。筆者はとくに以下のような現象の類似性に注目している。

① 集団墓造営と人骨の儀礼的処理

モニュメント築造という社会的行為がその初期の段階に集団墓造営と強く結びついていた点は、縄文時代前期・中期における環状集落の発達と集団墓造営の動きによく似ている。なおかつ、長形墳の築造が最も盛行した時期は、縄文前期・中期の環状集落の盛行期と年代的にもほぼ併行している。個人のアイデンティティーが未確立な段階の集合的な祖先観が、双方の社会に共通していたことによる類似性と考えられる。また、そのような集団墓造営の動きとともに、遺体の二次的処理として骨を焼く行為（cremation）や遺体の解体（excarnation）が見られるなど、葬制のプロセスが複雑化し、遺骨を対象とした儀礼的行為が発達していた事実も注目すべき類似点である。このような面にも双方の社会・文化の共通点を見出せる。

② 墳墓と住居の共通レイアウト

長方形または台形をした長形墳の独特な形状は、中央ヨーロッパで発達しブリテン島にも伝えられたロングハウスの形に由来すると考えられている。また、石室墳における小部屋のレイアウトが同時期の住居に共通している例もある。オークニー諸島に群集する石室墳のうち、長方形プランの主石室の壁面に六つの小部屋を造り出したカンターネス石室墳とクォイネス石室墳の内部構造は、同島のバーンハウス遺跡発見の2号住居とほぼ同じレイアウトとなっている。これなどがその好例である。一方、縄文時代においても、環状集落と環状

墓群が相似形に形作られた例や、柄鏡形敷石住居と環状列石が共通のレイアウトで形作られた例が実在する。こうした類似現象はおそらく、「祖先たちの住まい」あるいは「祖先たちのムラ」といった観念形態が共通していることから生じたものと解釈できる。

③ モニュメント築造の継続性、多段階築造による改造

ブリテン新石器文化の特色となっているコースウェイド・エンクロージャー、長形墳、ヘンジなどのモニュメントでは、最初に造られた遺構を改造したり付け足したりする行為が顕著に認められる。大規模なモニュメントを短期間のうちに一気に完成させることが目的ではなく、むしろ築造と儀礼を継続しておこないながら遺構の姿を改変・更新していくことに重要な意味があった。そうした社会的行為の継続によって、その場所自体に特別な意味や歴史性が付け加わり、当事者たちにとっての特別な場や景観が形作られていたものと考えられる（トーマス 2004）。縄文時代後半期にも、これと同様に、多時期にわたって累積的に形成された遺構が数多く存在する。第5章で取り上げた東京都田端環状積石遺構は、後期前葉から中葉に造営された墓群を覆って、後期中葉以後に築造されたものであり、その場での儀礼行為は晩期前半にも続いていた。遺跡の履歴はおよそ700年間にも及んだ可能性がある。記憶というよりも伝承によって同じ場所での儀礼行為が繰り返され、特別な意味をもつ場が形成されていたものと考えられる。こうしたケースは田端遺跡だけではなく、後期から晩期にかけて多数の配石遺構や墓壙が累積した事例が少なくないことはすでに述べたとおりである。

④ 二至二分の象徴性

冬至・夏至を正確に把握し象徴的な意味を与えていたことを示唆する事例がある。たとえば、オークニー諸島のメイズハウ石室墓（図54）は、冬至の日没時だけに太陽光が細長い羨道を通り石室内に届く構造となっている。アイルランド・ボイン川流域のニューグレンジ羨道墓でも、冬至の日の出の時だけに入口の上に造られた特殊な小窓から入った太陽光が長さ17mの著しく細長い羨道を通り石室内に届く構造となっている（図67・68）。同じくボイン川流域の

第9章　ブリテン新石器文化と縄文文化の比較考古学　249

図67　ニューグレンジ羨道墓（アイルランド・ボイン川流域）

250 第Ⅲ部 先史時代の社会複雑化

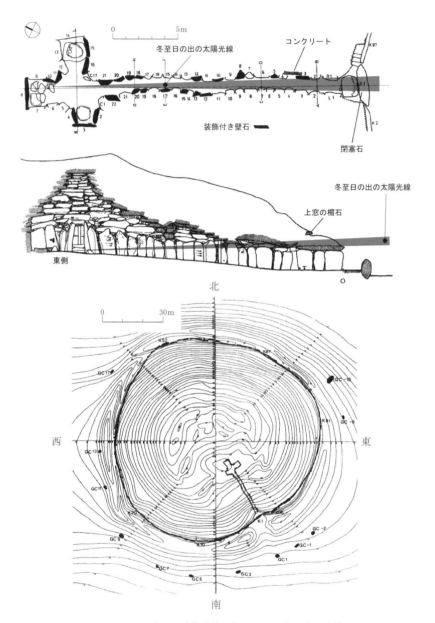

図68 ニューグレンジ羨道墓と冬至の日の出の太陽光線

ノウス石室墳の場合は、墳丘の西と東に開口する2本の通路があり、春分と秋分に太陽光が差し込む設計となっている。冬至の日没または夏至の日の出との関連性は、ドーセット・カーサス（図57）、ストーンヘンジなどでも指摘されている。一方、縄文時代にも二至二分の認知を示唆する事例が少なくないことが論じられている（太田原 2000・2002、小林達 2005など）。当事者の世界観にかかわる問題だけに厳密な立証は至難であるが、太陽の出没位置が季節的に変動することを経験的に知っていた当時の人びとが冬至と夏至を正確に把握していた可能性は十分にある。その天文学的な知識にもとづいてモニュメントを設計し、祭儀に神秘的効果をもたせていたことも、双方の社会にその蓋然性を示す実例が少なくない。二つの先史社会は、世界観の次元でも興味深い共通性を垣間見せているといえる。

⑤ 希少な威信財への願望

ヨーロッパの新石器時代には、緑色のヒスイ（jadeite）で作られた磨製石斧が一種の威信財として流通しており、製品がかなり遠方まで運ばれていた事実がある。イタリアのモンテ・ヴィソ遺跡やモント・ベイジュア遺跡でこの種の石斧の製作址が見つかっており、こうしたアルプス産の製品がブリテン島にも搬入されている。また、湖水地方のラングデール遺跡で、この種の磨製石斧の製作地が発見されている（Bradley & Edmonds 1993）。ラングデール遺跡の場合、希少な石材を求めた結果、非常に危険な山の高所に遺跡が残されており、その磨製石斧に特別な象徴性が込められていたことを間接的に示している。縄文時代前期末に硬玉製の玉作りが開始して以後、関東・東北・北海道などの遠隔地へと製品が流通していた事実と非常によく似た文化現象である。また、新石器時代の終末期には、青銅製の短剣を模造して作られたフリント製のダッガー（短剣）が出現する。この文化現象もまた、縄文時代後期・晩期に大陸製の青銅剣の形が石に写し取られて精巧な石刀・石剣類が生み出された現象（西脇 1998）を想起させるのである。特殊な威信財への需要の高まりは、社会階層の生成や不平等化に関係した現象と考えられ、こうした面にも二つの先史社会の類似性が認められる。

4. 展望

 ブリテン新石器文化と縄文文化との間には、社会変化のテンポやモニュメント築造に投下された労働量に大きな差が見られるが、集団墓や特定個人のための墳墓の造営、あるいは葬制に関連したモニュメントの築造・改修とそこでの儀礼行為には、時空を超えた共通性が認められる。量的な面に違いが目立つものの、社会的行為の質的側面には明らかに類似性が認められるのである。
 イギリスの新石器時代から青銅器時代にかけての社会と文化の変化を論じたM.パーカー・ピアソンは、儀礼とモニュメントの移り変わりを大きく三段階に分けて整理し、祭儀の性格と伝統の違いを説明している（Parker Peason 1993）。最初の段階は「祖先たちの時代」であり、共同墓・集団墓の築造が顕著な時期である。続く第二段階は「天文学の時代」とされ、巨大モニュメントの築造が最も盛行する時期である。そして第三段階が「水辺のカルトの時代」であり、水辺での武器や財貨の破壊や投棄が特徴的にみられる時期である。
 「祖先たちの時代」から「天文学の時代」にかけて顕著にみられる集団墓造営とモニュメント築造という社会的行為は、縄文時代前期・中期の環状集落における集団墓の造営や、後期・晩期に盛行する環状列石や巨木柱列の築造行為と、本質的に類似している。また、遠く離れた二つの社会で類似した文化現象が年代的にもほぼ並行して起こっていた点は、先史時代における社会進化の一つの特質を表しているようにも思えるのである。地理的にかけ離れた、まったく接点をもたない二つの文化でありながら、社会複雑化のプロセスとそこでの社会的行為に共通点が少なからず認められることに注目したい。
 二つの先史社会の比較からあらためて浮彫となったのは、複雑化する社会を統合し秩序づけるためには、集団墓の造営やモニュメントの築造といった社会的行為と、それに合理的な根拠を与える宗教的イデオロギーの二つが重要であったという点である。ブリテン新石器文化に顕著なモニュメント築造は、「共同幻想」ともいうべき世界を創出し脚色するものであり、それを物質化す

る集団的行為によって、社会統合と集団的アイデンティティーの維持強化が図られていたと説明することができる。それは縄文時代後半期に盛行した配石遺構の築造行為と、本質的に共通するものであった。

註

(1) T. ダーヴィルの新石器時代編年よると、前期が BC4400～BC3800年、中期が BC3700～BC3000年、後期が BC2900～BC2100年とされている（Darvill 1996）。

(2) エンクロージャーという用語は、新石器時代から鉄器時代の諸々の遺構を含むものであり、ここでいうコースウェイド・エンクロージャーとは、新石器時代に特徴的な、途切れた溝をもつタイプに限定した意味で用いる。デンマークやフランスにも類例が分布している。日本語の訳語は確定したものがなく、「断欠周溝状遺構」（藤尾 1996）の訳語を充てることもある。

(3) コッツウォルド・サヴァーン・タイプの長形墳については、T. ターヴィルの著書に網羅的な考察と主要な事例の紹介がある（Darvill 2010）。また、松木武彦による詳しい紹介がある（松木 2006・2007a）。

(4) 新石器時代後期になると、単一埋葬ないし少数個体を埋葬する、円形・楕円形の墳墓が出現する。多数の死者の骨を集積した長形墳とは異なり、関節のつながった状態で遺骨が埋葬されていることから、これらは特定個人のための墓と考えられる。その一方で、大多数の人びとの埋葬跡が不明確になることから、この頃から社会階層化が進んだ可能性がある。特定個人の墳墓であるこれらは、公共的・社会的なモニュメントとは性格が異なるものとしてカテゴリを区別しておく。

(5) アイルランドの石室墓からは、ニューグレンジと同様に焼けた人骨が出土する例が多く、人骨を焼く行為（cremation）を伴った葬送儀礼が想定されている。

(6) デュリントン・ウォールズのように内側に溝を掘り外側に土手を築いたもので、円形の典型的なヘンジよりも規模が大きくやや不整な形態をもつ一群を、ヘンジ・エンクロージャー（henge enclosure）と呼んで区別する場合もある（Darvill 2010）。

(7) オークニー諸島のカンターネス石室墳、アイビスター石室墳に残された人骨群から推定される身長は、男性約170cm、女性約160cmであり（Parker Peason 1993）、縄文人の体格に比べて明らかに大きい。

第10章　儀礼祭祀と生産の特殊化
――縄文人はなぜ稲作を受容したのか――

1. 複雑化する縄文社会

　日本の先史時代における社会階層形成のプロセスは、弥生時代に稲作農耕社会が成立し、農耕生産や灌漑工事の指導、農耕祭祀、戦争指揮などを担う政治的首長が発生するところから開始したと一般的には説明されている（近藤 1962、都出 1970 など）。それに対し、本格的な農耕をもたなかった縄文社会には、階級分化や権力形成につながる複雑な社会関係はまだ内在せず、基本的には平等な「原始共同体」が維持されていたと考えられてきた（禰津 1935、和島 1962 など）。しかし近年、縄文社会が本当に平等社会であったのかどうか、疑念を抱かせる複雑な実態が明らかになりつつある。

　縄文時代にも社会の複雑化・階層化がある程度進行していたことを示す物的証拠がある。この傾向は縄文時代後半期に顕著となる。

　その一つが、特定個人ないし少数者のための区画墓であり、配石や低墳丘を伴う事例もある（図69）。北海道丸子山遺跡1号周堤墓（図69-a、後期末：千歳市教育委員会編 1994）、美々4遺跡SB-3（図69-b、後期末：北海道埋蔵文化財センター編 1981）、東京都下布田遺跡方形配石遺構（図69-c、晩期中葉：調布市遺跡調査会調査団編 1982）、島根県門遺跡SX01（晩期後半：島根県埋蔵文化財センター編 1996）などがその好例である。墓の構造や築造にかかる労力だけを比較すれば、弥生時代の方形周溝墓にも比肩するものである。

　墓壙から出土する装身具や副葬品にも不平等なあり方が見られ、稀少価値の高い装身具や美術工芸品の独占あるいは寡占と考えざるをえない事例が散見される。その傾向が強い北海道の遺跡から事例を挙げると、竪櫛など多量の漆製

第10章　儀礼祭祀と生産の特殊化　255

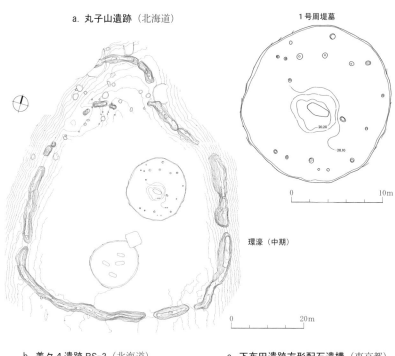

a. 丸子山遺跡（北海道）

1号周堤墓

環濠（中期）

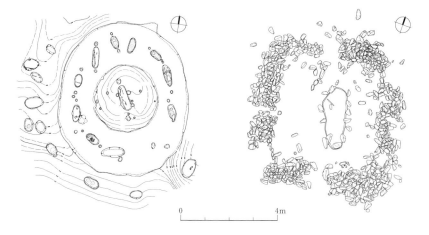

b. 美々4遺跡BS-3（北海道）

c. 下布田遺跡方形配石遺構（東京都）

図69　特定個人を中心に埋葬する区画墓

品が出土した恵庭市カリンバ3遺跡30号墓・118号墓・119号墓・123号墓（後期末：恵庭市教育委員会編 2003）、南海産のオオツタノハ製を含む貝輪6個を腕にはめた伊達市有珠10遺跡16号墓（晩期後葉：大島 1989）、3000点以上の琥珀玉が出土した芦別市滝里4遺跡P5号墓（晩期後葉：北海道埋蔵文化財センター編 1995）などが挙げられる。カリンバ3遺跡では、竪櫛などの漆製品が集中して出土した特殊な合葬墓が、墓域の特定のセクションに偏在している状況が見られ、埋葬の取り扱いと副葬品の保有に明らかに著しい個人差が認められる（図70、上屋・木村 2016）。

　晩期中葉以降の北海道では、多量の副葬品をもつ人物の突出ぶりがとくに顕著なものとなる（瀬川 2007）。奢侈品の副葬を伴う子供の埋葬例が後期・晩期に増加する傾向も指摘されており（中村 2000）、これは社会的地位の世襲化を暗示する要素だけに重要な意味を含んでいる。一例を挙げると、釧路市幣舞遺跡（晩期末～続縄文前半）では、9歳前後の小児の墓壙内にイノシシ牙製装身具8点、貝輪19点、貝製玉191点、琥珀製玉27点が副葬されていた（図71）。貝輪を装着した人物は同墓地ではこの被葬者だけであり、左腕に5組、右腕に3組以上が着装されていた。また、イノシシ牙製品は頸椎の周囲から出土していることから首飾りと推定されるが、これを保有する墓は3基のみであり、この子供の被葬者が最多となっている（釧路市埋蔵文化財調査センター編 1994）。

　集落内の家屋間にも格差が認められ、千葉県を中心とした常総地域の後期・晩期集落からは一般的な住居とは明らかに異なった大形住居がしばしば発見される（図72・表3）。千葉県加曽利貝塚東側傾斜面JD20（226m^2、加曽利B式期：後藤・庄司・飯塚 1982）、鹿島台遺跡DSI-018（176m^2、加曽利B3式期：千葉県教育振興財団編 2006a）、祇園原貝塚50号住居（262m^2、加曽利B3式期：市原市文化財センター編 1999）、同49A住居（162m^2、曽谷式期）、西広貝塚66号住居（172m^2、曽谷式～安行1式期：市原市文化財センター編 2005）、宮内井戸作遺跡118号住居（171m^2、安行3a式期：印旛郡市文化財センター編 2009）などが代表的である。吉野健一は千葉県地域の後期・晩期の大形住居18例を詳細に検討するとともに、中小の住居の中にも大形住居と同質の特殊な家

第10章 儀礼祭祀と生産の特殊化 257

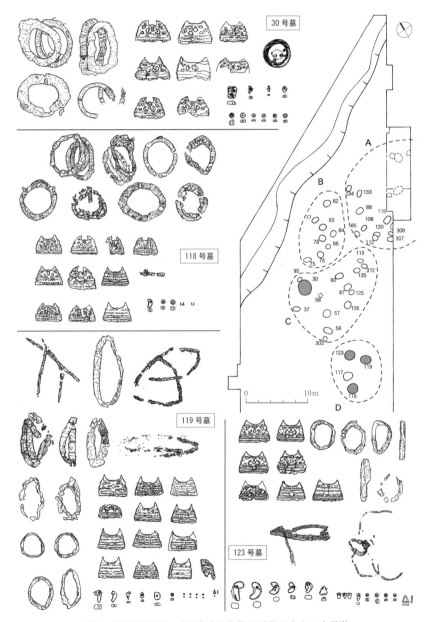

図70 北海道カリンバ3遺跡の多量の副葬品をもつ合葬墓

258　第Ⅲ部　先史時代の社会複雑化

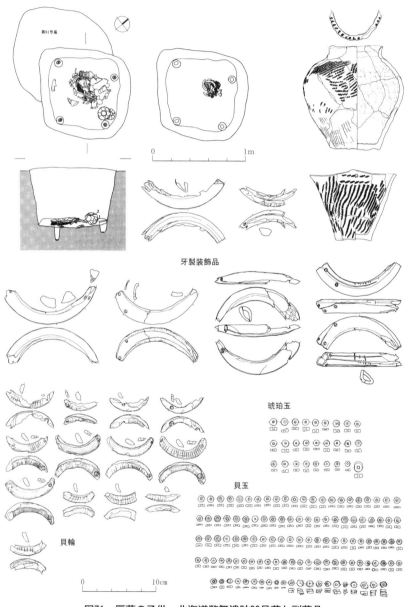

牙製装飾品

琥珀玉

貝玉

貝輪

図71　厚葬の子供　北海道幣舞遺跡89号墓と副葬品

第10章　儀礼祭祀と生産の特殊化　259

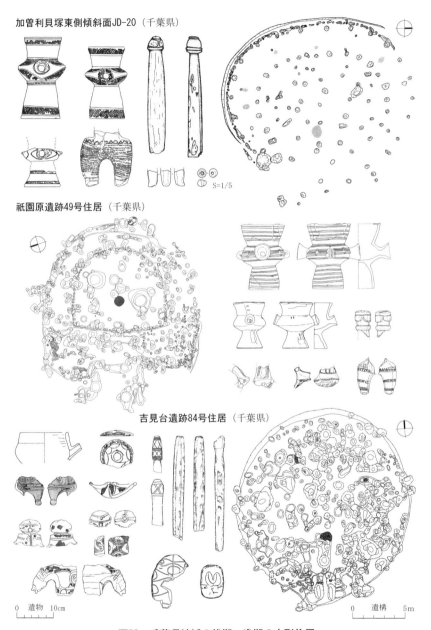

図72　千葉県地域の後期・晩期の大形住居

表3　後期・晩期の大形住居（面積約80m²以上の事例）

No.	遺跡名	遺構名	時期	平面形	規模(m)	面積(m²)	遺構特徴	異形台付土器	ミニチュア土器	釣手土器	注口土器	土偶	動物形土製品	石棒・石剣	耳飾
1	下水(松戸市)	21号住	加曽利B2式	円形(柄鏡)	12.2×10.8	106	A・B								
2	加曽利貝塚(千葉市)	JD-20	加曽利B式	楕円形	19.0×16.0	236	B	○			○		○		
3	西広貝塚(市原市)	66号住	加曽利B2式〜安行3b式	D字形(柄鏡)	9.3×7.8	(180)	A	○		○	○	○			
4	祇園原貝塚(市原市)	49A号住	曽谷式	D字形(柄鏡)	17.8×14.8	179	A								
4	祇園原貝塚(市原市)	50号住	加曽利B式	楕円形(柄鏡)	18.2×17.6	242	A・B		○		○	○			
4	祇園原貝塚(市原市)	51A号住	加曽利B式	楕円形	9.7×9.4	76	A								
5	能満上小貝塚(市原市)	12号住	後期後葉〜晩期中葉	円形(柄鏡)	11.5×(−)	(110)	A・B								
5	能満上小貝塚(市原市)	15号住	晩期前葉〜中葉	楕円形	12.7×10.7	112	A								
6	菊間手永(市原市)	043号住	前浦式	楕円形	12.0×10.0	95									
6	菊間手永(市原市)	056号住	晩期	円形	14.0×14.0	154									
7	上宮田台(袖ケ浦市)	SI015A	加曽利B式〜安行1式	円形	10.4×9.7	79	A								
7	上宮田台(袖ケ浦市)	SI201	後期後葉	楕円形	11.1×10.5	92	A								
8	鹿島台(君津市)	SI-018	加曽利B3式	不整円形	16.7×16.0	210	A								
9	三直貝塚(君津市)	SI-004B	安行2式〜3b式	五角形	12.5×11.6	111	A	○							
10	井野長割(佐倉市)	1号住	加曽利B3式		10以上	N/A									
11	宮内井戸作(佐倉市)	Ⅱ区118号住	安行3b式	円形(柄鏡)	15.6×14.8	183	A								
12	吉見台(佐倉市)	84号住	晩期	円形(柄鏡)	18.2×17.5	255									
13	馬場(印西市)	11号住	曽谷・安行1式〜大洞A式	不整円形	11.7×(−)	N/A	A・B	○							
14	下ヶ戸貝塚(我孫子市)	06A号住	加曽利B式	円形(柄鏡)	12.5×11.0	109	A								
15	石神貝塚(鳩ヶ谷市)	13次1号住	安行3a式〜3b式	方形	9.6×(−)	N/A									
16	高井東(桶川市)	8A号住	安行2式〜3b式	方形(柄鏡)	9.2×8.9	83	A・B	○							

遺構特徴　A：繰り返し建て替えられ多数の柱穴が残るもの　B：複数の炉跡が残るもの
文献：1. 松戸市遺跡調査会編2004　2. 後藤和民ほか1982　3. 市原市文化財センター編2005　4. 市原市文化財センター編1999　5. 市原市文化財センター編1995　6. 市原市文化財センター編1987　7. 千葉県教育振興財団編2008　8. 千葉県教育振興財団編2006a　9. 千葉県教育振興財団編2006b　10. 佐倉市教育委員会編2010　11. 印旛郡市文化財センター編2009　12. 吉見台遺跡群調査会編2011　13. 印旛郡市文化財センター編2011　14. 我孫子市教育委員会編2015　15. 埼玉県埋蔵文化財調査事業団編2002　16. 埼玉県遺跡調査会編1974

屋があることを指摘している（吉野 2007）。

　縄文社会の階層化を疑問視する反対論は依然として根強く、リーダーがいたとしてもせいぜいムラの世話役程度の存在であったとの主張もある（林 1998）。たしかに弥生・古墳時代に比べれば階層差を明示する事物は少なく、個人間の格差の程度もまだ小さいが、しかし社会の中に格差や不平等がすでに胚胎していた事実を軽視するわけにはいかない。

本格的な農耕をもたなかった縄文社会になぜ複雑化・階層化が生じてくるのか、その要因をより根源的に問い直す必要がある。その際にあらためて問題にしたいのが、後期・晩期に儀礼祭祀が著しく発達したことの意味である。
　権力の形成・維持の手段の一つとして、儀礼を介したイデオロギー操作の重要性が注目されている（Earle 1997、福永 1999、関 2006など）。儀礼や祭祀は、文化の中核的なイデオロギーともいうべき神話や世界像、神観念の表現形式であり、社会統合に重要な機能をはたす。それゆえに、儀礼祭祀を執りおこなう権限や方術を独占することが権力の源泉となり得るのである。
　縄文時代の儀礼祭祀の一つの重要な特徴は、それが集団墓や葬制と密接に結びついた形で発達を遂げた点に認められる。前期以降、儀礼祭祀のための特別な場が創り出され、次第に発達したが、それらの多くは集団墓と不可分の関係にあった。これは総じて縄文社会における血縁的紐帯の強さを反映したあり方であり、また彼らの儀礼体系に占める「祖先祭祀」の重要性を示すものと考えられる。
　この章では、第Ⅰ部・第Ⅱ部での各論を総合し、葬制と祖先祭祀の発展が縄文社会の複雑化・階層化を招く要因となったこと、そして儀礼祭祀の盛行とともに生産の特殊化が起こったことを論じる。縄文社会の複雑化・階層化という問題をイデオロギーと経済との関係を念頭に置きつつ総合的に考察する。東日本地域の縄文社会が稲作文化を能動的に受容した理由も、その脈絡の中で考察し直してみたい。

2．社会構造と祖先祭祀の変容

(1) 祖先祭祀の発展過程

　第Ⅱ部では、中部・関東地方を中心とした東日本地域の遺跡を例に、縄文時代前期から弥生時代中期までの集落の空間構成、集団墓とモニュメントの造営、葬制の変遷などを通時的に検討し、祖先祭祀の発展過程を論じてきた。社会構造の変化とともに祭儀の性格や儀礼催行の主体者が段階的に変質し、儀礼

体系が改変されていく過程が明らかとなった。日本の先史時代における祖先祭祀の発展と変容の過程をここであらためて整理し、長期的な観点から段階区分するならば、次のような諸段階として説明できる。

　ステージⅠ：集団墓造営と集団的祭儀の始まり（縄文時代前期）

　集団墓の造営が顕著な社会動向となり、墓壙への副葬や墓域での儀礼がおこなわれるようになる。これらの変化は、葬制が単なる遺体の埋葬ではなく、より組織的な社会的行為となったことを表している。環状集落の中心に集団墓を造営し祭儀をおこなう行為は、社会の中心的存在として意識された祖霊観念の萌芽を映し出している。祖先と子孫を繋ぐ「系譜」、あるいは自らの帰属意識にかかわる「出自」の観念が芽生え、そのような同族意識によってムラを超えた大きな親族集団が組織化されたものと考えられる。最温暖期を迎え海進がピークに達して遺跡数が大幅に増加する状況下で、複雑化する集団関係を秩序づける必要から、血縁的原理に基づく新たな社会構造が生み出されたものと考えられる。親族集団のアイデンティティーとして祖先の存在が意識化されるようになったことの意義は大きく、この動向が祖先祭祀の開始につながった可能性がある。集団墓の造営および共同祭儀を通して結束する同族集団がおこなう集団的祭儀の性格が強い段階である。

　ステージⅡ：拠点形成と集団墓の分節化（縄文時代中期）

　中期中葉から後葉にかけて環状集落が著しく発達するとともに、長期継続性をもった拠点集落が各地に形成されてくる。中期の拠点集落に特徴的に見られる分節構造は、出自・系譜観念の区別が厳格なものとなり、リネージやシブのような単系出自集団を生み出すまでになっていたことを示唆している。環状墓群の分節構造に見られる帰属の永続性、半族組織を示唆する二大群、二大群内部の入れ子状の分節化、分節間の数量的な不均衡などの諸特徴から、分節リネージ体系のような組織を想定するのが最も蓋然的である。拠点集落の中央墓地は、ムラや地域のメンバーを差別なく埋葬する単なる共同墓地ではなく、特定の出自を継承する直系血縁者など、出自集団の中核メンバーたちの墓所と推定される。個々の出自集団にとってそこは集団的アイデンティティーの象徴と

もいえる場所であり、祖先たちの霊廟ともいうべき重要な祭儀空間になっていたと考えられる。中期後葉における環状列石の出現や焼人骨葬・再葬の開始もそれを物語る。葬制や祭儀に関わる重要な儀器としてこの時期に発達したのが大形石棒であり、これこそが祖霊観念を可視化する最も崇高な象徴物であったと推定される。分節的部族社会の段階に至り祭儀の性格も次第に変化し、出自集団が特定の祖先たちに対しておこなう祭儀へと発展した段階である。

ステージⅢ：モニュメント造営と祭儀・葬制の複雑化（縄文時代後期・晩期）

中期末には拠点的な環状集落のほとんどが解体する大変動がおこる。この動きの中で出現した柄鏡形敷石住居には、屋内外での祭儀行為の形跡が非常に顕著に見られ、個々の家族ないし世帯が、葬儀や儀礼祭祀を個別におこなうほどに、社会単位としての自立性を強めていた様子が読み取れる。さらに後期中葉に現れた「核家屋」「環礫方形配石遺構」「大形住居」などの特殊な家屋は、儀礼祭祀を管掌する個人ないし特殊階層が出現した可能性を示唆している。また、後期中葉から晩期前半にかけて環状列石や環状木柱列などのモニュメントを造営する行為が各地に広がる。長期間にわたって同じ場所で築造を繰り返す多段階築造や遺構群の累積・重複に際立った特徴がある（図74）。墓壙や墓地を覆って上部に配石を構築する行為が特に顕著である（図73）。この動きに平行して発達した再葬制も、死や祖霊に関わる祭儀の一層の複雑化を示している。有力集団が祖霊たちの廟ともいうべき墓所に恒久的なモニュメントを打ち建て儀礼祭祀を継続的におこなうようになった段階であり、祖先祭祀の社会性が強化された段階である。

ステージⅣ：配石行為の衰退と再葬制の絶頂（縄文－弥生移行期）

後期中葉から晩期前半にかけて盛行した配石遺構の築造は、晩期後半になると衰退し弥生時代には継承されない。後期から晩期にかけて長期継続的に造営されてきた大規模配石遺構や環状盛土遺構も、ほとんどの遺跡で断絶する。一方、再葬制は人歯骨装などの特殊な要素と一層複雑な儀礼過程を伴ってエスカレートし、晩期終末から弥生時代中期初頭にはその絶頂ともいえる土器棺再葬墓を生み出した。伝統的祭儀を継承した側面がある一方、変革に揺れる様子が

264 第Ⅲ部 先史時代の社会複雑化

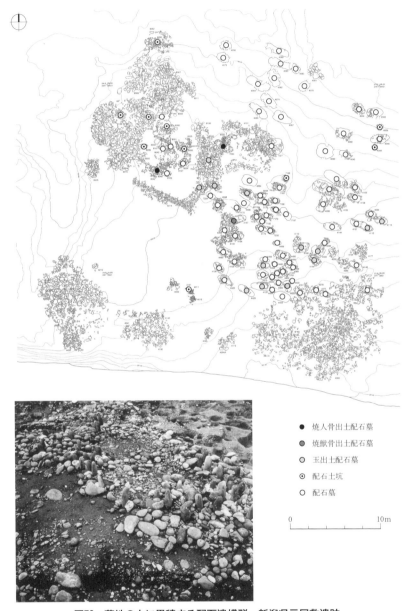

● 焼人骨出土配石墓
◉ 焼獣骨出土配石墓
○ 玉出土配石墓
⊙ 配石土坑
○ 配石墓

図73 墓地の上に累積する配石遺構群 新潟県元屋敷遺跡

第10章　儀礼祭祀と生産の特殊化　265

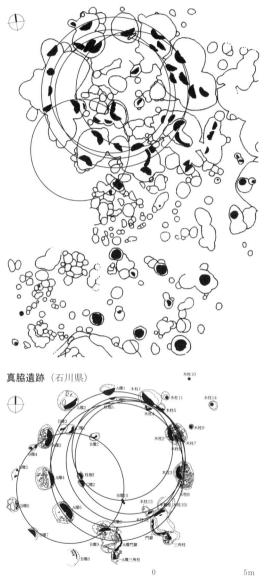

チカモリ遺跡（石川県）

真脇遺跡（石川県）

図74　多段階築造の環状木柱列

見て取れ、ステージⅢからステージⅤへの移行過程を示している。

ステージⅤ：方形周溝墓の受容と世帯単位の祭儀（弥生時代中期後半）

南関東に稲作農耕が定着した中期後半の宮ノ台式期には、方形周溝墓が受容されて葬制と祭儀が一変する。墓域は環濠集落の外へと分離され、集落の中央に集団墓を置いた縄文時代の環状集落とは対照的な空間構成となる。方形周溝墓群には直列状の配置や溝を共有して連続する例が特徴的に見られ、世帯の自立性の強まりと系譜的連鎖が読み取れる。葬制や墓地に関係した祭儀が集団全体の求心的なものではなくなり、世帯系譜の記憶や家長権の継承のために有力世帯が個別におこなう祭祀へと変化した段階である。[1]

(2) 祖先祭祀が助長する社会階層化

　中心部に集団墓を位置づけた環状集落の空間構成は、祖先 – 子孫の系譜関係と同族としての血縁的紐帯が強く意識されていたことを示し、縄文社会における出自原理の強さを反映している。出自集団にとって集団墓はアイデンティティーの中心ともいうべき場であり、葬送儀礼や祖先に対する祭祀を執りおこなう場でもあった。環状集落の集団墓を覆う形で環状列石が発生したのもそれゆえであり、祭儀空間としての聖性を強化する行為と見てよい。後期・晩期には、葬制や墓地と結びついた祭儀が、配石遺構の築造という組織的な行為を伴ってさらに著しく発達した。こうした歴史は、出自観念の深まりとともに、葬制や死者儀礼が祖先祭祀として体系化されていった過程を表わしている。

　第3章で述べたように、出自原理は同祖同族集団を組織するだけでなく、分節集団や個人を序列化し階層化させる原理にもなり、祖先祭祀にはそれを助長する面がある。縄文時代前期から後期・晩期にかけて進展した祖先祭祀の深化は、次のような作用を通じて階層分化を助長する要因になったと考えられる。

① 祖先祭祀を定期的に挙行することは、血縁集団の紐帯を確認し同祖同族意識を強める重要な機会であり、それはまた半面では自他の差別意識を助長することになる。

② 出自・系譜の厳格な区別が、直系・傍系の区分や世代の差を意識させ、祖先からの系譜的距離に基づいた位階・序列を生み出す。それが祭祀を管掌する権限と結びつくことで、階層的な親族身分が形成される。

③ 儀礼祭祀に関わる秘儀・礼法・故実・芸能などを保持することが、祭儀を司る家系・人物の社会的威信を高め、知的エリート層の資質となる。

④ 石造記念物の造営など祭儀を盛大におこなうことで自らのアイデンティティーを誇示する経済力をもつ集団ともたざる集団との差が、社会的地位の格差や上下関係を作り出す。

(3) 社会複雑化の必然性

　宗教的な儀式祭礼と社会統合との結びつき、とりわけ祖先祭祀の発達は、首

長制社会の顕著な特徴として注目されてきたものだけに（サーヴィス 1979）、この問題の社会史的意義は決して軽視できない。集団墓の造営や祭儀、モニュメントの築造、葬制の複雑化が次第にエスカレートすることになった歴史的な必然性をどのように考えればよいだろうか。

　藤本強は、縄文時代後半期に複雑な墓制が成立したことの社会的意味を、地球規模の気候変動との関係に着目しながら考察し、それが本来、自集団のアイデンティティーに関わり、集団領域を確立・維持するために身内意識の確立と高揚が求められた結果ではないかと論じている（藤本 1983）。環境悪化により乏しくなった資源を集落内または集落間で分け合う必要が生じた結果、全体的な調整をなし得る機構が生まれたのではないかと論じ、儀礼祭祀の発達やそれを司る特殊身分の人物の出現もそうした脈絡から生じたものと考えている（藤本 1994）。北海道後期後葉における環状土籬（周堤竪穴墓）の成立を考察した瀬川拓郎も、ほぼ同じ論理で象徴的な墓域の成立の意味を説明し、遺跡数の増加と領域の固定化が社会的な動揺を生む中で、集団の結束を強化するとともに、敵対化する他集団に対し自集団の主体性を誇示する必要性が生じたと解した（瀬川 1980・1983）。

　一方、設楽博己は東日本の縄文－弥生移行期に再葬制が発達したことの社会背景を論じ、寒冷化による環境悪化を受けて分散化した集団が、祖先祭祀を中核として紐帯関係を維持する意味があったと説明している（設楽 2004）。稲作農耕を携えた異文化との接触による社会的動揺も関係していたという見方を示している。春成秀爾は縄文－弥生移行期に人の歯や骨の一部を装身具に加工する「人歯・骨装」が発達した点に注目し、特別な社会的地位・権利の継承に関わる儀礼的行為と解釈している（春成 1993）。

　縄文時代後半期には個々の社会集団が自らのアイデンティティーを主張し社会的統合を意識的に強化しなければならない社会的緊張が広汎に生じており、それが系譜観念や祖先祭祀の強化を促す背景になったのではなかろうか。筆者は縄文時代の人口動態と集団領域という社会的因子と気候変動という環境因子が複合的な要因として関係していたものと推測している。そしてこの動きが、

出自原理による社会の分節化・差別化・階層化を、逆行できない方向へと導くことになったのではないかと考えている。

3．社会階層化を助長する儀礼祭祀と特殊生産

(1) 社会階層化の経済要因

　縄文社会が複雑化していく歴史的過程は、生産の特殊化という側面にも表れている。前期以降、奢侈工芸品が次第に発達し、同時に遠距離交易が発達した事実がある。玦状耳飾・硬玉製大珠・南海産貝製品・漆製品などが、そのような特殊生産の代表的産品であり、価値の高い交換対象であった。これらの奢侈工芸品は集団内の一部の人物しか佩用できなかった特別な装身具であり、特殊な社会的地位の獲得と維持に威信財やレガリアとして利用された可能性がある。このような特別な価値への希求と社会的需要が、特殊生産と遠距離交易を助長する重要な動機となっていたことは間違いないであろう。儀礼祭祀の発達とこのような生産の特殊化は、時期的にまったく平行した形で不即不離に進展していたが、二つの問題はどのように関連し合っていたのであろうか。

　生産の特殊化と階層分化との関係に言及した示唆に富む論考がある。渡辺仁は、北太平洋沿岸の定住的狩猟採集社会に貴賤意識と貧富差を伴った生業分化が見られることに注目し、縄文社会においても、狩猟者を中心とする上位富者層（指導者）と非狩猟者からなる下位貧者層との階層分化がすでにあったと考えた（渡辺仁 1990）。農耕社会における社会階層化の条件が食物（穀物）貯蔵経済にあるのに対して、定住的狩猟採集社会における階層化の必須要因は狩猟の特殊化による男の生業分化にある、というのが渡辺の基本的見解である。狩猟の特殊化から生じた男の生業分化が、威信財となる奢侈工芸品や儀礼の発達などと結びつき、経済的格差だけでなく宗教的格差による貴賤感情を生み出し、それが階層化の原理になったと指摘するのである。

　渡辺の見通しを裏づけるような事例研究もある。安斎正人は、前期円筒下層式期の社会にそのようなエリート層としての威信的狩猟者層がすでに形成され

ていたことを、「過剰デザイン」と概念化された特殊な石槍の副葬を手かがりに論じている（安斎 2007）。生産の特殊化や生業分化に社会階層化の根源的な要因を見出す、一つの重要な理論的モデルである。

　佐々木藤雄は、環状列石を舞台装置とする祖先祭祀の成立過程を論じ、集落外環状列石の築造と維持・管理を統括した「地域共同体」の指導者層の存在を想定している（佐々木藤 2002）。その考察で注目されるのは、環状列石の外縁に付帯するクラに対する視点であり、指導者層の威信が儀礼祭祀の管掌だけでなくクラの収納物に対する管理運営権を基礎にしていたという論点である。つまり佐々木の場合は、生産力の発達と余剰の一定の蓄積が生み出した経済的不平等が、儀礼祭祀の管掌と結びついて、社会的な威信の序列を作り出したという見方を取るのである。

　高橋龍三郎は、儀礼祭祀が著しく発達し、司祭者の存在を示唆する大形住居などが顕在化する後期・晩期を、平等社会から階層化社会への漸次的な過程にあったトランスエガリタリアン社会に位置づけている（高橋龍 2004）。高橋はリーダーたちが操る社会的・経済的威信の獲得手段を重視しており、ポトラッチのような競覇的な儀礼交換や祭宴を媒介として富の集積と操作をおこなうことが位階や上下関係を生み出すメカニズムとなっていた可能性に触れ、祭祀儀礼の管掌・催行それ自体が経済的発展や不平等の拡大などの作用を社会にもたらしたと論じている。

(2) 儀礼祭祀と特殊生産の相互作用

　社会階層化の根源的なメカニズムを知るためには、儀礼祭祀の発達と生産の特殊化の相互作用を明らかにすること、すなわちイデオロギーと経済との関係に対する考察が、一つの重要な論点となろう。

　縄文時代の手工業生産において実用的性格とイデオロギー的性格とが深く結びついていることの意味を問い、そこに縄文時代の歴史的特質を認めたものに、稲田孝司の論考がある（稲田 1975）。生産とイデオロギーとの混同、実用と非実用との混同が起こる要因は、即物的にしか表現できないイデオロギーの

分化の未熟さにあり、そのようなイデオロギーの即物性が、実用的観点からみた手工業生産の健全な発達を阻害し、停滞の原理に転化した、という歴史的評価になっている。縄文時代に対する当時の一つの歴史観が端的に表明されており、原始社会という概念的枠組みを強化した見方でもあるが、ここではまったく逆の観点からこのことの歴史的意味を考え直してみたい。

儀礼祭祀を取り仕切る司祭者や階層は、単に儀礼祭祀に関わる宗教的知識や秘儀・礼式・芸能を継承しているだけでなく、儀礼や祭宴に必要な資財を保有し消費できる実質的な経済力が必要とされた。また魅惑的なモノや情報を入手できる人脈とネットワークを維持し、祭儀に欠かせない象徴や道具立てを調えられることも、重要な条件であったと考えられる。

縄文社会においても、儀礼祭祀の発達が非日常的な器物の需要と消費を生み出し、特殊生産を助長した面が実際にある。集団墓造営の開始とともに葬制が確立した前期に、数々の特殊な生産が開始したことも、その現れである。玉作りや漆工、精製浅鉢の製作など、前期に発達してくる新たな工芸生産は、製品の出土状況から判断して、葬制における副葬行為や儀礼行為の広がりに動機づけられていた社会的側面をもつ。中期に発達した大形石棒は、祖先祭祀や死者儀礼に関わる最も重要な象徴と目される特殊な石製品であるが（谷口2005b）、これは特定の産地からの供給と流通が知られ、中期末から後期には大形石棒の製作遺跡が出現していたことが確認されている。

後期・晩期になると、副葬品や儀礼祭祀の儀器として、精製土器類・刀剣形石製品・漆製品・水銀朱などの象徴的な器物・産品が多量に製作され消費されるようになる。これらの多くも、ムラの自給自足の産品とは考えにくい特殊なモノである。後期・晩期の儀器類の中でもとりわけ種類が複雑に分化し、数々の呪的な文様をもつことで知られるのが、石刀・石剣・石棒などと称される刀剣形石製品である[2]（図75）。共通のフォルムや象徴的な文様が、ムラや地域社会を超越して共有され、東日本・北日本一円に類似の製品が広がる現象からは、刀剣形石製品の象徴的な価値の高さが読み取れる。

西脇対名夫は、後期・晩期の両頭式の石棒の中に、オルドス地方や南シベリ

第10章　儀礼祭祀と生産の特殊化　271

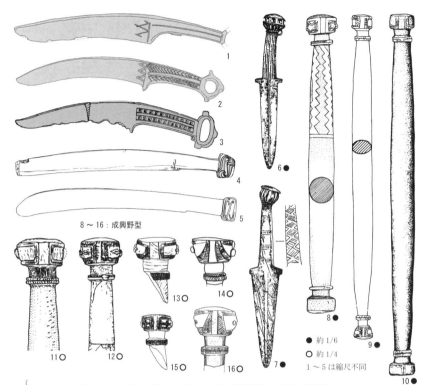

1．三崎山（山形県）　2・3．安陽（中国・河南省）　4．札苅（北海道）　5．仏沢（北海道）
6・7．オルドス地方　8．出土地不詳　9．成興野（山形県）　10．小井田Ⅳ（岩手県）　11．鹿ノ爪（秋田県）
12．石鳩岡（岩手県）　13．美沢1（北海道）　14．八木（秋田県）　15．石神台（神奈川県）　16．貝鳥（岩手県）

図75　青銅製刀剣を模倣した可能性の高い石剣・石刀

　アの青銅剣に起源をもち、拵えを施し鞘に収めた状態の青銅剣を模した型式があることを明らかにしている（西脇 1998）。両頭式で頭部に矩形の彫刻と耳状の小突起を作り出した「成興野型石棒」（図75-8～16）が、最も原型に近い一群である。柄部に縦方向に雷状の刻線をもつ例（図75-8）も、大陸青銅刀剣に類例が見出せるとし、型式学的な対比の根拠に挙げている。縄文人が青銅剣の実物を入手していた可能性は低いが、はるか遠方の異文化が保有した魅惑的な金属製品についての情報はかなり具体的に得ていたのではなかろうか。
　山形県三崎山遺跡で1954年に発見された青銅製刀子（図75-1、全長約

26cm) は、環頭内反りの形状が中国殷代の型式（図75-2・3）に類似し、大陸伝来品の可能性が高い。確実な共伴状況は確認できないが、縄文時代後期・晩期に大陸製の金属器が実際に入手されていたことを暗示する稀少な事例である（柏倉 1961）。三崎山例と大陸青銅器文化との比較をおこなった中山清隆は、殷墟小屯期以降の型式に比定し、遼寧地方から朝鮮半島に広がる青銅器文化の産品がもたらされたものと考察している（中山清 1992）。

　古代アンデスにおける権力形成を論じた関雄二は、「権力資源」の操作という理論的モデルによって社会の複雑化と権力形成のプロセスを説明している（関雄 2006）。古代アンデスでも、「形成期」前期と呼ばれる段階に、信仰や儀礼に関するイデオロギーと奢侈品の占有を通じた経済の操作がほぼ同時に現れ、そこから社会階層化の動きが始まったと考えられている。権力形成とともにイデオロギーを可視化する祭祀建築が次第に発達していく過程は、縄文時代後半期における大規模な配石遺構や環状列石の発達とも類似した面が認められ、社会構造上の対比が可能であろう。ただ、縄文社会が古代アンデスの場合のように強い権力の形成へと一気に傾斜しなかったのは、同族集団の祭祀体系でしかない「祖先祭祀」というイデオロギーの性質に加え、金製品のような圧倒的価値の富が存在せずイデオロギー操作の媒体となる魅惑的な権力資源が乏しかったことによるのではなかろうか。

(3) **コメ・ブタ・塩**—農耕はなぜ始まったのか—

　社会内部の差別化と階層意識をさらに先鋭化させる状況が生じ、もしそうした権力資源の不足を贖おうとする強い動機が出来したとき、どのようなことが起こり得るのか。イノシシの飼育化、石鏃の急増に示される過剰な狩猟、土器製塩の開始、コメの受容といった、社会階層化とは一見無関係な生産上の問題も、より魅力的な権力資源への希求というまったく別の観点から、意味や動機を再考してみる必要がありそうである。

　晩期の関東地方では、遺跡出土の動物骨に占めるシカ・イノシシの比率が著しく高くなる傾向が現れる。シカとイノシシは縄文時代各期を通じて最も主要

な狩猟対象獣であったが（西本 1991）、遺跡出土動物骨の種の構成を時期別・地域別に詳しく分析した西本豊弘・新美倫子の集計によると、関東地方の晩期ではシカ・イノシシの占める割合は90％以上を占め、明らかに突出している（西本 1991、新美 2010）。また、後期後半から晩期前半の遺構・遺物が累積する拠点的な遺跡では、遺物包含層や盛土の中から焼けた獣骨片が多量に出土することはよく知られた経験的事実である。被熱により細かく破砕したこうした骨は動物種の同定や個体数算出が不可能であるため、上記の集計には反映されていないが、こうした状況を考慮すれば実態はさらに過剰なものとなるに違いない。第9章で紹介したコースウェイド・エンクロージャーやヘンジでの家畜の骨の集積例が想起される。イギリス新石器時代のこうしたモニュメントにおいても、家畜の骨の集積や解体跡が頻繁に見出されており、イニシエーション・婚礼・葬儀などの儀礼や祝宴の機会にウシを屠殺したと考えられている（トーマス 2004）。縄文晩期のこの現象も、集団儀礼や祭宴などの機会に、シカ・イノシシの儀礼的消費が非常に大きくなっていたことを推測させるのである。晩期に起こる石鏃の急増も、それに関連した狩猟活動の質的変化・特殊化を示唆している。

　縄文社会はなぜ稲作を受容したのであろうか。コメ作りははたして、限界に達した採集経済の矛盾（岡本勇 1975）を克服するための新たな生産手段として受容されたのであろうか。亀ヶ岡文化に「停滞的な文化」という一面的な評価を下したこうした歴史観を脱却しないかぎり、縄文社会の自律的な歴史発展を叙述することはできず、儀礼祭祀や特殊生産の発達がそれにいかに大きな意味をもっていたのかも結局理解できないのではないか。コメを単なる農作物としてではなく、むしろ縄文人にとって魅力ある美味いモノ、あるいは高級な儀礼食（酒）として捉えると、その意味はまったく違ったものになる。言い換えれば、コメとコメ作りを、権力資源を得るための交換価値をもつモノ、威信に値する特殊複雑な情報体系と解することによって、階層化の過程にあった東日本・北日本地域の縄文社会がそれを受け入れた能動的理由が浮かび上がってくるのである。

イノシシ飼育化の動機もまた同じ性質をもつ。東南アジアやオセアニアの伝統的社会では、家畜のブタを屠るのは主として儀礼・祭宴の機会や威信財入手の代償としてであり、日常的な食肉としてではない（大林1955、吉岡1998）。初期の土器製塩も、生産コストに見合わない、分の悪い特殊生産であった。縄文時代後期末から晩期前半に操業した初期の製塩遺跡である茨城県広畑貝塚では、旧霞ケ浦に面した低い台地上に、灰・炭とともにおびただしい量の製塩土器の破片が堆積している。海水を煮詰めてわずかな塩を得るために、燃料と製塩土器をおそろしく消費させていたことを如実に物語る（近藤1984）。それほどコストのかかるものであったからこそ、価値もすこぶる高かった。つまりブタや塩も、祭宴や儀式での儀礼的消費に関係した奢侈贅沢品であり、財としての価値をもち権力資源になりうる点で、コメと同じ意味・性質をもつ。

　集団あるいはリーダーたちの威信と面目をかけた権力資源の追求、それがむしろ稲作の受容につながる重要な動機ではなかったか。

註
(1)　ステージⅤ以後の歴史的過程は本論の考察の範囲を超えるが、世帯間の格差が拡大し有力世帯・家長による政治的組織が形成される中から、上位階層としての首長層が析出され、それらの特定首長に対する祭祀または首長権継承儀礼がおこなわれるようになる段階（弥生時代終末～古墳時代初頭）に続いていくと予察される。
(2)　後期・晩期に発達する小形精製石棒と石剣・石刀は形態的特徴の違いにより分類されるのが一般的であるが、大陸製の青銅製刀剣類を模倣して製作された蓋然性を考慮すると、「刀剣形石製品」としてまとめる方が適切である。後藤信祐は小形石棒が形態や出土状況において石剣・石刀類と共通性が強い点を指摘し「刀剣形石製品」というカテゴリーにまとめ、型式分類と系統関係の検討をおこなっている（後藤信1986・1987）。西脇対名夫は大陸の青銅製刀剣類との型式学的な類似を根拠に起源を論じる立場から、瘤状の端部装飾をもつ後期・晩期の石製品を「石剣」と総称することを提案している（西脇1998）。「石棒」の名称は中期に発達する大形石棒との混同を招きやすい点に難があるが、鳥居龍蔵が用いた「成興野型石棒」のように学術用語として通用し一定の共通認識が形成されている場合もあり、一概に排除することもできない。

第11章　歴史観への集束

1．環状集落論をふりかえって

　縄文時代の社会組織についての筆者の問題関心は、環状集落の研究を通じて深められてきた。2005年に公表した『環状集落と縄文社会構造』(学生社)に、それまでの研究を総括する形で縄文時代の社会構造に関する見解をまとめ、出自原理によって秩序づけられた分節的な部族社会が前期・中期の東日本に存在していたことを論じた。筆者が着目したのは、環状集落を構成する竪穴住居群や土壙墓群の配置を空間的に区分する「分節構造」の意味である。関連資料の分析・比較を幅広くおこない、二大群構造・半分構造・小群構造などの普遍性をもつ類型的構造を抽出した。また、分節構造の原型が、集落の形成初期にあらかじめ決定されていることも明らかにした。これにより、環状集落が単なる見かけ上の円環ではなく、複数の分節単位を一つの環に統合する環節的な構造をもつことが、一層鮮明な形で把握されることとなった。

　環状集落の分節構造は、何らかの原理によって社会自体が分節化していたこと、そしてそれらが広場や集団墓を中核に求心的に組織化されていたことを意味している。世代を超越した埋葬区分の永続性や分節間の数量的不均衡などを根拠に、筆者はそれをリネージやシブのような出自集団の発達によるものと結論づけた。つまり、血縁原理によって秩序づけられた社会構造の反映として理解したのである。社会人類学・民族学研究との比較もおこない、最も普遍的な二大群の分節構造が双分制社会に見られる直径的構造と相同であることや、出自集団を特定の方位や空間と象徴的に結びつけるトーテム的分類体系との共通性が見出せることを論じた。

出自の厳格な区分は、親族集団への個人の帰属を決め、地位や成員権を明確にする点で、社会を秩序づける原理となる。環状集落発達の背景には、血縁と親族の秩序を重んじるこのような社会構造があると考えられ、環状集落に象徴されるこうした社会構造のことを、筆者は「前期・中期的社会構造」と呼んで概念化した。

　さらに、環状集落の盛衰が地域全体の遺跡数や分布密度に連動している事実を捉え、分節的部族社会の組織化を助長することになった歴史的要因にも論及した。環状集落が常に稠密な遺跡群と領域構造の中に存在するのは、それが地域の人口密度と密接に関係しているからである。出自集団の組織化は、家族や集落を超えたより大きな社会の組織を可能にする。それは次々と派生する単位集団を統合し、複雑化する人間関係を秩序づけるとともに、地域社会の基礎となる領域権益の保有にも重要な役割をはたすなど、人口密度の高まりに適応する新たな社会秩序を構築する上で、きわめて有効に機能したと考えられる。この考察は、遺跡分布密度の高い東日本の前期・中期に環状集落が発達することの意味を、出自集団の機能を介して、はじめて社会生態学的に説明するものであった。

　しかし、今から振り返ってみると、環状集落の歴史と密接不離に存在した、儀礼祭祀という社会的行為に対する視点が欠けていた。

　大形石棒がその一つである。環状集落がもっとも増大して分節構造が顕著となる中期に大形石棒が発達したことや、拠点的環状集落がほぼ一斉に解体して分散化する中期末に多くの大形石棒が放棄されていることを考えれば、相互の関連性を当然検討すべきであるが、こうした視点が当時の筆者には欠けていた。また、後期における環状集落の衰退についても、考察は十分ではなかった。環状集落が担っていた拠点的機能が、後期に環状列石や配石遺構などのモニュメントに転化したところに、儀礼祭祀に関わる宗教的要素の増大を認め、社会統合原理の質的変化を読み取ろうとした点は、大筋としては間違っていなかったと思うが、それを社会統合における出自原理の相対的な減退とそれに代わる威信的・階層的秩序の生成と捉え、部族社会から首長制社会への移行の始

まりと位置づけた説明は飛躍しており、具体的な分析をほとんど欠いていた点に課題を残した。

2．縄文社会複雑化の真相

　本書は、前著に欠如していた研究視点を補い、前・中期に発達した分節的部族社会の中から、さらなる社会複雑化が必然的、連続的に生じてくる理由を、儀礼祭祀の力という面から考察したものである。

　縄文時代後半期の社会複雑化を考察するには、儀礼祭祀の問題を捨象するわけにはいかず、むしろ、儀礼祭祀という社会的行為そのものが生産や経済を活性化させ、社会構造を変容させる原動力になるという視点が必要である。また、儀礼祭祀の主体者・行為者や当事者たちにとっての意味機能も重要な論点となる。

　縄文社会の複雑化・階層化を助長することになった要因は、「出自」という制度と、それに根差した「祖先祭祀」という社会的行為であったと筆者は考える。出自は実際の血縁と同義ではなく、特定の祖先からの選択的な系譜によって親族集団への子供の帰属や個人の社会的位置づけを明確に定義する文化規則である。社会における個人の地位・権利・資格・義務が、系譜上の帰属と位置によって決められる。出自集団の秩序は始祖を頂く系譜認識にもとづいているので、祖先祭祀が集団の統合化にきわめて重要な役割をはたすことになる。前期・中期的社会構造が筆者の考えるような親族社会であったとすると、そこでも祖先祭祀が社会統合に重要な機能をはたしていたと考えられる。

　祖先祭祀や葬送儀礼は、意識的側面だけでは成り立たず、儀礼や祭式を通しておこなわれる。また、祭儀のための特別な空間や道具立てという物質的側面を伴っている。供犠や神饌などの形で、特別な飲食も必要とされたことであろう。つまり、儀礼祭祀の発達は、宗教的観念の深化を意味するのみならず、一方でそれに関連した物質文化を生みだし、それを支える生産と消費を発達させることになるのである。

縄文時代中期以降、とくに後期・晩期に進展した生産の特殊化は、葬制の複雑化やモニュメント造営の動きに見られるように儀礼祭祀が次第にエスカレートするなかで、儀式や祭宴での儀礼的消費が拡大したことを表している。ヒスイ製玉類の製作遺跡の出現、大形石棒の製作遺跡の出現、飾り弓・竪櫛などの漆工芸品の発達、土製耳飾・貝輪など装身具の発達、石剣類の製作遺跡の出現、注口土器など精製土器の多量生産と多量消費、土器製塩の開始、過剰な狩猟と屠殺など、縄文時代後半期には、食料を得るための生業活動とはおよそ異質な、奢侈贅沢品の生産と消費がおこなわれた。また、それらの上級品を対象とする交換も活発化し、列島を縦断するような遠距離交易も始まっていく。
　このような特殊生産の発達と儀礼的消費の拡大は、社会複雑化のなかで次第に増幅してきた集団間・個人間の不平等や競合とも密接に関係していた。そこには威信財となる魅惑的な産品を希求する社会的需要の高まりが如実に表れており、それがモノや情報の動きを拡大させる要因になると同時に、生産の特殊化を助長して縄文経済を活性化させていたのである。縄文時代後半期の経済的特質は、まさしくその点に見いだせる。
　コメ作りもまた、当初は食料生産を目的として導入されたのではなく、従来にない貴重な儀礼食としてコメや酒が受容された可能性が高い。上述のような歴史的コンテクストを踏まえて考えると、そのように理解する方がむしろ妥当であろう。神霊に捧げる贄や神饌としての意味が当初は重要だったかもしれない。そのように考えてこそ、東日本の縄文社会の側からみた農耕受容の動機がよく理解できるのである。
　奢侈贅沢品の生産と消費の拡大は、儀礼祭祀がエスカレートしていた東日本の諸社会において、最も著しい動きを示した。東北地方晩期の亀ヶ岡文化の物質文化などは、その極限状態を示すものといえる。稲作農耕や金属器の大陸系文化が西日本を経由して伝来したことは事実であるが、東日本地域の縄文社会には、儀礼祭祀が極度に発達していた分、コメ作りを能動的に受け入れる動機が存在したのである。稲作伝来を縄文文化終焉の一方的な外因と決めつけるのではなく、縄文社会のなかに能動的にそれを求め受容する理由があったと考え

るべきである。

　戦後の「原始共同体論」が作り上げた縄文社会像を、今日の社会考古学はどのように乗り越えられるだろうか。後期・晩期における儀礼祭祀を「因習的な呪術」と解し、狩猟採集社会が低生産力ゆえに必然的に帰結した停滞と限界の表れと言い切ってしまうこの負の歴史的評価を、どのように反駁できるであろうか。社会複雑化あるいは社会進化というマクロな歴史観のなかで、儀礼祭祀の意味や力が見直されるようになってきた点に、一つのたしかな展望が見出せるのであり、そのような観点から歴史観の転換を図りたい。

3．結　論（要旨）

　本論では、東日本地域における縄文時代後半期の社会と儀礼祭祀の変容過程を論じ、前期後半から晩期前半まで、約6500年前から約3000年前にかけて進展した長期的な文化変化を、社会複雑化と儀礼や葬制の発達との脈絡に焦点を当て総合的に考察した。とくに、社会統合のイデオロギーに関わる最も重要な祭祀体系として、親族集団がとりおこなう祖先祭祀と再葬制の社会的意味に注目し、それが縄文時代後半期に顕在化したさまざまな文化変化の背景となっているとの見解を提示した。

　縄文時代後半期における社会複雑化は、儀礼祭祀という社会的行為を顕著に伴って進行していたものであり、それは社会制度・イデオロギー・経済活動の領野にまたがる次のような相互的作用として説明できる。

　社会制度上の要因となったのは、縄文時代前期・中期における出自・系譜観念の成立と分節的部族社会の成立であり、これにより血縁的原理による社会内部の分節化・序列化が進んだことである。そのような分節的部族社会では、「祖先」「出自」「系譜」の観念が、集団的アイデンティティーや同族意識の形成の土台となるイデオロギーをなしており、社会統合と親族秩序を維持する重要な機能をはたしていた。これらのイデオロギーは、集団墓の造営やモニュメントの築造、あるいは石棒祭祀や再葬制などによる社会的行為を通して強化さ

れ、次第に祖先祭祀や世界観（他界観）として体系化されていった。縄文時代後半期における儀礼祭祀の著しい発達は、生産の特殊化や遠距離交易の発達を促進して経済活動を活発化させる要因となり、こうした動きが稲作農耕の能動的受容にもつながった。

　社会複雑化と儀礼祭祀の様相が地域によって一様でないことは、葬墓制の地方差や特殊家屋の分布の偏りなどから見ても明らかであり、東日本を一括りにした単純な議論はできない。遠隔地交易や外来文化の受容について考える場合には、情報や文物を伝達するルートを考慮した地政学的な視点も必要となる。テーマが大きい分、派生する検討課題は尽きないが、本書の考察を通して導いた結論を簡潔にまとめるならば、以上のように要約される。

引用文献一覧

【和文】
〈あ行〉

明石一紀　1990『日本古代の親族構造』吉川弘文館

秋池　武　1997「初鳥谷遺跡」『横川大林遺跡・横川萩の反遺跡・原遺跡・西野牧小山平遺跡』附編　群馬県教育委員会・松井田町遺跡調査会

秋元信夫　2005「秋田県大湯環状列石」『縄文ランドスケープ』92-103頁、アム・プロモーション

秋山浩三　2007『弥生大形農耕集落の研究』青木書店

浅川利一　1974「田端の環状積石遺構にみる縄文時代後・晩期の葬法推移について」『長野県考古学会誌』19・20、1-11頁

阿部昭典　2008『縄文時代の社会変動論』アム・プロモーション
　　　　　2011「東北北部における環状列石の受容と集落構造―『景観論』の確立に向けて―」『古代文化』63(1)、24-44頁
　　　　　2012「東北北部の大形石棒にみる地域間交流」『縄文人の石神』183-208頁、六一書房

阿部友寿　2003「縄文後晩期における遺構更新と「記憶」―後晩期墓壙と配石の重複関係について―」『神奈川考古』39号、93-130頁
　　　　　2004a「祖先祭祀・再生観の語られ方―配石遺構・墓制との関連において―」『神奈川考古』40、145-164頁
　　　　　2004b「遺構更新における骨類の出土例―縄文時代後晩期における配石遺構・墓坑・焼人骨―」『古代』116、19-42頁

阿部芳郎　1996「縄文時代のムラと『盛土遺構』―『盛土遺構』の形成過程と家屋構造・居住形態―」『歴史手帳』24(8)、9-19頁

安斎正人　1990『無文字社会の考古学』六興出版
　　　　　1994『理論考古学―モノからコトへ―』柏書房
　　　　　2004『理論考古学入門』柏書房
　　　　　2007「円筒下層式土器期の社会―縄紋時代の退役狩猟者層―」『縄紋時代の社会考古学』27-58頁、同成社
　　　　　2008「石鏃を副葬した人々」『異貌』26、16-30頁

安藤広道　2003「弥生時代集落群の地域単位とその構造―東京湾西岸域における地域社会の一位相―」『考古学研究』50(1)、77-97頁

石井　寛　1994「縄文時代後期集落の構成に関する一試論―関東地方西部域を中心に―」『縄文時代』5、77-110頁

　　　　　2006「縄文後期集落の構成と変遷―関東南西部と中部高地を中心に―」『ストーンサークル出現』47-51頁、安中市ふるさと学習館

石川日出志　1987「再葬墓」『弥生文化の研究8　弥生人の祭と墓と装い』148-153頁、雄山閣出版

　　　　　　1988「縄文・弥生時代の焼人骨」『駿台史学』74、84-110頁

　　　　　　1999「南関東の墓制」『季刊考古学』67、82-86頁

　　　　　　2009「弥生時代・壺再葬墓の終焉」『考古学集刊』5、21-38頁

石黒松吉　1936「石棒ものがたり」『ひだびと』4(5)、32-33頁

石坂　茂　2004「関東・中部地方の環状列石―中期から後期への変容と地域的様相を探る―」『群馬県埋蔵文化財調査事業団研究紀要』22、51-94頁

泉　拓良　2002「縄文文化論」『日本の時代史1　倭国誕生』129-170頁、吉川弘文館

伊藤幹治　1995『贈与交換の人類学』筑摩書房

稲田孝司　1975「原始社会の日本的特質」『日本史を学ぶ1』17-28頁、有斐閣

　　　　　1977「日本の原始的共同体社会」『日本経済史―経済発展法則の検証―』19-39頁、有斐閣

井上嘉彦・山中桂一・唐須教光　1983『文化記号論への招待―ことばのコードと文化のコード―』有斐閣

今村啓爾　1999『縄文の実像を求めて』吉川弘文館

　　　　　2002『縄文の豊かさと限界』山川出版社

　　　　　2004「日本列島の新石器時代」『日本史講座1』35-63頁、東京大学出版会

岩永省三　1991・1992「日本における階級社会形成に関する学説史的検討序説」「同（Ⅱ）」『古文化談叢』24、135-168頁、同27、105-123頁

　　　　　2003「古墳時代親族構造論と古代国家形成過程」『九州大学総合研究博物館研究報告』1、1-40頁

ヴェーバー，M.　大塚久雄訳　1989『プロテスタンティズムの倫理と資本主義の精神』岩波文庫

梅原　猛・渡辺　誠　1989『人間の美術1　縄文の神秘』学研

上屋眞一・木村英明　2016『国指定遺跡　カリンバ遺跡と柏木B遺跡』同成社

エヴァンス＝プリチャード，E.　向井元子訳　1978『ヌアー族』岩波書店

エリアーデ，M.　堀　一郎訳　1971『生と再生―イニシエーションの宗教的意義―』

東京大学出版会

エルツ,R. 内藤莞爾訳 1980「死の宗教社会学―死の集合表象研究への寄与―」『右手の優越―宗教的両極性の研究―』31-128頁、垣内出版

エンゲルス,F. 戸原四郎訳 1965『家族・私有財産・国家の起源』岩波文庫

大島直行 1989「北海道出土の貝輪について」『考古学ジャーナル』311、19-24頁

太田原 潤 2000「三内丸山遺跡の6本柱巨木柱列と二至二分」『縄文時代』11、103-130頁

2002「記念物」『季刊考古学』80、42-45頁

大塚達朗 2000『縄紋土器研究の新展開』同成社

大林太良 1955「東南アジアに於ける豚飼養の文化史的地位」『東洋文化研究所紀要』7、37-146頁

1965『葬制の起源』角川書店

1971「縄文時代の社会組織」『季刊人類学』2(2)、3-81頁

1975「住居の民族学的研究」『日本古代文化の探求 家』11-73頁、社会思想社

1987「縄文と弥生の墓―民族学的解釈―」『弥生文化の研究8 弥生集落』165-173頁、雄山閣出版

大村 直 1991「方形周溝墓における未成人中心埋葬について―家長墓・家族墓説批判―」『史館』23、25-79頁

1996「ムラと方形周溝墓」『関東の方形周溝墓』349-364頁、同成社

大村 裕 1994「『縄紋』と『縄文』――山内清男はなぜ『縄紋』にこだわったのか?―」『考古学研究』41(2)、102-110頁

大矢昌彦 1977「石棒の基礎的研究」『長野県考古学会誌』28、18-44頁

小片 保 1973「A地点出土の埋葬人骨」『坂東山』147-155頁、埼玉県教育委員会

岡村道雄 2000『日本の歴史01 縄文の生活誌』講談社

岡本 勇 1975「原始社会の生産と呪術」『日本歴史1』75-112頁、岩波書店

岡本孝之 1990「縄文土器の範囲」『古代文化』42(5)、1-15頁

岡本東三 1979「神子柴・長者久保文化について」『研究論集V』1-57頁、奈良国立文化財研究所

小川岳人 2001「竪穴住居址の屋内空間―民俗・民族誌との隙間に―」『神奈川考古』37、31-49頁

小倉和重 2000「縄文晩期の大型住居址―千葉県宮内井戸作遺跡―」『季刊考古学』73、81-82頁

長田友也 2005「中里村芋川原遺跡・津南町堂尻遺跡出土の彫刻石棒について」『越佐

補遺些』10、30-31頁
小畑弘己　2016『タネをまく縄文人　最新科学が覆す農耕の起源』吉川弘文館
〈か行〉
葛西　勵　2002『再葬土器棺墓の研究—縄文時代の洗骨葬—』同刊行会
笠原信生　1993「人骨の形質」『中央自動車道長野線埋蔵文化財発掘調査報告書11　明科町内　北村遺跡』259-443頁、長野県埋蔵文化財センター
柏倉亮吉　1961「三崎山出土の青銅刀」『東北考古学』2、1-12頁
加藤晋平　1980「縄文人の動物飼育—とくにイノシシの問題について—」『歴史公論』6(5)、45-50頁
加藤久雄・松村博文　2003「歯冠計測値からみた下太田貝塚出土縄文人の血縁関係の推定」『下太田貝塚　分析編』183-200頁、総南文化財センター
金井安子　1997「縄文人と住まい—炉の処理をめぐって—」『青山考古』14、1-17頁
金子浩昌・米山一政・森島　稔　1965「長野県埴科郡戸倉町巾田遺跡調査報告その2」『長野県考古学会誌』2、1-32頁
上敷領久　1987「盤状集積葬考」『史学研究集録』12、25-39頁
神村　透　1995「炉縁石棒樹立住居について」『王朝の考古学』pp.20-31、雄山閣出版
川口正幸　2012「東京都町田市忠生遺跡A地区出土の大形石棒」『縄文人の石神』152-163頁、六一書房
川崎義雄・能登　健　1969「調布市下布田遺跡の特殊遺構」『考古学ジャーナル』34、16-19頁
川名広文　1985「柄鏡形住居址の埋甕にみる象徴性」『土曜考古』10、73-95頁
木村勝彦・村越健一・中村俊夫　2002「青田遺跡の柱根を用いた年輪年代学的研究」『川辺の縄文集落』78-85頁、新潟県埋蔵文化財調査事業団・新潟県教育委員会
桐原　健　1964「南信，八ヶ岳山麓における縄文中期の集落構造」『古代学研究』38、1-7頁
　　　　　1969「縄文中期にみられる室内祭祀の一姿相」『古代文化』21（3・4）、47-54頁
　　　　　1983「屋内祭祀」『歴史公論』9(9)、60-64頁
櫛原功一　2009「縄文時代中期の竪穴住居における空間分割」『帝京大学山梨文化財研究所研究報告』13、95-110頁
工藤雅樹　1974「ミネルヴァ論争とその前後—考古学から見た東北古代史像の形成に関連して—」『考古学研究』20(3)、14-40頁
久保寺逸彦　1969「アイヌの祖霊祭り（シンヌラッパ）」『アイヌ民族誌　下』577-595

頁、第一法規出版
黒尾和久　1988「縄文時代中期の居住形態」『歴史評論』454、9-21・45頁
小薬一夫　1997「『住居型式』設定のための基礎的作業─多摩丘陵・武蔵野台地の縄文中期炉跡の分析から─」『東京考古』15、74-80頁
小島俊彰　1976「加越能飛における縄文中期の石棒」『金沢美術工芸大学学報』20、35-56頁
　　　　　1986「鍔をもつ縄文中期の大型石棒」『大境』10、25-40頁
小杉　康　1991「縄文時代に階級社会は存在したのか」『考古学研究』37(4)、97-121頁
　　　　　1995「縄文時代後半期における大規模配石記念物の成立─『葬墓祭制』の構造と機能─」『駿台史学』93、101-149頁
小杉　康編　2006『心と形の考古学─認知考古学の冒険─』同成社
後藤和民・庄司　克・飯塚博和　1982「昭和四八年度加曽利貝塚東傾斜面第五次発掘調査概報」『貝塚博物館紀要』8、1-21頁
後藤信祐　1986・1987「縄文後晩期の刀剣形石製品の研究（上）（下）」『考古学研究』33(3)、31-60頁、同33(4)、28-48頁
　　　　　1999「遺物研究　石棒・石剣・石刀」『縄文時代』10（第4分冊）、71-82頁
後藤守一　1952「上代に於ける貴族社会の出現」『日本民族』83-99頁、岩波書店
後藤守一・大塚初重・麻生　優・戸沢充則・金子浩昌　1959「北伊豆五島における考古学的調査」『伊豆諸島文化財総合調査報告　第2分冊』543-618頁、東京都教育委員会
小林圭一　2001「山形県における縄文時代集落の諸様相」『列島における縄文時代集落の諸様相』109-132頁、縄文時代文化研究会
小林達雄　1977「縄文土器の世界」『日本原始美術大系1　縄文土器』153-181頁、講談社
　　　　　1983「縄文経済」『縄文文化の研究2　生業』3-16頁、雄山閣
　　　　　1985「縄文文化の終焉」『日本史の黎明』231-253頁、六興出版
　　　　　1985「縄文時代のクニグニ」『縄文人の知恵』61-92頁、小学館
　　　　　1988「縄文文化の盛衰」「身分と装身具」『古代史復元3　縄文人の道具』24-32頁、28-129頁、講談社
　　　　　1994「縄文文化における資源の認知と利用」『講座地球に生きる3　資源への文化適応』15-45頁、雄山閣出版
　　　　　1996『縄文人の世界』朝日新聞社
　　　　　2005「縄文ランドスケープ─自然的秩序からの独立と縄文的世界の形成─」『縄文ランドスケープ』9-19頁、アム・プロモーション

　　　　　　2008『縄文の思考』ちくま新書
　　　　　　2009「縄文時代中期の世界観―土偶の履歴書―」『火焔土器の国　新潟』8-26頁、新潟日報事業社
近藤義郎　1959「共同体と単位集団」『考古学研究』6(1)、13-20頁
　　　　　　1962「弥生文化論」『日本歴史1』139-188頁、岩波書店
　　　　　　1983『前方後円墳の時代』岩波書店
　　　　　　1984『土器製塩の研究』青木書店
近藤義郎・ロッホクルー墳丘墓群調査団編　2011『アイルランド墳丘墓群―ロッホクルーを中心として―』真陽社

〈さ行〉

サーヴィス，E.　松園万亀雄訳　1979『未開の社会組織―進化論的考察―』弘文堂
酒井龍一　1990「拠点集落と弥生社会―拠点集落を基本要素とする社会構成の復元―」『日本村落史講座2　景観Ⅰ』65-83頁、雄山閣出版
坂川　進　1994「縄文時代後期の風張(1)遺跡土壙墓群について」『北奥古代文化』23、32-40頁
坂口滋皓　1992「東日本弥生墓制における土器棺墓(2)―関東地方の様相を中心として―」『神奈川考古』28、1-41頁
坂口　隆　2007「北米北西海岸の先住民社会―エリート層の機能と多様性の検討から―」『季刊考古学』98、72-76頁
酒詰仲男　1957「日本原始農業試論」『考古学雑誌』42(2)、1-12頁
坂本和俊　1996「埋葬施設の諸問題」『関東の方形周溝墓』377-393頁、同成社
佐々木高明　1971『稲作以前』日本放送出版協会
　　　　　　1982『照葉樹林文化の道』日本放送出版協会
　　　　　　1986『縄文文化と日本人―日本基層文化の形成と継承―』小学館
　　　　　　1991『日本史誕生』集英社
佐々木藤雄　1997・1998「縄文時代の土器分布圏と家族・親族・部族」『先史考古学論集』6、31-54頁、同7、49-88頁
　　　　　　2002「環状列石と縄文式階層社会―中・後期の中部・関東・東北―」『縄文社会論（下）』3-50頁、同成社
　　　　　　2005a「縄文と弥生、階層と階級」『異貌』23、105-121頁
　　　　　　2005b・2007「環状列石初源考（上）（下）―環状集落中央墓地の形成と環状列石―」『長野県考古学会誌』109、1-17頁、同120、1-28頁
佐々木由香　2014「縄文人の植物利用―新しい研究法から見えてきたこと―」『ここまでわかった！縄文人の植物利用』26-45頁、新泉社

笹沢　浩　1983「阿久遺跡」『長野県史　考古資料編1(3)』575-592頁、長野県史刊行会
佐藤宏之　1999「環状墓壙群」『多摩ニュータウン遺跡　№107遺跡　旧石器・縄文時代編』241-253頁、東京都埋蔵文化財センター
佐原　眞　1985「奴隷をもつ食料採集民」『歴史公論』11(5)、47頁
　　　　　1987『大系日本の歴史1　日本人の誕生』小学館
佐原　真・小林達雄　2001『世界史の中の縄文文化』新書館
サーリンズ,M.　青木保訳　1972『部族民』鹿島研究所出版会
サーリンズ,M.　山田隆治訳　1976「プア・マン　リッチ・マン　ビッグ・マン　チーフ―メラネシアとポリネシアにおける政治組織の類型―」『進化と文化』181-221頁、新泉社
設楽博己　1993「縄文時代の再葬」『国立歴史民俗博物館研究報告』49、7-46頁
　　　　　1994「壺棺再葬墓の起源と展開」『考古学雑誌』79(4)、1-40頁
　　　　　2004「再葬の背景―縄文・弥生時代における環境変動との対応関係―」『国立歴史民俗博物館研究報告』112、357-380頁
　　　　　2005「東日本農耕文化の形成と北方文化」『先史日本を復元する4　稲作伝来』113-163頁、岩波書店
　　　　　2007a「長野県域の再葬」『縄文時代の考古学9　死と弔い』103-111頁、同成社
　　　　　2007b「縄文―弥生移行期の葬制変化（東日本）」『縄文時代の考古学9　死と弔い』192-207頁、同成社
篠田謙一　2003「千葉県茂原市下太田貝塚出土縄文人骨のDNA分析」『下太田貝塚分析編』201-206頁、総南文化財センター
篠田謙一・松村博文・西本豊弘　1998「DNA分析と形態データによる中妻貝塚出土人骨の血縁関係の分析」『動物考古学』11、1-21頁
嶋崎弘之　1985「東京都神谷原の勝坂Ⅱ期集落―報告書『神谷原』の分析から―」『土曜考古』10、97-106頁
　　　　　2008「縄文人の性行動」『埼玉考古』43、135-158頁
島田恵子　2004「第3章　縄文時代」『佐久町史　歴史編1』73-244頁、佐久町史刊行会
白石太一郎　1973「大型古墳と群集墳―群集墳の形成と同族系譜の成立―」『考古学論攷2』93-120頁、奈良県橿原考古学研究所
　　　　　1993「古墳成立論」『新版古代の日本1　古代史総論』163-190頁、角川書店
　　　　　1996「総論―考古学から見たウヂとイエ―」『考古学による日本歴史15　家族と住まい』5-14頁、雄山閣出版

	2003a「山ノ上古墳と山ノ上碑―古墳の合葬原理をめぐって―」『古墳時代の日本列島』pp.85-113、青木書店
	2003b「考古学からみた聖俗二重首長制」『国立歴史民俗博物館研究報告』108、93-118頁
末木　健	1989「縄文時代集落の生産活動と祭祀―山梨県釈迦堂遺跡群の構造分析―」『山梨考古学論集Ⅱ』147-168頁、山梨県考古学協会
末永雅雄編	1935『本山考古室目録』岡書院
菅谷通保	2003「墓域と人骨」『下太田貝塚　本文編』38-100頁、総南文化財センター
	2007「多遺体埋葬」『縄文時代の考古学9』112-121頁、同成社
杉原荘介	1967「群馬県岩櫃山における弥生時代の墓址」『考古学集刊』3⑶、37-56頁
	1981『栃木県出流原における弥生時代の再葬墓群』明治大学文学部考古学研究室
鈴木公雄	1979「縄文時代論」『日本考古学を学ぶ3』178-202頁、有斐閣
	1984「日本の新石器時代」『講座日本歴史1』75-116頁、東京大学出版会
	1990「縄文時代はいつ始まったか」『争点日本の歴史1』78-93頁、新人物往来社
鈴木隆雄	1999「本当になかったのか縄文人の集団的戦い」『縄文学の世界』36-47頁、朝日新聞社
鈴木三男・能城修一	1997「縄文時代の森林植生の復元と木材資源の利用」『第四紀研究』36⑸、329-342頁
鈴木素行	1999「越の旅人　放浪編―西方貝塚B地区第1号住居跡の彫刻石棒について―」『婆良岐考古』21、29-66頁
	2004「節のある石棒―石棒研究史を学ぶ（前編）―」『婆良岐考古』26、87-118頁
	2010「続・部田野のオオツタノハ―茨城県域における弥生時代『再葬墓後』の墓制について―」『古代』123、1-51頁
鈴木靖民	1990「歴史学と民俗学（文化人類学）―日本古代史における首長制社会論の試み―」『日本民俗研究大系10』67-90頁、國學院大學
	1993「日本古代国家形成史の諸段階―首長制社会論の視角から―」『國學院雑誌』94⑿、55-74頁
鈴木保彦	1976「環礫方形配石遺構の研究」『考古学雑誌』62⑴、1-13頁
	1991「第二の道具としての石皿」『縄文時代』2、17-39頁
清家　章	1999「古墳時代周辺埋葬墓考―畿内の埴輪棺を中心に―」『国家形成期の考古学』231-260頁、大阪大学考古学研究室

瀬川拓郎　1980「『環状土籬』の成立と解体」『考古学研究』27⑶、55-73頁
　　　　　1983「縄文後期〜続縄文期墓制論ノート」『北海道考古学』19、37-49頁
　　　　　2007「縄文─続縄文移行期の葬制変化」『縄文時代の考古学9　死と弔い』208-218頁、同成社
関　孝一　1966「長野県埴科郡保地遺跡発掘調査概報」『考古学雑誌』51⑶、25-43頁
関　雄二　2006『古代アンデス　権力の考古学』京都大学学術出版会
千田茂雄・小野和之　2001「野村遺跡（中期）」『安中市史第4巻　原始・古代・中世資料編』235-249頁、安中市

〈た行〉

大工原　豊・林　克彦　1995「配石墓と環状列石─群馬県天神原遺跡の事例を中心として─」『信濃』47⑷、32-54頁
高倉新一郎　1968「アイヌ家屋の調査」『アイヌ民俗資料調査報告』1-25頁、北海道教育委員会
高橋　誠・谷口康浩　2006「環状炉穴群と大形住居─縄文時代早期後葉条痕文期の社会変化─」『國學院大學考古学資料館紀要』22、1-36頁
高橋　護　1994「縄文農耕と稲作」『東アジアの古代文化』81、42-51頁
高橋龍三郎　1991「縄文時代の葬制」『原始・古代日本の墓制』48-84頁、同成社
　　　　　　2002「縄文後・晩期社会の複合化と階層化過程をどう捉えるか─居住構造と墓制よりみた千葉県遺跡例の分析─」『早稲田大学大学院文学研究科紀要』47（第4分冊）61-75頁
　　　　　　2004『縄文文化研究の最前線』早稲田大学
　　　　　　2007a「関東地方中期の廃屋墓」『縄文時代の考古学9　死と弔い』45-57頁、同成社
　　　　　　2007b「縄文中期の社会構造」『縄紋時代の社会考古学』59-81頁、同成社
　　　　　　2016「縄文後・晩期社会におけるトーテミズムの可能性について」『古代』138、75-141頁
鷹部屋福平　1943『アイヌの住居』彰国社
高谷英一・喜多裕明　2000「宮内井戸作遺跡」『千葉県の歴史　資料編・考古1』884-893頁、千葉県
田中　信　1985「住居空間分割に関する試論」『土曜考古』10、1-25頁
田中真砂子　1987「そせん・そせんすうはい　祖先・祖先崇拝」『文化人類学事典』435-436頁、弘文堂
田中良之　1995『古墳時代親族構造の研究』柏書房
　　　　　1998「出自表示論批判」『日本考古学』5、1-18頁

2000「出自」『現代考古学の方法と理論Ⅲ』123-131頁、同成社
2002「出土人骨を用いた親族構造研究」『日本家族史論集7　親族と祖先』2-17頁、吉川弘文館

谷口康浩　1986「縄文時代『集石遺構』に関する試論―関東・中部地方における早・前・中期の事例を中心として―」『東京考古』4、17-85頁
1999「環状集落から探る縄文社会の構造と進化」『最新縄文学の世界』20-35頁、朝日新聞社
2001「縄文時代遺跡の年代」『季刊考古学』77、17-21頁
2002「環状集落と部族社会―前・中期の列島中央部―」『縄文社会論（上）』19-65頁、同成社
2003「縄文時代中期における拠点集落の分布と領域モデル」『考古学研究』49(4)、39-58頁
2004a「環状集落の比較生態論」『考古学研究会50周年記念論文集　文化の多様性と比較考古学』151-158頁、考古学研究会
2004b「環状集落の成立過程―縄文時代前期における集団墓造営と拠点形成の意味―」『帝京大学山梨文化財研究所研究報告』12、179-206頁
2005a『環状集落と縄文社会構造』学生社
2005b「石棒の象徴的意味―縄文時代の親族社会と祖先祭祀―」『國學院大學考古学資料館紀要』21、27-53頁
2006「石棒と石皿―象徴的生殖行為のコンテクスト―」『考古学Ⅳ』77-102頁、安斎正人
2007a「縄文時代の社会―分節的部族社会から階層化社会へ―」『季刊考古学』98、27-32頁
2007b「階層化原理としての『出自』」『國學院大學考古学資料館紀要』23、43-66頁
2007c「祖先祭祀」『縄文時代の考古学11　心と信仰』200-219頁、同成社
2008a「縄文時代の祖先祭祀と社会階層化―儀礼祭祀と特殊生産の関係―」『國學院雜誌』109(11)、1-14頁
2008b「縄文時代の環状集落と集団関係」『考古学研究』55(3)、44-59頁
2008c「親族組織・出自集団」『縄文時代の考古学10　人と社会』115-132頁、同成社
2009「縄文時代の生活空間―『集落論』から『景観の考古学』へ―」『縄文時代の考古学8　生活空間』3-24頁、同成社
2011『縄文文化起源論の再構築』同成社

　　　　　　2014「集落と領域」『講座日本の考古学4　縄文時代（下）』215-250頁、青木書店

　　　　　　2015「大形石棒の残され方―放棄時の状況と行為のパターン―」『考古学ジャーナル』678、3-7頁

谷口康浩・永瀬史人　2008「土器型式情報の伝達と変容－属性分析からみた加曽利E式土器の多様性－」『縄文時代の考古学7　土器を読み取る』157-176頁、同成社

千野裕道　1983「縄文時代のクリと集落周辺植生」『東京都埋蔵文化財センター研究論集』Ⅱ、25-42頁

　　　　　　1991「縄文時代に二次林はあったか―遺跡出土の植物性遺物からの検討―」『東京都埋蔵文化財センター研究論集』Ⅹ、215-249頁

知里真志保　1950「アイヌ住居に関する若干の考察」『民族学研究』14(4)、74-77頁

塚原正典　1989「縄文時代の配石遺構と社会組織の復元」『考古学の世界』53-70頁、新人物往来社

辻　誠一郎　2002「人と自然の環境史」『青森県史別編　三内丸山遺跡』227-244頁、青森県。

辻　誠一郎・能城修一編　2006『三内丸山遺跡の生態系史』日本植生史学会

土屋　積　1992「森将軍塚古墳の墓域構成について」『史跡　森将軍塚古墳』489-495頁、更埴市教育委員会

都出比呂志　1970「農業共同体と首長権―階級形成の日本的特質―」『講座日本史1』29-66頁、東京大学出版会

　　　　　　1984「農耕社会の形成」『講座日本歴史1　原始・古代1』117-158頁、東京大学出版会

　　　　　　1986「墳墓」『日本考古学4　集落と祭祀』217-267頁、岩波書店

　　　　　　1989『日本農耕社会の成立過程』岩波書店

　　　　　　1991「日本古代の国家形成論序説―前方後円墳体制の提唱―」『日本史研究』343、5-39頁

　　　　　　1996「国家形成の諸段階―首長制・初期国家・成熟国家―」『歴史評論』551、3-16頁

　　　　　　1999「墳丘墓の比較考古学―異なる墳丘型式の意味―」『国家形成期の考古学』3-27頁、大阪大学考古学研究室

坪井清足　1962「縄文文化論」『日本歴史1』109-138頁、岩波書店

勅使河原彰　1987「考古史料による時代区分―その前提作業―」『考古学研究』33(4)、91-120頁

　　　　　　　1998『縄文文化』新日本出版社
デュルケーム，E.　小関藤一郎訳　1980『分類の未開形態』法政大学出版局
寺沢　薫　1990「青銅器の副葬と王墓の形成―北九州と畿内にみる階級形成の特質
　　　　　（Ⅰ）―」『古代学研究』121、1-35頁
土井義夫　1988「『セトルメント・パターン』の再検討」『史館』20、76-85頁
遠山茂樹　1968『戦後の歴史学と歴史意識』岩波書店
戸田哲也　1971「縄文時代における宗教意識について―田端環状積石遺構を中心として
　　　　　―」『下総考古学』4、8-17頁
　　　　　1997「石棒研究の基礎的課題」『堅田直先生古希記念論文集』91-108頁、真
　　　　　陽社
トーマス、ジュリアン　2004「ブリテン新石器時代のアイデンティティ・権力・物質文
　　　　　化」『文化の多様性と21世紀の考古学：考古学研究会50周年記念国際シンポ
　　　　　ジウム』166-185頁、考古学研究会
外山和夫・宮崎重雄・飯島義雄　1989「再葬墓における穿孔人歯骨の意味」『群馬県立
　　　　　歴史博物館紀要』10、1-30頁
〈な行〉
中尾佐助　1967「農耕起源論」『自然―生態学的研究―今西錦司博士還暦記念論文集』
　　　　　329-494頁、中央公論社
長崎元広　1973「八ヶ岳西南麓の縄文中期集落における共同祭式のありかたとその意
　　　　　義」『信濃』25⑷、14-35頁、同25⑸、72-89頁
　　　　　1976「石棒祭祀と集団構成―縄文中期の八ヶ岳山麓と天竜川流域―」『どる
　　　　　めん』8、43-57頁
長沢宏昌　2008「土器棺（中部・関東地方）」『総覧縄文土器』1098-1103頁、アム・プ
　　　　　ロモーション
中島将太　2015「大形石棒の出土状況―東京都光明院南遺跡を中心に―」『考古学ジャー
　　　　　ナル』678、23-27頁
永峯光一　1977「呪的形象としての土偶」『日本原始美術体系3　土偶・埴輪』155-171
　　　　　頁、講談社
中村　大　2000「採集狩猟民の副葬行為―縄文文化―」『季刊考古学』70、19-23頁
中村五郎　1996「世界史に占める縄紋文化の位置―尖底深鉢土器と両面調整の打製石鏃
　　　　　を中心に―」『画龍点睛』258-282頁、山内先生没後25年記念論集刊行会
中山清隆　1992「縄文文化と大陸系文物」『季刊考古学』38、48-52頁
中山誠二　2010『植物考古学と日本の農耕の起源』同成社
　　　　　2015「中部高地における縄文時代の栽培植物と二次植生の利用」『第四紀研

究』54(5)、285-298頁

奈良泰史　1986「牛石遺跡」『都留市史　資料編　地史・考古』322-338頁、都留市

新美倫子　2002「縄文時代遺跡出土クリの再検討―大きさの問題を中心に―」『動物考古学』19、25-37頁

　　　　　2010「鳥獣類相の変遷」『縄文時代の考古学4　人と動物の関わりあい』131-148頁、同成社

西澤　明　2007「環状墓群」『縄文時代の考古学9　死と弔い』138-149頁、同成社

西沢寿晃　1986「梨久保遺跡出土の骨類について」『梨久保遺跡』553-555頁、岡谷市教育委員会

西嶋定生　1961「古墳と大和政権」『岡山史学』10、154-207頁

西田正規　1981「縄文時代の人間－植物関係」『国立民族学博物館研究報告』6(2)、234-255頁

　　　　　1986『定住革命―遊動と定住の人類史―』新曜社

　　　　　1989『縄文の生態史観』東京大学出版会

西野秀和　2007「環状木柱列」『縄文時代の考古学11　心と信仰』171-177頁、同成社

西本豊弘　1991「縄文時代のシカ・イノシシ狩猟」『古代』91、114-132頁

　　　　　2003「縄文時代のブタ飼育について」『国立歴史民俗博物館研究報告』108、1-15頁

西本豊弘・篠田謙一・松村博文・菅谷通保　2001「DNA分析による縄文後期人の血縁関係」『動物考古学』16、1-16頁

西脇対名夫　1998「石剣ノート」『北方の考古学』209-224頁、野村崇先生還暦記念論集刊行会

丹羽佑一　1982「縄文時代の集団構造―中期集落に於ける住居址群の分析より―」『考古学論考』41-74頁、平凡社

　　　　　1994「縄文集落の基礎単位の構成員」『文化財学論集』221-228頁、文化財学論集刊行会

　　　　　2006「多摩ニュータウンNo.107遺跡縄文人の婚姻と社会」『ムラと地域の考古学』113-132頁、同成社

禰津正志　1935「原始日本の経済と社会(1)(2)」『歴史学研究』4(4)、19-32頁、同4(5)、49-62頁

ねずまさし　1949『原始社会―考古学的研究―』三笠書房

能登　健　1995「縄文時代前期の石棒について」『荒砥上ノ坊遺跡Ⅰ』165-168頁、群馬県教育委員会・群馬県埋蔵文化財調査事業団

〈は行〉

ハイネ=ゲルデルン, ロベルト　竹村卓二訳　1961「巨石問題」『古代学』10(1)、20-37頁
橋口達也　1995「弥生時代の戦い」『考古学研究』42(1)、54-77頁
橋本　正　1976「竪穴住居の分類と系譜」『考古学研究』23(3)、37-72頁
花輪　宏　2003「縄文時代の『火葬』について」『考古学雑誌』87(4)、1-31頁
馬場保之　1994「縄文時代晩期墓制に関する一考察―長野県南部を中心として―」『中部高地の考古学Ⅳ』131-163頁、長野県考古学会
羽生淳子　2000「縄文人の定住度（上）（下）」『古代文化』52(2)、29-37頁、同52(4)、18-29頁
林　謙作　1976「亀ヶ岡文化論」『東北考古学の諸問題』169-203頁、寧楽社
　　　　　1977「縄文期の葬制―第Ⅱ部・遺体の配列，特に頭位方向―」『考古学雑誌』63(3)、1-36頁
　　　　　1980「東日本縄文期葬制の変遷（予察）」『人類学雑誌』88(3)、269-284頁
　　　　　1983「柏木B第1号環状周堤墓の構成と変遷」『北海道考古学』19、19-36頁
　　　　　1995「階層とは何だろうか？」『展望考古学』56-66頁、考古学研究会
　　　　　1997「縄文巨大施設の意味」『縄文と弥生』54-64頁、クバプロ
　　　　　1998「縄紋社会は階層社会か」『古代史の論点4　権力と国家と戦争』87-110頁、小学館
林　茂樹　1983「野口遺跡」『長野県史　考古資料編1(3)』894-897頁、長野県史刊行会
林　茂樹・本田秀明　1962「野口墳墓遺跡調査概況―長野県伊那市手良区野口―」『伊那路』6(10)、1-13頁
林　直樹　1992「柱状節理利用の石棒製作址―岐阜県塩屋金精神社遺跡―」『季刊考古学』41、85-86頁
原　秀三郎　1984「日本列島の未開と文明」『講座日本歴史1』1-38頁、東京大学出版会
原田昌幸　1997「発生・出現期の土偶総論」『土偶研究の地平』217-269頁、勉誠社
春成秀爾　1980「縄文合葬論―縄文後・晩期の出自規定―」『信濃』32(4)、1-35頁
　　　　　1982「縄文社会論」『縄文文化の研究8　社会・文化』223-252頁、雄山閣
　　　　　1989「叉状研歯」『国立歴史民俗博物館研究報告』21、87-140頁
　　　　　1993「弥生時代の再葬制」『国立歴史民俗博物館研究報告』49、47-91頁
　　　　　1996「性象徴の考古学」『国立歴史民俗博物館研究報告』66、69-160頁
　　　　　2002『縄文社会論究』塙書房
　　　　　2007『儀礼と習俗の考古学』塙書房

比嘉政夫　1983『沖縄の門中と村落祭祀』三一書房
平田和明　1999「横浜市港北ニュータウン小丸遺跡出土人骨について」『小丸遺跡』378-379頁、横浜市ふるさと歴史財団
平田和明・星野敬吾　2003「下太田貝塚出土人骨報告書」『下太田貝塚　分析編』1-182頁、総南文化財センター
ファン＝ヘネップ，A.　綾部恒雄・綾部裕子訳　1977『通過儀礼』弘文堂
フォーテス，M.　田中真砂子編訳　1980『祖先崇拝の論理』ぺりかん社
フォーテス，M.　大塚和夫訳　1981「単系出自集団の構造」『家族と親族―社会人類学論集―』63-100頁、未来社
フォーテス,M. & エヴァンス＝プリチャード.E.　大森元吉・星　昭訳　1972「序論」『アフリカの伝統的政治体系』19-43頁、みすず書房
福永伸哉　1999「古墳の出現と中央政権の儀礼管理」『考古学研究』46(2)、53-72頁
藤尾慎一郎　1993「生業からみた縄文から弥生」『国立歴史民俗博物館研究報告』48、1-65頁
　　　　　　1996「ブリテン新石器時代における死の考古学」『国立歴史民俗博物館研究報告』68、215〜251頁
　　　　　　2002『縄文論争』講談社
藤本　強　1983「墓制成立の背景」『縄文文化の研究9　縄文人の精神文化』12-31頁、雄山閣
　　　　　　1994『モノが語る日本列島史―旧石器から江戸時代まで―』同成社
　　　　　　2002「植物利用の再評価―世界史的枠組みの再構築を見据えて―」『古代文化』52(1)、1-15頁
藤森栄一　1950「日本原始陸耕の諸問題―日本中期縄文時代の一生産形態について―」『歴史評論』4(4)、41-46頁
　　　　　　1970『縄文農耕』学生社
藤森栄一編　1965『井戸尻』中央公論美術出版
藤原宏志　1998『稲作の起源を探る』岩波新書
ブラッカー，C.& ローウェ，M.編　矢島祐利・矢島文夫訳　1976『古代の宇宙論』海鳴社
フリードマン，M.　田村克己・瀬川昌久訳　1987『中国の宗族と社会』弘文堂
フレイザー，D.　渡辺洋子訳　1984『未開社会の集落』井上書院
フレイザー，J.　永橋卓介訳　1966『金枝篇（一）』岩波文庫
北條芳隆・溝口孝司・村上恭通　2000『古墳時代像を見なおす』青木書店
ボードリヤール，J.　今村仁司・塚原　史訳　1982『象徴交換と死』筑摩書房

堀越正行　1986「京葉における縄文中期埋葬の検討」『史館』19、1-66頁

〈ま行〉

間壁葭子　1992「婚姻と家族」『古墳時代の研究12　古墳の造られた時代』13-33頁、雄山閣出版

増田逸郎　1998「古墳出現期の北武蔵―前方後方墳成立の要因―」『埼玉県立さきたま資料館調査研究報告』10、1-20頁

松木武彦　1995「弥生時代の戦争と日本列島社会の発展過程」『考古学研究』42(3)、33-47頁

　　　　　2005「『首長制』から『国家』への変移に関する進化論的展望」『待兼山考古学論集』1-19頁、大阪大学考古学研究室

　　　　　2006「ブリテン石室墳研究の現状―墳墓の比較考古学のために―」『考古学研究』53(2)、94～100頁

　　　　　2007a「コッツウォルド・セヴァーン・グループ長形墳の諸問題―ブリテン新石器時代墓制の一側面―」『岡山大学文学部紀要』48、49-59頁

　　　　　2007b『日本の歴史1　列島創世紀』小学館

松田光太郎　2004「縄文時代前期の小型石棒に関する一考察」『古代』116、1-17頁

松村博文・西本豊弘　1996「中妻貝塚出土多数合葬人骨の歯冠計測値にもとづく血縁関係」『動物考古学』6、1-17頁

松本建速　1997「大洞A'式土器を作った人々と砂沢式土器を作った人々」『北方の考古学』225-251頁、野村崇先生還暦記念論集刊行会

松本直子　1996「認知考古学視点からみた土器様式の空間的変異―縄文時代後晩期黒色磨研土器様式を素材として―」『考古学研究』42(4)、61-84頁

　　　　　2002a「伝統と変革に揺れる社会―後・晩期の九州―」『縄文社会論（下）』103-138頁、同成社

　　　　　2002b「縄文・弥生変革とエスニシティ」『考古学研究』49(2)、24-41頁

　　　　　2004「縄文イデオロギーの普遍性と特異性―土偶の性格を中心に―」『文化の多様性と21世紀の考古学』150-158頁、考古学研究会

　　　　　2005『先史日本を復元する2　縄文のムラと社会』岩波書店

松本直子・中園　聡・時津裕子編　2003『認知考古学とは何か』青木書店

マードック, G.　内藤莞爾監訳　1978『社会構造』新泉社

マリノフスキー, B.　宮武公夫・高橋巌根訳　1997『呪術　科学　宗教　神話』人文書院

マンロー, N.　セグリマン, B.編　小松哲郎訳　2002『アイヌの信仰とその儀式』国書刊行会

水嶋崇一郎・坂上和弘・諏訪 元 2004「保美貝塚（縄文時代晩期）の盤状集積人骨─骨構成と形態特徴の視点から─」Anthropological Science（Japanese Series）112(2)、113-125頁

水野正好 1969a「縄文の社会」『日本文化の歴史1 大地と呪術』199-202頁、学習研究社

1969b「縄文時代集落復原への基礎的操作」『古代文化』21（3・4）、1-21頁

溝口孝司 2000「墓地と埋葬行為の変遷─古墳時代の開始の社会的背景の理解のために─」『古墳時代像を見直す』201-273頁、青木書店

南木睦彦 1994「縄文時代以降のクリ（*Castanea crenata* SIEB. et ZUCC.）果実の大型化」『植生史研究』2(1)、3-10頁

宮坂英弌 1957『尖石』茅野町教育委員会

宮崎重雄 1987「利根郡月夜野町深沢遺跡出土の骨類について」『深沢遺跡・前田原遺跡』263-264頁、群馬県教育委員会・群馬県埋蔵文化財調査事業団

武藤一郎 1924「石棒に現れたる割礼の痕跡に就て」『考古学雑誌』14(6)、22-26頁

武藤康弘 1995「民族誌からみた縄文時代の竪穴住居」『帝京大学山梨文化財研究所研究報告』6、267-296頁

村上伸二 1995「石棒の機能についての一考察」『比企丘陵』1、13-32頁

村上恭通 2000「鉄器生産・流通と社会変革─古墳時代の開始をめぐる諸前提─」『古墳時代像を見直す』137-200頁、青木書店

村田文夫 2006『縄文のムラと住まい』慶友社

村田 大 2004「IH-3出土の石棒について」『森町石倉2遺跡』158-159頁、北海道埋蔵文化財センター

メトカーフ，P. & ハンティントン，R. 池上良正・川村邦光訳 1985『死の儀礼─葬送習俗の人類学的研究─』未来社

モース，M. 有地 亨・伊藤昌司・山口俊夫訳 1973「贈与論─太古の社会における交換の諸形態と契機─」『社会学と人類学Ⅰ』219-400頁、弘文堂

モラン，E. 古田幸男訳 1973『人間と死』法政大学出版局

森本六爾 1934「農業起源と農業社会」『日本原始農業新論』考古学評論1(1)、18-25頁

〈や行〉

安田喜憲 1977『環境考古学事始─日本列島2万年─』日本放送出版協会

1982「気候変動」『縄文文化の研究1』163-200頁、雄山閣出版

1999『世界史のなかの縄文文化』（増補改訂版）雄山閣

八幡一郎・田村晃一編 1990『アジアの巨石文化─ドルメン・支石墓考─』六興出版

山尾幸久　1983『日本古代王権形成史論』岩波書店
山崎純男　2006「熊本県大矢遺跡の籾圧痕土器と縄文農耕」『東アジアの古代文化』126、58-70頁
山田悟郎　1992「古代のソバ」『考古学ジャーナル』355、23-28頁
山田悟郎・柴内佐知子　1997「北海道の縄文時代遺跡から出土した堅果類―クリについて」『北海道開拓記念館研究紀要』25、17-30頁
山田孝子　1994『アイヌの世界観』講談社
山田康弘　1995「多数合葬例の意義―縄文時代の関東地方を中心に―」『考古学研究』42(2)、52-67頁
　　　　　2003「『子供への投資』に関する基礎的研究―縄文階層社会の存否をめぐって―」『関西縄文時代の集落・墓地と生業』125-139頁、六一書房
　　　　　2006「『老人』の考古学―縄文時代の埋葬例を中心に―」『考古学Ⅳ』52-76頁、安斎正人
山内清男　1925「石器時代にも稲あり」『人類学雑誌』40(5)、181-184頁
　　　　　1932・1933「日本遠古之文化(1)〜(7)」『ドルメン』1(4)、40-43頁、1(5)、85-90頁、1(6)、46-50頁、1(7)、49-53頁、1(8)、60-63頁、1(9)、48-51頁、2(2)、49-53頁
　　　　　1935「縄紋式文化」『ドルメン』4(6)、82-85頁
　　　　　1937「日本に於ける農業の起源」『歴史公論』6(1)、266-278頁
　　　　　1939『日本遠古之文化　補註付・新版』先史考古学会
　　　　　1969a「縄紋時代研究の現段階」『日本と世界の歴史1』86-97頁、学習研究社
　　　　　1969b「縄紋草創期の諸問題」『Museum』224、4-22頁
山内清男・佐藤達夫　1964「日本先史時代概説」『日本原始美術1　縄文式土器』135-147頁、講談社
山本暉久　1976a「住居跡内に倒置された深鉢形土器について」『神奈川考古』1、47-64頁
　　　　　1976b「敷石住居出現のもつ意味」『古代文化』28(2)、1-37頁、同28(3)、1-29頁
　　　　　1977「縄文時代中期末・後期初頭期の屋外埋甕について」『信濃』29(11)、33-56頁、同29(12)、48-64頁
　　　　　1979「石棒祭祀の変遷」『古代文化』31(11)、1-41頁、同31(12)、1-24頁
　　　　　1987「石棒性格論」『論争・学説日本考古学3』95-122頁、雄山閣出版
　　　　　1994「石柱・石壇をもつ住居址の性格」『日本考古学』1、1-26頁

1996a「柄鏡形（敷石）住居と石棒祭祀」『縄文時代』7、33-73頁
1996b・1997「柄鏡形（敷石）住居と埋甕祭祀」『神奈川考古』32、133-152頁、同33、49-83頁
2002『敷石住居址の研究』六一書房
2005「縄文時代階層化社会論の行方」『縄文時代』16、111-142頁
2006「浄火された石棒」『神奈川考古』42、37-65頁
2010『柄鏡形（敷石）住居と縄文社会』六一書房
義江明子 1985「古代の氏と共同体および家族」『歴史評論』428、21-39頁
1986『日本古代の氏の構造』吉川弘文館
吉田　孝 1983『律令国家と古代の社会』岩波書店
吉岡政徳 1998『メラネシアの位階階梯制社会──北部ラガにおける親族・交換・リーダーシップ──』風響社
吉崎昌一 1997「縄文時代の栽培植物」『第四紀研究』36(5)、343-346頁
吉野健一 2007「房総半島における縄文時代後・晩期の大形住居」『縄紋時代の社会考古学』189-210頁、同成社

〈ら行〉
ラドクリフ＝ブラウン，A.　青柳まちこ訳　1975『未開社会における構造と機能』新泉社
リーチ，E.　青木　保・井上兼行訳　1974「時間の象徴的表象に関する二つのエッセイ」『人類学再考』207-231頁、思索社
レヴィ＝ストロース，C.　生松敬三訳　1972『構造人類学』みすず書房
レヴィ＝ストロース，C.　大橋保夫訳　1976『野生の思考』みすず書房

〈わ行〉
和島誠一 1948「原始聚落の構成」『日本歴史学講座』1-32頁、学生書房
1962「序説──農耕・牧畜発生以前の原始共同体──」『古代史講座2』2-16頁、学生社
和田晴吾 1998「古墳時代は国家段階か」『古代史の論点4　権力と国家と戦争』141-166頁、小学館
渡辺　新 1991『縄文時代の人口構造』渡辺　新
渡辺　新 1995「下総台地における石棒の在り方（瞥見）──市川市高谷津遺跡の出土事例から──」『利根川』16、54-59頁
2001「権現原貝塚の人骨集積から集落の人口構造を考える」『シンポジウム縄文人と貝塚　関東における埴輪の生産と供給』65-79頁、学生社
渡辺　仁 1988「農耕化過程に関する土俗考古学的進化的モデル──ハードウェアとソフ

トウェアの可分性を中心とする―」『古代文化』40(5)、1-17頁
　　　　　1990『縄文式階層化社会』六興出版
渡辺　誠　1989「異形なるものと呪術」『人間の美術1　縄文の神秘』124-139頁、学習研究社
渡邊欣雄　1982「Descent 理論の系譜―概念再考―」『武蔵大学人文学会雑誌』13(3)、49-93頁
　　　　　1985『沖縄の社会組織と世界観』新泉社

【英文】

Barber, M., Field, D. and Topping, P. 1999 *The Neolithic frint mines of England*. English Heritage.
Barclay, A. and Bayliss, A. 1999 Cursus monuments and the radiocarbon problem. In Barclay, A. and Harding, J. (eds) 1999 *Pathways and ceremonies: the cursus monuments of Britain and Ireland*. pp.11-29, Oxbow Books.
Barclay, A. and Harding, J. (eds) 1999 *Pathways and ceremonies: the cursus monuments of Britain and Ireland*. Oxbow Books.
Bradley, R. 2007 *The prehistory of Britain and Ireland*. Cambridge University Press.
Bradley, R. and Edmonds, M. 1993 *Interpreting the axe trade: Production and exchange in Neolithic Britain*. Cambridge University Press.
Cummings, V. 2008 The architecture of monuments. In pollard, J. (ed) *Prehistoric Britain*. pp.135-159, Blackwell
Darvill, T. 1996 Neolithic buildings in England, Wales and the isle of Man. In Darvill, T. and Thomas, J. (eds) *Neolithic houses in northwest Europe and beyond*. pp.77-112, Oxbow Books.
　　　　　2004 *Long barrows of the Cotswolds and surrounding areas*. The History Press.
　　　　　2010 *Prehistoric Britain* (2nd edition). Routledge.
Darvill, T., Stamper, P. & Timby J. 2002 *Oxford archaeological guides: England*. Oxford University Press.
Davidson, J. & Henshall, A. 1989 *The chambered cairns of Orkney*. Edinburgh University Press.
Earle, T. 1997 *How Chiefs Came to Power: The Political Economy in Prehistory*. Stanford University Press, Stanford.
Field, D. 2006 *Earthen long barrows: The earliest monuments in the British isles*.

Tempus.

Garnham, T. 2004 *Lines on the landscape, circles from the sky: Monuments of Neolithic Orkney.* Tempus

Habu, J. 2004 *Ancient Jomon of Japan.* Cambridge University Press.

Hayden, B. 1995 Pathways to power: principles for creating socioeconomic inequalities. In Price, T.D. and Feinman, G.M. (eds) *Foundations of Social Inequality.* pp.15-86, Plenum Press.

Johnston, R. 1999 An empty path?: Processions, memories and the Dorset cursus. In Barclay, A. and Harding, J. (eds) 1999 *Pathways and ceremonies: the cursus monuments of Britain and Ireland.* pp.39-48, Oxbow Books.

Leary, J. 2010 Silbury Hill: a monument in motion. In Leary, J., Darvill, T. and Field, D. (eds) *Round mounds and monumentality in the British neolithic and beyond.* pp.139-152, Oxbow Books.

Lightfoot, K.G. 1993 Long-term developments in complex hunter-gatherer societies: recent perspectives from the Pacific Coast of North America. Journal of Archaeological Research, 1, pp.167-201.

Malone, C. 2001 *Neolithic Britain and Ireland.* Tempus.

Maschner, H.D.G. 1991 The emergence of cultural complexity on the northern Northwest Coast. Antiquity, 65, pp.924-934.

Mercer, R. and Healy, F. eds. 2008 *Hambledon Hill, Dorset, Engrand: excavation and survey of a Neolithic monument complex and its surrounding landscape.* vol.1, vol. 2. English Heritage.

Noble, G. 2006 *Neolithic Scotland: Timber, Stone, earth and fire.* Edinburgh University Press.

Parker Pearson, M. 1993 *Bronze Age Britain.* B.T. Batsford Ltd / English Heritage. 2003 *The archaeology of death and burial.* The History Press.

Parker Pearson, M. 1999 *The archaeology of death and burial.* The History Press.

Parker Pearson, M. and Stonehenge Riverside Project 2012 *Stonehenge: exploring the greatest stone age mystery.* Simon & Schuster.

Penny, A. and Wood J.E. 1973 The Dorset cursus complex: a Neolithic astronomical observatory? Archeological Journal, 130, pp.44-76.

Pollard, J. 2008 *Prehistoric Britain.* Blackwell Publishing.

Pollard, J. and Reynolds, A. 2010 *Avebury: The biography of a landscape.* The History Press.

Renfrew, C. (ed) 1985 *The prehistory of Orkney*. Edinburgh University Press.

Scarre, C. 2007 *The megalithic monuments of Britain and Ireland*. Thames & Hudson

Schulting, R. 2012 Skeletal evidence for interpersonal violence: beyond mortuary monuments in southern Britain. In Schulting, R. and Fibiger, L. (eds) *Sticks, Stones and broken bones*. pp.223-248, Oxford University Press

Shinoda, K. and Kanai, S. 1999 Intracemetery genetic analysis at the Nakazuma Jomon site in Japan by mitochondrial DNA sequencing. Anthropological Science, 107(2), pp.129-140.

Stout, G. and Stout, M. 2008 *Newgrange*. Cork University Press.

Thomas, J. 1999 *Understanding the Neolithic*. (2nd editon) Routledge.

Thorpe, I. 1984 Ritual, power and ideology: a reconstruction of earlier Neolithic rituals in Wessex. In Bradley, R. & Gardiner, J. (eds.) *Neolithic Studies*. pp.41-60, British Archaeological Reports, Oxford.

Wainwright, G. 1989 *The henge monuments: Ceremony and society in prehistoric Britain*. Thames and Hudson.

Whittle, A. 1996 *Europe in the Neolithic: The creation of new worlds*. Cambridge University Press.

1999 The Neolithic period, c. 4000-2500/2200 BC. In Hunter, J. and Raston, I. (eds) *The archaeology of Britain*. pp.58-76, Routledge.

Whittle, A., Healy, F. and Bayliss, A. (eds) 2011 *Gathering time: Dating the earliy Neolithic enclosures of southern Britain and Ireland*. Oxbow Books.

【中文】

劉　一曼　1993「殷墟青銅刀」『考古』1993年第二期、150-166頁

【発掘調査報告書・自治体史・資料集】

※発掘調査報告書の発行所が複数の場合は主たる組織のみに略した。

〈あ行〉

青森県教育委員会編　1975『むつ小川原開発地域関係埋蔵文化財試掘調査概報』青森県教育委員会

青森県埋蔵文化財センター編　1992『富ノ沢(2)遺跡Ⅵ』青森県教育委員会

青森市教育委員会　1995『小牧野遺跡　国指定史跡・環状列石』青森市教育委員会

青森市教育委員会編　1996〜2006『小牧野遺跡発掘調査報告書１〜９』青森市教育委員会

秋田県埋蔵文化財センター編　1988『東北横断自動車道秋田線発掘調査報告書Ⅱ―上ノ山Ⅰ遺跡・館野遺跡・上ノ山Ⅱ遺跡―』秋田県教育委員会
秋田県埋蔵文化財センター編　1989『八木遺跡発掘調査報告書』秋田県教育委員会
秋田県埋蔵文化財センター編　1999『伊勢堂岱遺跡』秋田県教育委員会
朝日村教育委員会編　1995『奥三面ダム関連遺跡発掘調査報告書Ⅳ　元屋敷遺跡Ⅰ』朝日村教育委員会
朝日村教育委員会編　2002『奥三面ダム関連遺跡発掘調査報告書ⅩⅣ　元屋敷遺跡Ⅱ（上段）』朝日村教育委員会
渥美町教育委員会編　1966『保美貝塚』渥美町教育委員会
穴沢遺跡発掘調査団編　1995『穴沢遺跡』小海町教育委員会
穴場遺跡調査団編　1983『穴場Ⅰ―諏訪市穴場遺跡第5次発掘調査報告書―』諏訪市教育委員会
我孫子市教育委員会編　2014『下ヶ戸貝塚』我孫子市教育委員会
安中市教育委員会編　1993『大下原遺跡・吉田原遺跡』安中市教育委員会
安中市教育委員会編　1994『中野谷地区遺跡群』安中市教育委員会
安中市教育委員会編　1998『中野谷松原遺跡　縄文時代遺物本文編・図版編』安中市教育委員会
飯田市教育委員会編　1994『中村中平遺跡』飯田市教育委員会
伊川津遺跡発掘調査団編　1988『伊川津遺跡』渥美町教育委員会
板橋区史編さん調査会編　1995『板橋区史　資料編1（考古）』板橋区
市川金丸編　1998『薬師前遺跡　縄文時代後期集合改葬土器棺墓調査』倉石村教育委員会
市川市教育委員会編　1987『堀之内：市川市堀之内土地区画整理事業予定地内遺跡発掘調査報告書』市川市教育委員会
市ノ沢団地遺跡調査団編　1997『市ノ沢団地遺跡』市ノ沢団地遺跡調査団
一戸町教育委員会編　1993『御所野遺跡Ⅰ』一戸町教育委員会
市原市文化財センター編　1987『菊間手永遺跡』市原市文化財センター
市原市文化財センター編　1995『能満上小貝塚』市原市文化財センター
市原市文化財センター編　1999『祇園原貝塚』市原市教育委員会
市原市文化財センター編　2005『西広貝塚Ⅱ』市原市教育委員会・市原市文化財センター
伊那市教育委員会編　1969『月見松遺跡緊急発掘調査報告書』伊那市教育委員会
岩手県教育委員会編　1980『東北新幹線関係埋蔵文化財調査報告書Ⅶ　西田遺跡』岩手県教育委員会

岩手県埋蔵文化財センター編　1983『小井田Ⅳ遺跡発掘調査報告書』岩手県埋蔵文化財センター
印旛郡市文化財センター編　1994『木戸先遺跡』トーメン
印旛郡市文化財センター編　1997『南羽鳥遺跡群Ⅱ』成田スポーツ開発
印旛郡市文化財センター編　1998『宮内井戸作遺跡Ⅰ地区』三菱地所
印旛郡市文化財センター編　2009『宮内井戸作遺跡』三菱地所
印旛郡市文化財センター編　2011『馬場遺跡第5地点（第1次・第2次）』印西市
宇都宮市教育委員会　1988『聖山公園遺跡Ⅴ』宇都宮市教育委員会
梅宮　茂・大竹憲治編　1986『霊山根古屋遺跡の研究』霊山町教育委員会
恵庭市教育委員会　2003『カリンバ3遺跡1』恵庭市教育委員会
大磯町教育委員会編　1992『石神台』大磯町教育委員会
大内町史編さん委員会編　1990『大内町史』大内町
大桑村教育委員会編　1988『大明神遺跡』大桑村教育委員会
大桑村教育委員会編　2001『中山間総合整備事業地内埋蔵文化財発掘調査報告書　平成8-12年度』木曽地方事務所
大胡町教育委員会編　1994『西小路遺跡』群馬県勢多郡大胡町教育委員会
大月市宮谷遺跡調査会編　1973『山梨県大月市宮谷遺跡発掘調査報告書』大月市教育委員会
岡崎文喜編　1982『古作貝塚』船橋市遺跡調査会古作貝塚調査団
岡崎文喜編　1983『古作貝塚Ⅱ』船橋市遺跡調査会古作貝塚調査団
岡谷市教育委員会編　1994『志平・長塚・地獄沢遺跡発掘調査報告書（概報）』岡谷市教育委員会
恩名沖原遺跡発掘調査団編　2000『恩名沖原遺跡発掘調査報告書』恩名沖原遺跡発掘調査団

〈か行〉

鹿角市教育委員会編　1999『特別史跡大湯環状列石発掘調査報告書(15)』鹿角市教育委員会
鹿角市教育委員会編　2005『特別史跡大湯環状列石1』鹿角市教育委員会
神奈川県教育委員会編　1977『下北原遺跡』神奈川県教育委員会
神奈川県立埋蔵文化財センター編　1996『敷石住居の謎に迫る　資料集』神奈川県立埋蔵文化財センター
かながわ考古学財団編　1999『道志川導水路関連遺跡』かながわ考古学財団
かながわ考古学財団編　2000『三ノ宮・下谷戸遺跡（No.14）Ⅱ』かながわ考古学財団
かながわ考古学財団編　2002a『用田鳥居前遺跡』かながわ考古学財団

かながわ考古学財団編　2002b『南原遺跡』かながわ考古学財団
かながわ考古学財団編　2002c『川尻中村遺跡』かながわ考古学財団
金沢市教育委員会編　1983『金沢市新保本町チカモリ遺跡』金沢市教育委員会
株式会社ダイサン編　2014『緑川東遺跡—第27地点—』国立あおやぎ会
上福岡市教育委員会編　1987『鷺森遺跡の調査』上福岡市教育委員会
北上市教育委員会編　1983『滝ノ沢遺跡（1977-1982年度調査）』北上市教育委員会
北区教育委員会編　1998『七社神社前遺跡Ⅱ』北区教育委員会
草間俊一・金子浩昌　1971『貝鳥貝塚』花泉町教育委員会
釧路市埋蔵文化財調査センター編　1994『釧路市幣舞遺跡調査報告書Ⅱ』釧路市埋蔵文化財調査センター
黒川地区遺跡調査団編　1997『黒川地区遺跡群報告書Ⅷ　宮添遺跡・No.10遺跡（縄文編）』住宅都市整備公団・黒川地区遺跡調査団
群馬県史編さん委員会編　1988『群馬県史　資料編1』群馬県
群馬県埋蔵文化財調査事業団編　1987『深沢遺跡・前田原遺跡』群馬県教育委員会・群馬県埋蔵文化財調査事業団
群馬県埋蔵文化財調査事業団編　1990『田篠中原遺跡』群馬県埋蔵文化財調査事業団
群馬県埋蔵文化財調査事業団編　2005『川原湯勝沼遺跡』群馬県埋蔵文化財調査事業団
県営南原団地内遺跡発掘調査団編　2002『南原遺跡発掘調査報告書』県営岡田団地内遺跡発掘調査団
港北ニュータウン埋蔵文化財調査団編　1985『三の丸遺跡調査概報』横浜市埋蔵文化財調査委員会

〈さ行〉
埼玉県遺跡調査会編　1974『高井東遺蹟』埼玉県遺跡調査会
埼玉県教育委員会編　1973『坂東山』埼玉県教育委員会
埼玉県埋蔵文化財調査事業団編　1991『小敷田遺跡』埼玉県埋蔵文化財調査事業団
埼玉県埋蔵文化財調査事業団編　1997『石神貝塚』埼玉県埋蔵文化財調査事業団
坂城町教育委員会編　2002『金井東遺跡群　保地遺跡』坂城町教育委員会
佐倉市教育委員会編　2004『井野長割遺跡』佐倉市教育委員会
山武考古学研究所編　1997a『横川大林遺跡・横川萩の反遺跡・原遺跡・西野牧小山平遺跡』群馬県教育委員会・松井田町遺跡調査会
山武考古学研究所編　1997b『行田梅木平遺跡』松井田町遺跡調査会
滋賀県教育委員会編　2014『相谷熊原遺跡Ⅰ』滋賀県教育委員会・滋賀県文化財保護協会
下野谷遺跡整理室編　2001『下野谷遺跡Ⅲ』早稲田大学

渋川市教育委員会編　2008『史跡瀧沢石器時代遺跡1』『同2』渋川市教育委員会
島津修久ほか　1955『誉田高田貝塚』學習院高等科史學部
島根県埋蔵文化財センター編　1996『門遺跡』島根県教育委員会
杉並区内遺跡発掘調査団編　2012『光明院南遺跡F地点』杉並区内遺跡発掘調査団
総南文化財センター編　2003『下太田貝塚　本文編・分析編』総南文化財センター
曽谷吹上遺跡発掘調査団編　2002『曽谷吹上遺跡　200102地点』曽谷吹上遺跡発掘調査団

〈た行〉

忠生遺跡調査団編　2006『忠生遺跡群発掘調査概要報告書』忠生遺跡調査会
忠生遺跡調査団編　2007『忠生遺跡A地区（Ⅰ）―A1地点旧石器・縄文時代遺構編―』忠生遺跡調査会
忠生遺跡調査団編　2011『忠生遺跡A地区（Ⅲ）―A1地点旧石器・縄文時代遺物編(2)―』忠生遺跡調査会
立川市向郷遺跡調査会編　1992『向郷遺跡』立川市向郷遺跡調査会
田中谷戸遺跡調査会編　1976『田中谷戸遺跡』田中谷戸遺跡調査会
棚畑遺跡発掘調査団編　1990『棚畑』茅野市教育委員会
玉川文化財研究所編　2015『中里遺跡発掘調査報告書』玉川文化財研究所
多摩ニュータウン遺跡調査会編　1969『多摩ニュータウン遺跡調査報告Ⅶ』多摩ニュータウン遺跡調査会
地域文化財研究所編　2013『千葉県松戸市牧之内遺跡第1-6地点発掘調査報告書』地域文化財研究所
千歳市教育委員会編　1994『丸子山遺跡における考古学調査』千歳市教育委員会
千葉県教育振興財団編　2006a『君津市鹿島台遺跡（A区・D区）』千葉県教育振興財団
千葉県教育振興財団編　2006b『君津市三直貝塚』千葉県教育振興財団
千葉県教育振興財団文化財センター編　2008『袖ケ浦市上宮田台遺跡』国土交通省関東地方整備局千葉国道事務所
千葉県都市公社編　1974『松戸市金楠台遺跡』千葉県都市公社
千葉県文化財センター編　1991『誉田高田：千葉市誉田高田貝塚確認調査報告書』千葉県教育委員会
千葉県文化財センター編　1998『市原市武士遺跡　2』千葉県文化財センター
調布市遺跡調査会調査団編　1982『調布市下布田遺跡―昭和56年度範囲確認調査―』調布市教育委員会
嬬恋村教育委員会編　2013『東平遺跡調査報告書―平成7年度第2次発掘調査報告―』

　　　　　群馬県嬬恋村教育委員会
寺村光晴編　1987『史跡寺地遺跡　新潟県西頸城郡青海町寺地遺跡発掘調査報告書』青海町
東海大学石神台遺跡発掘調査団編　1975『大磯・石神台配石遺構発掘報告書』大磯町教育委員会
東京都埋蔵文化財センター編　1993「№471遺跡」『多摩ニュータウン遺跡―平成3年度―（第3分冊）』東京都埋蔵文化財センター
東京都埋蔵文化財センター編　1999a『多摩ニュータウン遺跡　№72・795・796遺跡（8）』東京都埋蔵文化財センター
東京都埋蔵文化財センター編　1999b『多摩ニュータウン遺跡　№107遺跡　旧石器・縄文時代編』東京都埋蔵文化財センター
東京都埋蔵文化財センター編　1999c『多摩ニュータウン遺跡　№753遺跡』東京都埋蔵文化財センター
東京都埋蔵文化財センター編　2003『大橋遺跡―第3次調査―』東京都埋蔵文化財センター
栃木県文化振興事業団編　1987『御城田』栃木県文化振興事業団
富山県教育委員会編　1974『富山県朝日町不動堂遺跡第1次発掘調査概報』富山県教育委員会
富山県教育委員会編　1978『富山県立山町二ツ塚遺跡緊急発掘調査概要』富山県教育委員会
富山県文化振興財団埋蔵文化財調査事務所編　2012『早月上野遺跡発掘調査報告』富山県文化振興財団埋蔵文化財調査事務所編

〈な行〉
中伊豆町教育委員会編　1979『上白岩遺跡発掘調査報告書』中伊豆町教育委員会
中郷村教育委員会編　1996『籠峰遺跡発掘調査報告書Ⅰ　遺構編』中郷村教育委員会
中妻貝塚発掘調査団編　1995『中妻貝塚発掘調査報告書』取手市教育委員会
長野県編　1988『長野県史　考古資料編1(4)』長野県史刊行会
長野県教育委員会編　1972『長野県中央道埋蔵文化財包蔵地発掘調査報告書―下伊那郡高森町地内その1―』長野県教育委員会
長野県教育委員会編　1973『長野県中央道埋蔵文化財包蔵地発掘調査報告書―下伊那郡高森町地内その2―』長野県教育委員会
長野県中央道遺跡調査団編　1976「大石遺跡」『長野県中央道埋蔵文化財包蔵地発掘調査報告書―茅野市・原村その1―』長野県教育委員会
長野県中央道遺跡調査団編　1981『長野県中央道埋蔵文化財包蔵地発掘調査報告書―原

村その4―』長野県教育委員会
長野県中央道遺跡調査団編　1982a『長野県中央道埋蔵文化財包蔵地発掘調査報告書―原村その5―』長野県教育委員会
長野県中央道遺跡調査団編　1982b『長野県中央道埋蔵文化財包蔵地発掘調査報告書―茅野市その5―』長野県教育委員会
長野県埋蔵文化財センター編　1993『中央自動車道長野線埋蔵文化財発掘調査報告書11―明科町内―北村遺跡』長野県教育委員会・長野県埋蔵文化財センター
長野県埋蔵文化財センター編　2000『上信越自動車道埋蔵文化財発掘調査報告書19―小諸市内3―』長野県埋蔵文化財センター
中之条町教育委員会編　1997『有笠山2号洞窟遺跡』中之条町教育委員会
梨久保遺跡調査団編　1986『梨久保遺跡』岡谷市教育委員会
なすな原遺跡調査団編　1984『なすな原遺跡－No.1地区調査－』なすな原遺跡調査会
七飯町教育委員会編　1979『峠下聖山遺跡』七飯町教育委員会
新潟県教育委員会編　1999『和泉A遺跡』新潟県教育委員会
西尾市教育委員会編　1981『枯木宮貝塚Ⅰ』西尾市教育委員会
韮崎市教育委員会編　2001『石之坪遺跡（西地区）』韮崎市教育委員会
野津田上の原遺跡調査会編　1997『野津田上の原遺跡』野津田上の原遺跡調査会
能都町教育委員会編　1986『真脇遺跡』能都町教育委員会
野村崇　1976『札苅　北海道上磯郡木古内町における縄文時代晩期土壙墓の調査』北海道開拓記念館

〈は行〉

橋本遺跡調査団編　1986『橋本遺跡　縄文時代編』相模原市橋本遺跡調査会
八王子市椚田遺跡調査会編　1982『神谷原Ⅱ』八王子資料刊行会
八王子市宇津木台地区遺跡調査会編　1989『宇津木台遺跡群ⅩⅢ』八王子市宇津木台地区遺跡調査会
八王子市南部地区遺跡調査会編　1988『南八王子地区遺跡調査報告4　滑坂遺跡』八王子市南部地区遺跡調査会
八戸市教育委員会編　1991『風張(1)遺跡Ⅰ』『同Ⅱ』八戸市教育委員会
羽沢団地内遺跡発掘調査団編　1993『羽沢大道遺跡発掘調査報告書』神奈川県都市部住宅建設課
日義村教育委員会編　1995『マツバリ遺跡』日義村教育委員会
福島県文化センター編　1988『一ノ堰A・B遺跡』福島県教育委員会
藤岡市教育委員会編　1986『C11沖Ⅱ遺跡』藤岡市教育委員会
富士見町編　1991『富士見町史　上巻』富士見町教育委員会

文化財保護委員会編　1952『吉胡貝塚』吉川弘文館
文化財保護委員会編　1953『大湯町環状列石』文化財保護委員会
保谷市遺跡調査会編　1999『下野谷遺跡　第7次調査報告』保谷市教育委員会
北海道教育委員会編　1979『美沢川流域の遺跡群Ⅲ』北海道教育委員会
北海道埋蔵文化財センター編　1981『美沢川流域の遺跡群Ⅳ』北海道埋蔵文化財センター
北海道埋蔵文化財センター編　1995『滝里遺跡群　芦別市滝里4遺跡1』北海道埋蔵文化財センター
北海道埋蔵文化財センター編　2004『森町石倉2遺跡』北海道埋蔵文化財センター
〈ま行〉
町田市木曽森野地区遺跡調査会編　1993『木曽森野遺跡Ⅱ』町田市木曽森野地区遺跡調査会
町田市教育委員会編　1969『田端遺跡調査概報―第1次―』町田市教育委員会
町田市教育委員会編　2003『田端遺跡―田端環状積石遺構周辺域における詳細分布調査報告書―』町田市教育委員会
松戸市遺跡調査会編　2004『下水遺跡　第1地点発掘調査報告書』松戸市遺跡調査会
俎原遺跡発掘調査団編　1986『俎原遺跡』塩尻市教育委員会
馬目順一編　1982『楢葉天神原弥生遺蹟の研究』楢葉町教育委員会
三重県埋蔵文化財センター編　1997『粥見井尻遺跡発掘調査報告』三重県埋蔵文化財センター
港区伊皿子貝塚遺跡調査団編　1981『伊皿子貝塚遺跡』港区伊皿子貝塚遺跡調査会
南茅部町埋蔵文化財調査団編　1997『八木A遺跡Ⅲ・八木C遺跡』南茅部町埋蔵文化財調査団
宮川村教育委員会編　1995『飛騨みやがわシンポジウム　石棒の謎をさぐる』宮川村教育委員会
宮本台遺跡発掘調査団編　1974『宮本台』船橋市教育委員会
御代田町教育委員会編　1997『滝沢遺跡』御代田町教育委員会
目黒区大橋遺跡調査会編　1998『大橋遺跡』目黒区大橋遺跡調査会
望月町教育委員会編　1989『平石遺跡』望月町教育委員会
森町教育委員会編　2008『鷲ノ木遺跡―縄文時代後期前葉の環状列石と竪穴墓域―』森町教育委員会
〈や行〉
山形県教育委員会編　1979『熊ノ前遺跡』山形県教育委員会
山形県教育委員会編　1990『押出遺跡発掘調査報告書』山形県教育委員会

山田芳和編　1986『石川県能都町　真脇遺跡』能都町教育委員会・真脇遺跡発掘調査団
山梨県編　1999『山梨県史　資料編2　原始・古代2』山梨県
山梨県埋蔵文化財センター編　1987『郷蔵地遺跡』山梨県教育委員会
山梨県埋蔵文化財センター編　1989『金生遺跡Ⅱ（縄文時代編）』山梨県教育委員会
山梨県埋蔵文化財センター編　2000『古堰遺跡・大林上遺跡・宮の前遺跡・海道前C遺跡・大林遺跡』山梨県教育委員会
山梨県埋蔵文化財センター編　2001『塩瀬下原遺跡（第4次調査）』山梨県教育委員会
山梨県埋蔵文化財センター編　2004『酒呑場遺跡　第1-3次　遺物編・図版編』山梨県教育委員会
山ノ内町教育委員会編　1981『伊勢宮』山ノ内町教育委員会
横浜市ふるさと歴史財団編　1999『小丸遺跡』横浜市教育委員会
横浜市ふるさと歴史財団埋蔵文化財センター編　2000『大熊仲町遺跡』横浜市教育委員会
横浜市埋蔵文化財センター編　2003『二ノ丸遺跡』横浜市教育委員会
横浜市埋蔵文化財センター編　2005『月出松遺跡・月出松南遺跡』横浜市教育委員会
横浜市埋蔵文化財センター編　2008『華蔵台遺跡』横浜市教育委員会
横浜市歴史博物館・横浜市ふるさと歴史財団埋蔵文化財センター編　2008『縄文文化円熟―華蔵台遺跡と後晩期社会―』横浜市歴史博物館
吉見台遺跡群調査会編　2011『吉見台遺跡群発掘調査報告書Ⅰ』吉見台遺跡群調査会

〈わ行〉
渡辺一雄・大竹憲治　1981『三貫地遺跡』福島県三貫地遺跡発掘調査団
上原遺跡調査会編　1957『上原』長野県教育委員会

図表出典一覧

【第4章】
図1　横浜市埋蔵文化財センター編 2003・2005、港北ニュータウン埋蔵文化財調査団編 1985原図をもとに作成
図2　東京都埋蔵文化財センター編 1999b、丹羽 1994、立川市向郷遺跡調査会編 1992原図をもとに構成
図3　富士見町編 1991、黒川地区遺跡調査団編 1997原図転載・改変
図4　総南文化財センター編 2003原図をもとに作成
表1　総南文化財センター編 2003の報告データより作成
図5　中妻貝塚発掘調査団編 1995写真転載、同原図をもとに構成

【第5章】
図6　宇都宮市教育委員会編 1988、小林圭一 2001原図転載・改変
図7　長野県中央道遺跡調査団編 1982a 原図をもとに作成
図8　長野県中央道遺跡調査団編 1982a 原図をもとに作成
図9　東京都埋蔵文化財センター編 1999a 原図改変、群馬県史編さん委員会編 1988原図転載
図10　谷口 2004a・2014原図をもとに作成
図11　中伊豆町教育委員会編 1979原図転載・改変
図12　長野県埋蔵文化財センター編 1993・2000、かながわ考古学財団編 2000原図転載・改変
図13　横浜市ふるさと歴史財団編 1999原図転載・改変、写真：横浜市歴史博物館編 2008より転載
図14　遺跡図：高谷・喜田 2000原図より作成、遺構図：印旛郡市文化財センター編 2009原図転載
図15　秋元 2005、森町教育委員会編 2008、青森市教育委員会編 1995原図転載・改変
図16　戸田 1971原図をもとに作成（谷口 2008a）
図17　谷口 2008b 原図転載・改変
図18　写真：安中市教育委員会提供

【第6章】
図19　谷口 2015・島田 2004原図転載、写真：筆者撮影
図20　山田芳和編 1986・小島 1976・忠生遺跡調査団編 2011・恩名沖原遺跡発掘調査団

　　　　編 2000・新潟県教育委員会編 1999・富山県文化振興財団埋蔵文化財調査事務所編
　　　　2012・長田 2005・穴沢遺跡発掘調査団編 1995原図転載
図21　写真：富山県教育委員会編 1978・富山県埋蔵文化財センター提供
図22　忠生遺跡調査団編 2007写真転載、同2006原図転載・改変
図23　写真：国立市教育委員会提供、株式会社ダイサン編 2014原図転載
図24　中島 2015原図改変
図25　写真：梅原・渡辺 1989より転載
図26　写真：山梨県編 1999より転載、山梨県埋蔵文化財センター編 2000原図より作成
図27　写真：長野県編 1988より転載・改変
図28　写真：岡谷市教育委員会提供
図29　韮崎市教育委員会編 2001原図より作成
図30　安中市教育委員会編 1994写真・原図転載
【第7章】
図31　高倉 1968原図をもとに作成
図32　棚畑遺跡発掘調査団編 1990・市ノ沢団地遺跡調査団編 1997原図より作成
図33　保谷市遺跡調査会編 1999・東京都埋蔵文化財センター編 2003原図より作成
図34　富山県教育委員会編 1974原図より作成
図35　八王子市椚田遺跡調査会編 1982原図より作成
図36　日義村教育委員会編 1995原図転載・改変
図37　山梨県埋蔵文化財センター編 2001原図転載・改変
図38　神奈川県立埋蔵文化財センター編 1996原図転載・改変
図39　羽沢団地内遺跡発掘調査団編 1993・かながわ考古学財団編 2002a・望月町教育
　　　委員会編 1989原図より作成
図40　かながわ考古学財団編 1999・千葉県教育振興財団編 2006b 原図転載
【第8章】
図41　市川編 1998原図より作成
図42　渡辺新 1991・市川市教育委員会編 1987・市原市文化財センター編 1999原図転
　　　載・改変
表2　表中の文献欄に遺跡別に記載した報告書による
図43　写真：保美貝塚調査団提供
図44　埼玉県教育委員会編 1973・長野県埋蔵文化財センター編 1993原図改変
図45　写真：群馬県埋蔵文化財調査事業団編 1987より転載
図46　飯田市教育委員会編 1994原図転載
図47　寺村編 1987原図転載・改変

図48　写真：國學院大學考古学研究室
【第9章】
図49　写真：©Bob Clarke, *Prehistoric Wiltshire*（Amberley Publishing, 2011）より転載、平面図：Pollard & Reynolds 2010より転載
図50　Piggot 1962原図．藤尾 1996・Parker Peason 2003・Whittle 1999より転載・改変
図51　写真：筆者撮影
図52　写真：筆者撮影、平面図：Darvill 2010原図転載・改変、石室・人骨：Malone 2001原図転載・改変
図53　写真：筆者撮影、平面図：Darvill 2010原図を改変して作成
図54　Davidson and Henshall 1989、Garnham 2004原図転載・改変
図55　写真：筆者撮影、図：Davidson and Henshall 1989原図転載・改変
図56　写真：筆者撮影
図57　Johnston 1999原図転載・改変
図58　Scarre 2007原図転載
図59　写真：筆者撮影
図60　Parker Peason and Stonehenge Riverside Project 2012原図転載
図61　Scarre 2007・Wainwright 1989・Darvill *et al.* eds. 2002原図転載・改変
図62　写真：筆者撮影
図63　Cummings 2008原図転載・改変、写真：Scarre 2007より転載
図64　Scarre 2007原図転載・改変
図65　空撮写真：ATMOSPHERE 社ポストカードより、その他の写真：筆者撮影
図66　Scarre 2007・Leary 2010原図転載・改変
図67　写真：筆者撮影
図68　Scarre 2007原図転載・改変
【第10章】
図69　千歳市教育委員会編 1994・北海道埋蔵文化財センター編 1981・調布市遺跡調査会調査団編 1982原図転載・改変
図70　恵庭市教育委員会編 2003・上屋・木村 2016原図より構成
図71　釧路市埋蔵文化財調査センター編 1994原図より構成
図72　後藤・庄司・飯塚 1982、市原市文化財センター編 1999、吉見台遺跡群調査会編 2011原図より作成
表3　表中の文献欄に遺跡別に記載した報告書による
図73　朝日村教育委員会編 2002原図転載・改変

図74　能都町教育委員会編 2006・金沢市教育委員会編 1983原図より作成
図75　三崎山青銅刀子：柏倉 1961原図より作成、青銅刀子：筆者写真トレース、劉 1993、青銅短剣：西脇 1998、石刀：野村 1976・七飯町教育委員会編 1979、成興野型石棒：秋田県埋蔵文化財センター編 1989・岩手県埋蔵文化財センター編 1983・大磯町教育委員会編 1992・大内町史編さん委員会編 1990・草間・金子 1971・後藤 1986・末永編 1935・東海大学石神台遺跡発掘調査団編 1975・北海道教育委員会編 1979

あ と が き

　歴史教科書にみられる縄文時代の記述には首をかしげてしまう点が多々ある。アニミズムや呪術がおこなわれたという内容がとくによくない。屈葬の説明にはいまだに、死霊が生者に災いをおよぼすことを恐れた、と書かれている。儀礼祭祀や宗教活動に関わるこうした説明は根拠不明で、これでは縄文社会が呪術やタブーに支配された未開な社会であるという印象を植え付け続けるだけである。そればかりか日本列島の人類史のなかでの縄文時代の位置づけや歴史的評価が歪んだものになってしまっているのである。
　発掘された縄文時代の遺構・遺物はもはや膨大な蓄積がある。これほど充実した資料で先史時代の文化・社会を研究できるケースは世界を見渡してもほかにあるまい。それにもかかわらず、大きな問題が見えないままになっていないだろうか。「人が事実を用いて科学を作るのは、石を用いて家を造るようなものである。事実の集積が科学でないことは、石の集積が家でないのと同様である」（ポアンカレ『科学と仮説』）。
　縄文時代の歴史をどのように捉え、日本列島の人類史の中にどのように位置づけるのか。考古学者には大局的な歴史観を示す責任がある。そうした意図の下に、本書では縄文時代後半期に儀礼祭祀が発達したことの歴史的意味を考え直してみたいと思った。
　考古学にとって儀礼や祭祀に関わる事柄は難題といわざるをえない。遺跡に残る物的証拠から儀礼祭祀の行為的側面を捉えることは何とかできるが、当事者の意識的側面に立ち入る考察は困難である。祭祀の体系と社会との脈絡を説明することや歴史的意味の考察など、さらに抽象度の高い問題になると事実から直接明らかにすることはできなくなる。しかしだからといって、儀礼祭祀を切り離して先史社会の成り立ちを語れるだろうか。儀礼祭祀は文化の神髄や根本的なイデオロギーに関わっており、先史時代社会における意味機能は、社会

統合においても政治・経済においても、現代社会のそれに比べてはるかに重要なものであったはずだ。そのようなディレンマを常に抱え込みながら筆者はこの領域の研究に取り組んできた。

　筆者の立場は本書の冒頭に表明したとおりである。過去の人びとの観念世界や信仰を当事者たちの視点から解釈し共感することは意図していない。目標は考古学者の視点から儀礼祭祀の性格を捉え歴史的意味を考えることである。出自や祖霊の観念、あるいは再葬の論理など、縄文人の心の内側にある意識や観念を扱うことになったが、社会を存立させるイデオロギーあるいは社会的意識としてのエートスを論じたつもりである。縄文時代後半期の社会と文化に儀礼祭祀がいかに大きな役割をはたしていたのかを考察し、全体として一つの歴史観を提示することが本書の意図であった。厳密な証明が難しい事柄が多々あることは率直に認めなければならないが、縄文社会の複雑化や稲作の受容について一つの歴史観を提示することはできたと思っている。この試みが縄文時代史の見方に新たな視角を加えるとともに、儀礼祭祀の考古学の深化に少しでも貢献するものになれば幸いである。

　初出一覧
　本書は、2005年から2011年に発表した論文を主題に沿って大幅に改稿するとともに、三つの章を新たに書き起こして一書にまとめ直したものである。また、初出論文の発表後に新たに公表された事例や本論のテーマに関わる関連研究があり、新たな知見をなるべく補足して内容を更新した。各章の初出は以下のとおりである。
　第1章　本書のテーマと問題意識　書き下ろし
　第2章　縄文社会をめぐる学説史 ―変容する縄文社会像と歴史観―
　原題「縄文時代概念の基本的問題」『縄文時代の考古学1巻　縄文文化の輪郭』3-31頁、同成社（2010年）
　第3章　社会複雑化の理論的考察 ―階層化原理としての「出自」―
　原題「階層化原理としての『出自』」『國學院大學考古学資料館紀要』23輯、

43-66頁（2007年）

　第4章　環状集落と出自集団

　原題「親族組織・出自集団」『縄文時代の考古学10　人と社会』115-132頁、同成社（2008年）

　第5章　祖先祭祀とモニュメント ―環状集落から環状列石へ―

　原題「祖先祭祀」『縄文時代の考古学11　心と信仰』200-209頁、同成社（2007年）、「縄文時代の環状集落と集団関係」『考古学研究』55巻3号、44-59頁（2008年）以上2編をもとに改稿

　第6章　石棒祭祀の性格

　原題「石棒の象徴的意味 ―縄文時代の親族組織と祖先祭祀―」『國學院大學考古学資料館紀要』21輯、27-53頁（2005年）

　第7章　竪穴家屋にみる空間分節とシンボリズム

　原題「縄文時代の竪穴家屋にみる空間分節とシンボリズム」『國學院大學伝統文化リサーチセンター研究紀要』2号、37-47頁（2011年）

　第8章　再葬の論理 ―死と再生の観念―

　原題「祖先祭祀の変容」『弥生時代の考古学7　儀礼と権力』183-200頁、同成社（2008年）※一部を抜粋して改稿

　第9章　ブリテン新石器文化と縄文文化の比較考古学　書き下ろし

　第10章　儀礼祭祀と生産の特殊化 ―縄文人はなぜ稲作を受容したのか―

　原題「縄文時代の祖先祭祀と社会階層化―儀礼祭祀と特殊生産の関係―」『國學院雑誌』109（11）、1-14頁（2008年）

　第11章　歴史観への集束　書き下ろし

　謝辞
　一
　大学で助手をしていた頃、恩師の小林達雄教授がこういわれた。「どうして縄文人はコメなんか受け入れたのかな。やっぱり味かな」。
　研究室でのいつもの酒の席（先生はサロンと称していたが）での話で、前後

の脈絡は忘れたが、その問いがずっと頭から離れなかった。縄文人の暮らしは結構豊かで飢えるようなことはなかった、というのが先生の持論であったから、それが問題だったのだ。「味」という発想は、「人」への眼差しがなければ浮かんでこない。先生は伝統と変革の間で揺れる縄文人の心理的な葛藤を描いた（「縄文時代のクニグニ」1985年）。人の心、気持ちを想像せよとの教えであったと気づくのに、かなり時間がかかった。自分なりの解答をまとめるのに30年を要したが、いま振り返ってみると、ありがたいご指南であった。

　大学院生の時の大林太良先生の「神話学」の授業も、社会組織や葬制への問題関心が膨らむきっかけとなった。博覧強記の民族学者であり神話学者であった先生の講義はいつも刺激に満ち、自分の研究の方向性を見定める貴重なオリエンテーションとなった。『考古学雑誌』に投稿した拙論の評価は散々であったが、社会人類学の親族論を基礎から勉強するようにいわれたそのときのアドバイスが今につながったと思っている。

　二

　平成24年度のことになるが、國學院大學の国外派遣研究員としてイギリスに留学する機会を与えられた。海外から「縄文」を見つめ直す貴重な経験となり、ブリテン新石器文化との比較考古学から新鮮な刺激を得た1年であった。本書第9章はそのときの経験にもとづく思索の一部である。

　イーストアングリア大学日本学センター長・セインズベリー日本藝術研究所考古文化遺産学センター長のサイモン・ケイナー博士には、いつも助けられ家族共々たいへんお世話になった。また、客員として滞在を許されたロンドン大学考古学研究所にもあらためて感謝したい。最高の研究環境と勉学の機会を与えてくださった当時の所長スティーヴン・シェナン教授、授業への参加を快く許されたマイク・パーカー・ピアソン教授、シプリアン・ブルードバンク教授（現・ケンブリッジ大学）、キャサリン・ライト博士、アンドリュー・ギャラード博士をはじめ、温かく迎え入れてくださった諸先生に心より感謝申し上げる。当時PhD候補生として研究に打ち込んでいたエンリコ・クリーマ博士

（現・ケンブリッジ大学）は、日本の縄文文化にも造詣が深く、とりわけ交流を深めることができた。また、ヨーク大学のオリバー・クレイグ教授、オックスフォード大学のリック・シュルティング教授、ケンブリッジ大学のリリアナ・ジャニク博士、アバディーン大学のピーター・ジョーダン博士（現・グローニンゲン大学）、大英博物館のニコル・ルマニエール博士をはじめ、縄文文化に関心を寄せる多くの研究者が各大学・博物館での講演にご招待くださり、今に至る交流が始まったことをありがたく思う。遺跡探訪や発掘調査の見学でお世話になった方々も多く、心より感謝したい。

三

本書は平成28年度國學院大學出版助成金の交付を受けて出版された。

75枚もの図版作成は、井草文化財研究所の中島将太さんが一手に引き受けてくれた。本務の忙しいなか仕上げの作業は年末年始にもかかり、たいへんご苦労をおかけした。また、國學院大學大学院の川島義一さんには、面倒なデータ整理や資料収集をお願いした。まるで我が事のように精一杯取り組んでくれたお二人のご助力には感謝しきれない。

保美貝塚調査団・国立歴史民俗博物館の山田康弘教授には、盤状集積葬の特徴が一見してわかる貴重な写真をご提供いただいた。

同成社の佐藤涼子さんには、タイトな時間的制約の中、本書の出版を引き受けていただいた。収録した各論のいくつかは同社刊の『縄文時代の考古学』『弥生時代の考古学』シリーズに掲載されたものであり、その縁もあって本書の制作も全幅の信頼をもって佐藤さんに委ねた。入稿が大幅に遅れたにもかかわらず短期間で何とか完成をみたのは、ベテラン編集者の工藤龍平さんのおかげである。巻末ではあるが、心より感謝申し上げたい。

2017年1月

谷口康浩

縄文時代の社会複雑化と儀礼祭祀

■著者略歴■

谷口　康浩（たにぐち　やすひろ）

1960年　東京都市ヶ谷に生まれる
1983年　國學院大學文学部史学科卒業
1987年　國學院大學大学院文学研究科博士課程後期中退
2007年　博士（歴史学、國學院大學）
現　在　國學院大學文学部教授
［専門分野］　先史考古学、とくに縄文文化・縄文社会の研究
［主要著書・論文］
『大平山元Ⅰ遺跡の考古学調査』（編著、1999年、大平山元Ⅰ遺跡発掘調査団）、『環状集落と縄文社会構造』（2005年、学生社）、『縄文時代の考古学』全12巻（共編著、2007年～2010年、同成社）、『生産と権力、職能と身分』（編著、2008年、『國學院雑誌』109巻11号、國學院大學）、『縄文文化起源論の再構築』（2011年、同成社）、『縄文人の石神―大形石棒にみる祭儀行為―』（編著、2012年、六一書房）、「集落と領域」『講座日本の考古学4　縄文時代（下）』（分担執筆、2014年、青木書店）、「環状集落にみる社会複雑化」『歴博フォーラム　縄文時代』（分担執筆、2017年、吉川弘文館）

2017年3月15日発行

著　者　谷　口　康　浩
発行者　山　脇　由紀子
印　刷　亜細亜印刷㈱
製　本　協栄製本㈱

発行所　東京都千代田区飯田橋4-4-8
　　　　（〒102-0072）東京中央ビル
　　　　TEL 03-3239-1467　振替 00140-0-20618

㈱同成社

©Taniguchi Yasuhiro 2017. Printed in Japan
ISBN978-4-88621-757-8 C3021